내리주석설교
로마서

내리주석설교
로마서

허남길 목사 설교

• 추천 •

조용목 목사

성종현 교수

이억주 목사

문서사역
종려가지

추천사 1

은혜와진리교회 담임, 한국신학회 이사장

조용목 목사

성경을 보석이라고 말한다면 로마서는 그 중에 금강석이라고 할 만큼 성경의 정수(精髓)이며 압권(壓卷)이라고 할 수 있습니다.

구원의 도리를 명확하게 들어내어 주는 성경중의 성경입니다. 기독교신앙의 핵심적인 교리를 망라(網羅)하고 있습니다.

그러므로 로마서를 강해하려고 하면 교리적인 심오한 뜻을 풀어서 설명해야 하는 부담을 지게 됩니다.

그런데 허남길 목사님의 로마서 강해는 설교 형식으로 되어 있어서 이해하기 쉽고 매우 은혜롭습니다.

기도와 심방과 성경연구에 진력(盡力)하여 온 목회 경력과 성령님의 가르치심을 통하여 얻은 깨달음이 행간(行間)에 배어들어 있습니다.

이 설교집을 읽는 분들에게 신령한 지식과 믿음이 더하여 지게 될 것입니다.

추천사 2

백석대학교 백석정신아카데미 사무총장

성종현 교수

허남길 목사님의 로마서 강해 테이프의 녹취록을 읽으면서 말할 수 없는 은혜와 거룩한 도전을 받았습니다. 왜냐하면,

첫째, 그의 설교는 로마서의 핵심인 '복음과 제자'를 시종일관 다루고 있기 때문입니다.

그의 설교문을 읽다보면 "이 분은 예수 그리스도에게 온전히 사로잡혔구나!"라는 인상을 지울 수 없습니다. 로마서의 핵심은 로마서 1장 16-17절의 말씀에 담겨 있습니다. 우리에게 구원을 제공하는 하나님의 능력이 되는 복음으로 의롭게 된 자는 예수 그리스도의 제자가 되어서 교회의 일꾼이 되어야 하고 나아가 주님의 지상명령을 수행해야 합니다. 본서는 이와 같은 로마서의 핵심적인 진리를 시종일관 붙잡고 있습니다.

둘째, 그의 설교는 기독교의 대(大) 변증서인 로마서를 쉽게 다루고 있기 때문입니다.

그동안 출판된 수많은 로마서 강해집들은 평신도들이 듣고 읽기에 다소

딱딱하였습니다. 이런 현상은 로마서의 내용 자체로 인해 발생하는 자연스러운 현상입니다. 그래서 로마서 강해가 쉽지 않다는 이유가 여기에 있습니다. 그런데 본서의 특징은 어려운 본문을 성도들의 삶속에 깊이 파고 들어갈 있도록 구성되어 있다는 것입니다.

그의 설교는 마치 옛날 우리 어머니들이 아들딸에게 젖을 떼고서 밥을 먹이기 시작할 때의 모습을 연상하게 합니다. 그때 우리 어머니들은 밥을 자신의 입에 넣어서 씹은 다음에 자녀에게 먹입니다. 그 밥은 그냥 밥이 아닙니다. 자신을 낳아준 어머니의 침이 섞여 있는 최고의 음식이 됩니다. 우리는 그런 밥을 먹으면서 건강하게 자랐습니다.

허남길 목사님은 목양을 통해 해산한 영적 자녀들에게 교리적으로 어렵고 딱딱한 본문들을 깊이 묵상하면서 씹고 또 씹으면서 영적 침을 잔뜩 묻혀서 성도들의 입에 넣어주고 있습니다. 우리는 본서를 통해 영적 자녀들을 사랑하는 진정한 목회자의 모습을 보게 됩니다.

셋째, 그의 설교는 철저하게 성경적 설교를 지향하기 때문입니다.

많은 목회자들이 설교를 쉽게 하기 위해 본문을 간단하게 다루고 예화 중심으로 성도들의 마음을 움직이려고 합니다. 하지만 그의 설교는 그토록 흔한 예화집에 언급된 내용을 일체 다루지 않습니다. 그는 시종일관 성경을 성경으로 연결하여 설명하고 그리고 정확하게 적용하는 탁월한 '순수한 성경강해설교' 의 모습을 보여주고 있습니다. 오늘날 성경과 상관없는 신변잡기나 잡동사니로 땜질하는 설교가 판을 치고 있는 한국교회에서 하나님의 말씀의 진수를 본서를 통해 맛보게 됩니다.

그렇습니다.

설교의 본질은 설교 기술에 달려 있지 않습니다.

설교의 핵심은 인간적인 감동을 자아내는 예화에 달려 있지 않습니다.

본서의 특징은 한 마디로,

예수 그리스도의 복음과 그의 제자를 세우는 데 있습니다.

허남길 목사님은 이와 같은 설교철학을 가지고 37년 동안 묵묵히 달려왔습니다.

모세와 여호수아가 한결같이 '여호와의 종'으로 인정받았듯이,

허남길 목사님은 "예수 그리스도의 복음을 전하고 그분의 제자를 세우는 종"으로 한국교회의 사표(師表)가 됩니다.

이처럼 귀한 목회자를 세워주신 성삼위 하나님께 모든 영광을 올립니다.

soli Deo gloria!

"이는 만물이 주에게서 나오고 주로 말미암고 주에게로 돌아감이라 그에게 영광이 세세에 있을지어다 아멘(롬 11:36)".

추천사 3

대석교회 담임, 한국교회언론회 대변인

이억주 목사

로마서를 읽지 않고서 구원의 길을 알 수 있겠는가? 로마서를 모르는데 복음을 이해할 수 있겠는가? 로마서를 이해하지 못하는데 율법과 복음의 관계를 설명할 수 있겠는가?

성경을 깊이 있게 읽어 본 이들이라면 아마도 예외 없이 그것은 불가능하다고 답을 할 것입니다. '로마서가 4복음서를 해석해 주고 있다' 는 결론은 주경학자들의 일치된 견해입니다.

감히 말할 수 있는 것은, 사도 바울의 로마서가 없었다면 유대교(율법)와 메시아 예수님의 복음은 전혀 다른 관계가 설정되었을 것이라고 봅니다. 이는 구원의 길을 두 개로 이해하는 오류를 만들어 냈을 수 있었다는 것입니다.

그런데 존경하는 허남길 목사님의 금번 선물은 로마서를 친절하게 해설해 주고 있습니다. 이 말씀은 로마서를 교리 해설이 아닌, 내러티브(narrative)형식의 설교이지만 예수 그리스도의 구원진리와 예수 그리스도께서 선포하신 복음(마4:23 "예수께서 온 갈릴리에 두루 다니사 저희 회당에서 가르치시며 천국 복음을 전파하시며")전체를 충분히 이해할 수 있게 하겠다는 귀한 목적이 달성되리라고 봅니다.

목사님이 설파하시는 말씀은 로마서를 친절하게 해석만 하는 것이 아닙니다. 즉 복음 진리에 대하여 타자(他者)의 입장에서 소개하는 것이 아니라, 해석해 주는 분이 복음을 받는 자의 입장에서 서 보고 독자들에게도 점검하도록 강하게 요구하고 있는 말씀에 깊이 마음의 머리를 숙일 수밖에 없게 합니다.

소개하면 로마서의 핵심말씀은 1장 17절로 "복음에는 하나님의 의가 나타나서 믿음으로 믿음에 이르게 하나니 기록된 바 오직 의인은 믿음으로 말미암아 살리라 함과 같으니라" 이 말씀을 정확하게 제시하고 아주 평이한 언어이나 분명하게 해석해 주고 있습니다. 3장에서 "우리의 믿음이 진실 된 믿음인가, 종교적 믿음인가, 의무적인 믿음인가, 죽기까지 피 흘리시고,… 구원하신 사실을 내가 진짜로 믿는가" 라고 도전합니다.

또한 로마서를 해석함에 있어서 피상적이지 않고 실제적인 적용으로 현대를 사는 그리스도인들에게 행할 바를 당연한 강권으로 결심하게 합니다. 13장 말씀에서 '차별금지법 제정'을 두고 국가권력과 하나님 섬김 관계에 있어서 성도의 길을 명확하게 제시해 주고 있습니다.

제가 목사님의 책을 소개해 드리는 내용들은 아주 부분적이고 적은 것입니다.

허남길 목사님의 금번 보배 같은 선물의 출간은 혼란이 가중되는 시대를 살아가는 신앙인들에게 큰 선물이 아닐 수 없다고 확신하며 이 책을 깊이 일독하는 이들에 축복이라고 믿어 추천하는 바입니다.

머리말

한국교회가 세계 기독교 역사에서 찾아 볼 수 없는 큰 부흥과 신학적으로 세계 수준에 이르게 된 것은 전적인 하나님의 은혜이며, 선교사님들과 우리 선배님들의 신앙과 헌신으로 된 열매인 것입니다.

이제, 선교 140여년이 지나 가면서 한국교회는 위기를 맞고 있습니다. 교회 성장의 위기, 영적 혼란의 위기, 신학의 위기, 기독교인의 삶의 위기, 목회자의 위기, 이단과 사이비 단체들의 위협, 안티 그리스도인들의 공격 등등으로 한국 교회에서 기독교의 정체성이 흔들리고 있습니다.

이러한 위기를 극복하고 다시 한 번 건강한 교회로 부흥되며, 세계 선교에 헌신하는 방법은 사도들의 신앙과 사도들의 삶, 사도들의 설교로 돌아가는 것이라고 생각합니다.

금번에 로마서의 강해 설교를 출판하게 된 것은 이러한 한국교회에 조금이라도 도움을 드리고, 섬기는 일이 되기를 원해서입니다.

설교의 내용이 모든 본문을 통하여 예수 그리스도를 증거하고, 그리스도인의 신앙생활에 대하여 복음적으로 살아야 될 것을 말하고 있습니다.

많이 부족을 느낍니다. 부끄러움을 감수하고 용기를 내었습니다. 쉬워서 그리스도인이면 누구나 쉽게 읽을 수 있을 것입니다.

가까이서 저에게 권면해 주시고 가르침을 주시며, 책의 모든 것을 맡아 주신 한치호 교수님께 진심으로 감사드립니다. 그리고 저에게 용기를 주시며 추천해 주신 은혜와진리교회 당회장 조용목 목사님, 백석대학교 백석정신 아카데미 사무총장 성종현 교수님, 한국교회언론회 대변인 이억주 목사님께 감사드립니다. 그 외에 설교된 원고를 다듬으면서 문장의 수정에 도움을 주신 저희 교회 부목사님들과 저의 사랑하는 아내와 자녀들에게 진심으로 감사드립니다.

모든 것이 전적인 하나님의 은혜임을 밝혀드립니다.

양산 온누리교회에서
허남길 목사

차 례

추천사 1 · 조용목 목사 ·········· 10

추천사 2 · 성종현 교수 ·········· 11

추천사 3 · 이억주 목사 ·········· 14

머리말 ·········· 16

1강 _ 롬 1:1-7 ·········· 21

2강 _ 롬 1:8-16상 ·········· 37

3강 _ 롬 1:16-32 ·········· 49

4강 _ 롬 2:1-16 ·········· 63

5강 _ 롬 2:17-3:8 ·········· 79

6강 _ 롬 3:9-31 ·········· 92

7강 _ 롬 4:1-18 ·········· 105

8강 _ 롬 5:1-9 ·········· 119

9강 _ 롬 5:12-20 ·········· 134

10강 _ 롬 6:1-14 ·········· 147

11강 _ 롬 6:15-23 ·········· 160

12강 _ 롬 7:1-25 ·········· 172

13강 _ 롬 8:1-17 ·················· 184

14강 _ 롬 8:17-30 ·················· 197

15강 _ 롬 8:31-38 ·················· 212

16강 _ 롬 9:1-33 ·················· 226

17강 _ 롬 10:1-15 ·················· 240

18강 _ 롬 10:16-11:12 ·················· 252

19강 _ 롬 11:13-36 ·················· 263

20강 _ 롬 12:1-13 ·················· 276

21강 _ 롬 12:15-21 ·················· 288

22강 _ 롬 13:1-4 ·················· 297

23강 _ 롬 13:8-12 ·················· 307

24강 _ 롬 14:1-23 ·················· 316

25강 _ 롬 15:1-12 ·················· 325

26강 _ 롬 15:14-33 ·················· 335

27강 _ 롬 16:1-5 ·················· 348

28강 _ 롬 16:6-19 ·················· 357

29강 _ 롬 16:21-27 ·················· 366

1강 | 롬 1:1-7

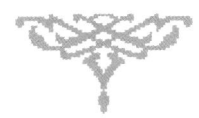

로마서를 바울이 기록했다는 데에는 별로 이론이 없습니다. 우리에게는 무슨 글이든지 글 내용도 중요하지만 어떤 사람이 기록했느냐가 의미가 있지요. 바울이라는 사람은 본래부터 예수님을 믿는 사람이 아니라, 유대인이요, 바리새인이요, 예수 믿는 사람을 핍박하던 악한 악질입니다. 예수 믿는 사람을 잡아서 감옥에 가두기도 하고 때리기도 하고 죽는 데 내어주기도 하고, 그렇지만 자기 마음속에는 나는 하나님을 뜨겁게 사랑한다는 믿음을 가지고 있었고.

그가 얼마나 하나님 말씀을 철두철미 지켜야겠다는 굳은 결심 있는 사람이냐면, 나는 율법의 흠이 없는 자로다, 라고 했습니다. 그는 공부를 많이 한 사람이고, 종교적으로 인정받는 사람입니다.

예수 믿을 계획이 전혀 없는 사람인데, 대제사장에게 가서 다메섹에 있는 예수 믿는 사람의 정보를 입수해서 그들을 핍박하고 잡으려고 가다가 부활하신 예수님을 만났습니다.

그렇기 때문에 그가 늘 예수 그리스도를 믿는 것은 하나님의 은혜요 택정함을 입었다고 말하였습니다. 자기는 예수 믿을 계획이 없고, 사도 될 계획이 없었습니다. 전적인 하나님의 은혜로 예수 믿게 되었고, 사도가 된 줄로 믿습니다.

바울의 신앙과 그가 기록한 글 전체 내용을 보면 늘 하나님의 은혜가 흐르고 있는 이유가 거기에 있습니다.

로마서는 바울이 로마에 가기 전 약 2년 전쯤에 쓴 것이라고 봅니다. AD 55년, 56년의 겨울일 거다, 이렇게 보고요. 장소는 아가야나 고린도 중에 어떤 분은 아가야 고린도라고 말합니다. 이미 바울이 로마에 가기 전에 로마서를 먼저 기록해서 보낸 것입니다. 바울의 소원은 로마에 가서 복음을 전하는 것인데, 이미 그들에게 준비시키기 원하는 뜻도 있었습니다.

로마 교회는 바울이나 다른 사도가 복음을 전해서 세워진 교회가 아닙니다. 빌립보나 고린도 교회 같은 경우는 바울이 빌립보에 가서 하나님이 루디아를 만나서 믿게 하고 복음을 터로 교회도 세워지게 되며, 고린도 교회는 브리스길라 부부를 만나서 세워지게 되고, 데살로니가 교회는 야손을 통해서 세워지게 되며, 이런 과정이 있는데 로마 교회는 그렇지 않습니다.

아마도 마가의 다락방에 성령이 충만하게 임할 때 로마에 사는 유대인들이 예루살렘에 와서 복음을 받을 수 있었을 것이며, 어디서든지 복음을 받은 사람이 로마에 가서 살면서 그들이 모여서 스스로 성도들이 중심이 되어 세워진 교회입니다. 그렇기 때문에 좋은 교회이지만, 무엇이 부족하냐면 진리에 대하여 복음에 대하여 정확하고 바르게 알아야 될 체계적인 지식이 부족한 것입니다.

그러므로 성경에서 보면 가장 체계적이고 진리에 대해서 분명하게 기록한 성경이 로마서입니다. 이런 의미에서 로마교회에 꼭 필요한 말씀을 전할 수 있었던 것입니다. 마찬가지로, 요즘 한국 교회는 여러 가지 혼란스럽습니다. 이단이 많이 일어나고 사이비가 일어나고 여러 가지 이단들이 교회를 오히려 공격해 옵니다. 성경공부하자, 우리가 진실이다, 진짜라고. 신천지, 하나님의 교회, 여호와의 증인 다양한 이단들이 공격해오는데, 이러한 때에 성도들은 복음의 비밀을 분명히 알고 믿음에 굳게 서는 것이 필요한 줄 믿습니다.

우리가 평생 살아가면서 어떤 이단이든지, 어떤 상황이든지, 어떤 문제를 당하든지, 예수를 믿는 믿음에 흔들림이 없는 확실한 믿음이 필요한 것입니다. 로마서를 통해서 그런 은혜가 여러분에게 있기를 주 예수의 이름으로 축복합니다.

> 1장 17절입니다. '복음에는 하나님의 의가 나타나서 믿음으로 믿음에 이르게 하나니 기록된 바 오직 의인은 믿음으로 말미암아 살리라 함과 같으니라.'

로마서에서 가장 중요한 내용 요절로서 우리가 의롭게 되고 구원받는 것은 예수 그리스도를 믿음으로 구원받는 거다. 이것이 주제입니다. 세상의 많은 종교는 의롭게 되고 구원되는 방법이 공로입니다. 49제를 해야 되고, 등을 그 위에 달아야 하고, 착하게 살아야 하고, 다 필요한 말입니다만 우리가 착하게 살고, 의롭게 살아도, 우리의 공로만으로는 구원에 이를 수 없다는 걸 모릅니다.

인간이 갖고 있는 죄의 성격은 단순히 윤리나 도덕이나 착함의 문제가 아니라 하나님을 반역한 것입니다. 하나님을 배반하고, 반역하고, 하나님과 관계가 단절된 이 근본적인 것이 죄라고 말하고 있습니다. 요한복음 16장 9절에 보면, "보혜사 성령이 너희에게 오면 죄에 대해서 가르칠 것인데 죄에 대하여라 함은 그들이 나를 믿지 아니함이요 예수 그리스도를 믿지 않고 하나님을 믿지 않는 게" 근본 죄라고 하는 것입니다.

그 죄 때문에 세상에 모든 죄가 있는데 이것은 예수님 믿기 전에는 죄인 줄 모릅니다. 세상 사람들은 도둑질 안 하고, 살인 안 하고 이러면 내가 무슨 죄인이야 이러고, 특별히 판사가 몇 년 선고를 하지 않으면 나는 죄인이 아니라고 생각하는 사람들이 많이 있습니다.

하나님 앞에 올 때는 하나님을 믿지 않는 것이 죄요, 마음의 생각과 마음에 부패된 모든 것이 죄요. 우리가 예수님을 알아갈수록 빛에 가까이 갈수록 죄인인 것을 알게 되는 것이지요. 이와 같은 죄에 대한 해결의 방법은 인간이 할 수 있는 부분이 아니에요. 그래서 하나님께서 우리에게 복음을 주셨어요. 기쁜 소식, 인간에게 최고의 기쁜 소식은 잘 사는 것이 아니고, 높은 자리 가는 것이 아니고, 아들이 좋은 데 취직되는 것이 아닙니다.

죄에서 구원받는 것이며 하나님을 떠났던 인간이 하나님을 만나는 것이고, 사탄의 종된 인간이 사탄에게서 해방되는 것이 가장 기쁜 소식이십니다. 왜냐면 거기에서 해방되어야만 우리에게 진정한 행복이 있고, 구원이 있고, 죄와 사망에서 해방되는 은혜가 있기 때문에 그런 줄 믿습니다.

3장 23절에 보면, '모든 사람이 죄를 범하였으매 하나님의 영광에 이르지 못하더니.'

인간의 모든 문제가 어디에서 왔느냐, 죽음이 왜 왔고, 가난이 왜 왔고, 다툼이 왜 왔고, 게으름이 왜 왔고, 죄가 왜 왔고. 그것은 하나님께 범죄함으로 왔다고 고백하는 것입니다. 그것이 죄라고 말하고 있습니다. 하나님께로부터 죄 용서 받고, 구원받은 인간은 행복하고 평화로워질 줄 믿습니다. 이것이 복음입니다.

복음은 우리를 구원하기 위해서 오신 분을 그리스도라고 부릅니다. 그리스도라는 말에는 '기름 부음 받은 자'라는 뜻이 있습니다. 기름을 부었습니다. 구약시대 때는 왕, 선지자, 제사장에게 기름을 부었어요.

왜 그분들에게 기름 부어서 주의 종, 하나님의 종을 삼았느냐? 구약성경은 오실 그리스도에 대한 예표입니다. 진정한 만왕의 왕이 오신다는 것입니다. 진정한 제사장이 오신다는 것입니다. 진정한 선지자가 오신다는 것입니다. 그 분이 그리스도이십니다.

그리스도께서 오셔서 우리의 인간의 죄의 문제, 사탄의 문제, 하나님을 떠난 문제를 해결하여 축복된 하나님의 자녀가 되게 한다는 것입니다. 이것은 성경 3군데 아주 정확하게 말씀하고 있습니다.

마태복음 1장 21절에 보면, '아들을 낳으리니 이름을 예수라 하라 이는 그가 자기 백성을 그들의 죄에서 구원할 자이심이라 하니라.' 죄에서 구원받는 게 얼마나 기쁘고, 얼마나 우리에게 소망이 되고, 행복한 일인지 죄에 대해서 고민하고 갈등해보고 좌절해보고 해봐야만, 죄에서 용서받는다는 게 너무 너무 행복한 거구나, 알게 됩니다.

바울이 말하기를, '나는 율법의 흠이 없는 자로다.'라고 했습니다. 이 말씀을 들을 때 어떻게 들립니까? 바울이 참 거룩하게 살았다, 이렇게 들리기도 하지요. 또 한 편에서는 바울은 엄청 힘들고 고통스러운 삶을 살았겠구나, 왜요? 죄를 안 지으려고 노력해보셨습니까? 죄를 안 짓는다고 노력해보지 않은 사람은 죄가 얼마나 고통스러운지 모릅니다. 죄를 안 짓는다는 게 얼마나 어렵고 힘든 일인지 모릅니다.

죄를 안 지으려고 노력하면 노력할수록 죄에 빠지는 우리의 모습을 발견하게 됩니다. 아무리 거룩하게 살고, 아무리 착하게 살고, 아무리 죄를 안 지으려고 할수록 더 큰 죄가 우리 문 앞에 있는 것을 발견하게 됩니다. 그 때 우리는 좌절하고 실망하게 됩니다. 그때 우리는 지옥에 갈 수 밖에 없다는 두려움과 절망에 빠지게 됩니다.

죄에 대해서 두려움과 고통과 괴로움과 절망에 빠질 때, 구원의 길이 있다는 것은 얼마나 인류에게 소망인지 모릅니다. 그 길을 하나님의 아들인 예수 그리스도께서 우리에게 주신 줄로 믿습니다.

사탄의 저주 아래 있는 게 얼마나 고통스러운지 모릅니다. 여러분, 저는 귀신을 본 적이 없지만, 귀신들린 사람을 많이 봤습니다. 그들이 얼마나 고통스러운지 몰라요. 영적으로 오는 고통, 우리가 상상할 수 없는 고통이 오는 데 너무 괴로워서 죽고 싶어도 죽지 못하고, 고통당하고, 병들고, 끊임없는 우환이 오고, 지옥의 두려움에 빠져있습니다.

그런데 예수님의 이름으로 사탄의 권세에서 해방되는 복을 우리에게 주신 것입니다. 하나님을 떠나서 영적으로 죽어서 저주 가운데 본질상 진노의 자녀이었던 우리에게 하나님을 만나는 길을 주심을 믿습니다.

이 분이 바로 선지자요, 제사장이요, 왕입니다.

이사야 7장 14절, "보라 처녀가 잉태하여 아들을 낳을 것이요 그의 이름을 임마누엘이라 하리라."

하나님이 함께 하는 사람, 왜 복음이 하나님이 함께 하는 것이냐면 인간이 하나님의 말씀을 불신앙하고 불순종하고 하나님 앞에 약속을 파괴하고 하나님을 대적해서 하나님을 떠나버린 것입니다. 이것이 영적 죽음입니다.

영적 죽음 상태는 그대로 있는 상태가 아니라, 에베소서 2장 2절, "공중 권세 잡은 자를 따랐으니." 하나님을 만나지 못한 모든 사람은 사탄의 권세 아래 있기 마련입니다. 예수 믿지 않는 모든 사람은 점을 치면 점괘가 나오고, 우상숭배를 하고 자기를 믿든지 뭘 믿든지 자꾸 믿어요.

인간은 하나님의 형상으로 지음 받기 때문에 하나님 안 믿으면 아무것도 안 믿는 게 아닙니다. 뭔가를 믿습니다. 인간은 무언가 믿어야 될 존재로 하나님께서 지으셨습니다. 왜요? 하나님을 경외하도록 만들었기 때문이지요.

파스칼이란 사람이 말했습니다. 인간에게는 어떠한 것도 채울 수 없는 마음의 공허한 한 부분이 있다는 것입니다. 돈으로도, 명예로도, 쾌락으로도, 육신적인 먹는 것으로도 채울 수 없고, 아무리 해도 또 다른 갈급이 계속 있어요. 오직 예수 그리스도로만 채워진다. 그랬어요. 왜냐하면 예수 그리스도를 통해서 하나님을 만나야 되기 때문입니다. 예수 그리스도의 또 다른 이름은 임마누엘입니다.

그런데 하나님을 떠나 있기 때문에, 예수님을 통해서 우리에게 하나님을 만나게 되고, 하나님이 성령으로 우리 안에 들어오시면 떠나는 것이 아니라 우리는 이 땅에 사는 동안 하나님 앞에 가서도 영원히 하나님과 함께 하는 자가 되는 줄 믿습니다. 이것이 복음입니다.

창세기 3장 15절, "여자의 후손이 뱀의 머리를 짓밟을 것이요."

또 마찬가지입니다. 예수님이 이 땅에 오셔서 사탄의 머리를 깨뜨리시고, 승리하시고, 우리를 구원해주셨습니다. 누구든지 예수 그리스도를 믿으면 사탄의 권세에서 해방되는 참 자유인임을 믿으시기 바랍니다. 예수 이름 외에는 이런 이름이 없습니다.

그 분은 어떤 분으로 이 땅에 오셔야 돼요? 하나님으로 오시는데 우리와 같은 사람으로 오셔야 됩니다. 하나님이고 사람이셔야만 하나님과 인간을 만나게 하는 중보자가 되셔요. 하나님이셔야만 사탄의 머리를 깨뜨리고 승리하실 왕이 되시기 때문에. 사람이지만 죄없는 분이여야 됩니다. 우리 죄를 대신해서 십자가에서 죽으시고 대속하셔야 하기 때문에, 사람으로 오셔야 하지만 하나님이신. 이런 분은 예수님밖에 없기 때문에. "내가 곧 길이요 진리요 생명이니 나로 말미암지 않고는 아버지께로 올 자가 없느니라."

"다른 이로서는 구원을 얻을 수 없나니."(행 4:12)
"하나님은 한 분이시요 또 하나님과 사람 사이에 중보도 한 분이시니 곧 사람이신 그리스도 예수라."(딤후 2:5)

하나님은 한 분 밖에 안 계십니다. 그래서 하나님입니다. 하나님이 두 분이면 두 분, 이래야 합니다. 한 분이신 하나님이 우리에게 구원자로 주신 이름은 한 분 밖에 안 주셨대요.

석가모니, 공자는 훌륭한 선생이고 윤리 도덕으로 훌륭한 분이지 우리 구주는 아닙니다. 그 증거는 아직 무덤이 있고, 우리를 위해 죽은 적도 없고, 다시 살아난 적도 없고, 여전히 죄 가운데 있을 뿐입니다. 그분들을 따르는 사람들 중에서 하나님을 만난 사람은 한 명도 없습니다. 예수님을 구주로 마음에 영접한 사람들은 다 하나님을 만납니다.

믿음은 하나님을 반역하고 떠난 사람이 이제 예수님을 마음의 구주로 믿고, 예수님을 주인으로 모시는 것입니다. 그것은 곧 하나님을 마음에 모시는 것입니다. 하나님을 마음에 모신 사람이 하나님의 자녀가 되는 것입니다. 이것을 믿음이라고 합니다. 예수님을 영접하는 자는 예수 그리스도를 통해서 하나님과 우리의 관계가 회복되었다는 의미에서 예수님을 중보자라고 합니다.

우리의 죄를 대신하여 죽으셨다 하셔서 대속하신 분이십니다. 우리 죄를 다 속했다 해서 속죄, 속죄주라고 합니다. 사탄의 권세에서 해방했다고 해서 만왕의 왕이라고 하는 줄로 믿습니다. 바울은 이 예수님을 어떤 분으로 아느냐, 하나님으로 그리스도로 아는 줄로 믿습니다. 인류에게 가장 기쁜 소식은 이 땅에 하나님의 아들인 예수 그리스도께서 오신 것입니다.

1장 1절, "예수 그리스도의 종 바울은 사도로 부르심을 받아 하나님의 복음을 위하여 택정함을 입었으니."

사도 바울은 예수님이 하나님 아들 그리스도라는 것을 알기 때문에 종 된다는 것은 겸손의 표현이기도 하지만 가장 영광스러운 표현이기도 합니다. 나사렛 예수란 말은 당시에 예수란 이름은 더러 있었다고 합니다. 나사렛에 있는 그 예수님이 하나님께서 우리를 구원하기 위해 보내신 그리스도시다. 이것이 초대교회의 복음입니다. 예수님이 그리스도이시다. 저와 여러분도 나사렛 예수님이 하나님의 아들 그리스도이심을 믿습니다.

그는 하나님이시라고 바울이 고백하였습니다. 우리가 믿는 예수님은 천지를 만드신 하나님이십니다. 아멘. 그 분은 사람의 몸을 입고 오셨고 죄가 없으시지만 우리와 똑같은 분이시면서 우리와 같지 않으신 것은 죄 가운데 태어나지도 않았고 죄를 짓지도 않으셨어요.

목사님, 봤습니까? 못 봤어요. 어떻게 알고 믿습니까? 그 분이 죄 가운데 태어나지도 않았고 죄를 짓지도 않았다는 증거는 3일 만에 다시 살아나 부활하시고 하나님의 아들로 선포되셨습니다. 예수님의 부활을 믿는다면 성경의 말씀 그대로고, 그 부활같이 우리에게도 부활의 소망이 있습니다.

사도 바울이 예수 그리스도를 알고 나니까 그의 종이라는 것은 너무 영광스러운 거예요. 노예와 같은 것이지요. 종은 인격도 없습니다. 재산 안 가집니다. 팔고사고 합니다. 종이 주인에게, 주인님 그것은 아닌데요? 이랬다간 죽는 길 밖에 없습니다. 주인이 '맞다 안 맞다' 아무 문제가 안 됩니다. 오직 순종하고, 무조건 받아들이는 게 종입니다.

바울은 예수 그리스도의 모든 믿음과 말씀에, '무조건 나는 다 순종하겠습니다' 스스로 그렇게 고백하는 것입니다. 이것은 은혜스러운 스스로의 순종을 말하는 것입니다. 우리의 신앙도 억지로 아니라 은혜스러운 스스로의 순종이 되어야 될 줄로 믿습니다.

제가 어릴 때는 목사님들이 이런 설교를 많이 하셨어요. 안식일에 빠지고 주일날 빠지고 놀러가다 교통사고나고 다리 부러집니다. 왜 교회를 가냐? 다리 안 부러질라고. 이것은 억지로 지키는 것입니다. 십일조를 떼어먹다가 망했습니다. '십일조 떼어먹지 마라, 떼어먹으면 너 망한다' 이런 이야기지요.

억지로라도 지키는 게 낫지만, 성숙된 그리스도인은 억지로가 아니라,

하나님께서 우리를 구원하신 은혜가 너무 감사하고 하나님 우리 아버지 되심이 너무 감사하고, 우리가 예수 안에서 구원받은 자녀가 되니 너무 감사해서, 기쁨으로 즐거운 마음으로 예배를 드리는 것이 성숙한 그리스도인의 예배의 마음입니다.

순종하는 것과 십일조를 드리는 것도 주님이 우리를 구원해 주셨고 모든 것이 주님의 것이기 때문에 감사해서 순종하는 마음으로 하나님 앞에서 드려지는 것이 성숙한 그리스도인의 모습이십니다.

바울은 '그리스도의 종'이 되어, 스스로 자신이 그리스도께 순종하는 은혜의 순종으로 살았던 사람입니다. 우리도 주의 말씀에 순종함이 억지로가 아니라 즐거운 마음으로 기쁜 마음으로 순종하는 성숙한 성도가 되어야 될 줄 믿습니다.

바울은 사도로 대리자입니다. 대신자. 그래서 예수님의 이름을 대신해서 가는 사람. 우리나라도 대통령을 대신해서 미국 대사, 일본 대사 보냅니다. 대통령 이름으로 보내는 것이지요. 사도라는 말은 예수님의 이름으로 대신 가는 자입니다.

우리는 바울과 같은 사도는 아닐지라도 우리의 가정에서, 직장에서, 사업장에서, 지역에서 예수 그리스도의 편지로서 예수 그리스도의 향기로서 살아가는 자라고 믿습니다. 사업을 하는 분이나 직장을 다니는 분이나 지역에 있는 분은 가서 선포하시기 바랍니다.

'저는 예수 믿는 사람입니다.' 당당히 가서 선포하세요.

'나는 예수 믿는 사람입니다.'

이래놓으면 우리가 예수님의 이름을 더럽히지 않기 위해서 지켜나가고 수고하고 그들에게 본이 되는 것이 그리스도인의 삶인 줄로 믿습니다.

예수 믿는 것을 가장 자랑스럽게 생각하세요. 내가 어느 대학을 나오고 내가 얼마나 잘 살고 얼마나 인정을 받고 그것도 필요하겠지요? 더 중요한 것은 예수 믿는 것이 내게 얼마나 영광스러운 일이고, 나의 일생에 가장 성공한 것은 하나님 은혜로 예수 믿는 것입니다. 그렇기 때문에 나는 예수 믿는 사람이요, 나는 온누리교회 성도라는 것을 자랑스럽게 생각하시고 또 지켜나가는 우리가 되어야 합니다.

'택정함을 입었으니.' 바울은 자기가 잘 나서 택정함을 입은 게 아니라고 합니다. 하나님의 은혜로 택정. 우리가 하나님 은혜로 예수 믿고, 구원 받았고, 하나님 은혜로 예배드리는 자가 되고 교회 일 하는 자가 되고, 전도하는 자가 되고 다 하나님의 은혜인 줄로 믿습니다.

하나님의 은혜를 받은 사람일수록 더욱 기쁨으로 하는 게 은혜입니다. 어떤 사람도 교회 일을 하고, 주의 일을 할 때, 누구는 안 한다고 눈꼴셔 하지 마시기 바랍니다. 가자미의 눈이 왜 한 쪽에 붙었나? 마음의 눈이 비뚤어집니다. 때로는 사정이 있고 형편이 있을 수 있으니까 우리가 기다려주고, 기도해주고, 격려해주면 다 할 수 있습니다.

너무 열심히 헌신하지 않은 사람이 있거든 비판하고 눈꼴셔 하지 말고 하나님 나에게 이런 힘을 주시고 믿음을 주시고 헌신할 수 있는 직분을 주신 것 감사합니다. 감사함으로 하면 많은 사람도 더 감사하고 동참하게 됩니다.

모든 성도가 그렇게 다 성숙되면 좋지만 때로는 우리는 기다려줘야 될 때도 있습니다. 하나님의 일을 하는 것은 하나님의 은혜를 받아서 은혜를 주신 만큼 자원에서 하는 마음인 것입니다. 왜요? 택정함을 입었기 때문에.

'이 복음은 하나님이 선지자들을 통하여 그의 아들에 관하여 성경에 미리 약속하신 것이라.'

예수 그리스도를 믿는 복음은 이미 예수님 오기 전에 성경에 예언된 약속한 복음입니다. 이미 예수님 오시기 전, 수천 년 전에 예수님이 오신다고 약속되어 있었습니다. 예수님 오시기 전, 2천년 전에 모세가 예언을 했습니다. 예수님 오시기 천년 전에 그리스도가 오시면 부활하신다고 예언했습니다. 시편을 통해서도, 예수님 오기 800년 전에 이사야는 그리스도가 오면 우리를 위해서 창에 찔리고 피 흘리고 고난당하고 채찍에 맞는다고 약속했습니다.

이미 오시기 전에 약속된 그 분이 이 땅에 오셨습니다.

"태초에 말씀이 계시니라 이 말씀이 하나님과 함께 계셨으니 이 말씀은 곧 하나님이시니라."(요 1:1)
"말씀이 육신이 되어 우리 가운데 거하시매 하나님이 사람의 몸을 입고 이 땅에 오셨다."(요 1:14)

다른 종교와 같이 사람들이 훌륭해서 저 분을 신으로 믿자고 따르는 것이 아니라 예수 그리스도는 이 땅에 오시기 전부터 하나님이요 그리스도로 이 땅에 오신 줄로 믿기를 바랍니다.

1장 3절, '그의 아들에 관하여 말하면 육신으로는 다윗의 혈통에서 나셨고.'

사람들이 볼 때는 다윗의 혈통부터 보여요. 다윗의 후손으로 오는 것 같아요. 육신은 헬라어로 '살크스' 라는 말인데 부패된 인간의 모습을 나타내는 것입니다. 왜 예수님이 부패된 인간의 모습으로 표현되어 있느냐면 예수님이 부패되신 것이 아니라 부패된 인간의 모습으로 오셔서 인간을 위해서 죽으시는 사람으로 오셨다는 것입니다.

예수님은 부패되지 않으셨다는 증거는 그는 성령으로 잉태하셨고 죄를 알지도 못하셨고 말씀대로 부활하셔서 죄가 없음이 인정되신 분인 줄로 믿습니다.

사람으로 오셔서 사람을 위하여 사람들 보기에는 요셉의 아들, 마리아의 아들 같지만 성결의 영으로는 죽은 자들 가운데서 성결의 영, 하나님의 성령의 특별한 역사를 통해서 이 땅에 탄생하신 것입니다. 아담의 후손 중에 성령으로 탄생한 사람이 없습니다. 세례 요한이 어머니의 뱃속에 있을 때 성령이 감동을 했다고 했지 성령으로 잉태된 건 아닙니다. 성령으로 잉태되신 분은 오직 예수 그리스도 한 분 밖에 없는 줄로 믿으시기 바랍니다.

그렇기 때문에 예수님은 죄가 없으십니다. 천주교에서 마리아가 죄가 없다, 그것은 틀린 것입니다. 성령으로 잉태된 게 아닙니다. 예수 그리스도는 성령으로 잉태되셨기 때문에 죄가 없고 죄가 없으시기 때문에 성령으로 그는 죽음 가운데서 부활하셔서 하나님의 아들이라는 것을 선포되게 하셨음을 믿습니다.

4-5절, '부활하사 능력으로 하나님의 아들로 선포되셨으니 곧 우리 주 예수 그리스도시니라 그로 말미암아 우리가 은혜와 사도의 직분을 받아 그의 이름을 위하여 모든 이방인 중에서 믿어 순종하게 하나니.'

예수 그리스도를 통해서 우리가 하나님을 알게 되어 믿었고, 사도가 되고, 우리가 자녀가 되었습니다. 이방인들의 믿음 같이 우리도 이방인들인 우리가 믿고 로마교회 성도들의 믿음 같이 예수님을 똑같이 복음으로 믿게 되었습니다.

로마에 있던 이천 년 전에 믿던 로마 성도들 같이 우리도 그 예수님을 믿고 하나님의 자녀가 되고 구원받은 줄로 믿습니다. "너희도 그들 중에서 예수 그리스도의 것으로 부르심을 받은 자니라." 믿음은 순종을 말합니다. 예수님을 믿는다고 순종해서 구원받은 것입니다. 예수님을 거부한다면 불순종하는 것이지요. 아담과 하와가 불순종해서 죄를 지었잖아요.

우리가 하나님의 자녀가 된 것은 믿음으로 하나님께 회복되는 것입니다. 믿음은 관계파괴에서 관계회복이에요. 하나님과 우리 사이의 관계가 회복되어서 하나님을 아바 아버지라 부르게 되었습니다.

7절, '로마에서 하나님의 사랑하심을 받고 성도로 부르심을 받은 모든 자에게 하나님 우리 아버지와 주 예수 그리스도로부터 은혜와 평강이 있기를 원하노라.'

예수님을 믿는다는 또 다른 표현은 하나님의 사랑 받은 자입니다. 나의 안에 예수님이 계시면 하나님께서 나를 사랑하신다고 믿으시기 바랍니다. 또는 어려움을 당하면 하나님이 날 사랑하실까 의심할 수 있습니다. 하나님의 사랑은 거기에 있지 않습니다. 하나님의 사랑은 예수 그리스도에게 있고, 예수님을 통해서 기도의 응답을 주시고 우리에게 일어난 여러 가지 어려움은 합력하여 선을 이루는 축복의 문제입니다. 관점이 변화되는 것이지요.

"누가 우리를 그리스도의 사랑에서 끊으리요 환난이나 곤고나 박해나 기근이나 적신이나 위험이나 칼이랴 기록된 바 우리가 종일 주를 위하여 죽임을 당하게 되며 도살 당할 양 같이 여김을 받았나이다 함과 같으니라 그러나 이 모든 일에 우리를 사랑하시는 이로 말미암아 우리가 넉넉히 이기느니라 내가 확신하노니 사망이나 생명이나 천사들이나 권세자들이나 현재 일이나 장래 일이나 능력이나 높음이나 깊음이나 다른 어떤 피조물이라도 우리를 우리 주 그리스도 예수 안에 있는 하나님의 사랑에서 끊을 수 없으리라."(롬 8:15)

우리 안에 예수님이 계시면 하나님이 여러분을 사랑하는 그 사랑은 세상에 어떤 것도 끊을 수 없는 복된 자가 된 줄로 믿습니다. 예수님 안에서 하나님의 자녀가 되었고, 용서받은 자가 되었고, 구원받은 자가 되었고, 지옥과는 관계없는 자가 되었고, 천국을 소망하는 자가 되었고, 이 땅에 살아가는 동안 하나님이 함께하는 자가 되었습니다. 이것이 복음입니다.

인류의 복음은 예수님이 이 땅에 오신 것 입니다. 일평생 동안 이 사랑을 기억하면서 주님 안에서 주님을 기쁘게 하는 삶이 되기를 예수님의 이름으로 축복합니다.

2강 | 롬 1:8-16상

인간에게는 사람의 힘으로 절대 해결할 수 없는 세 가지의 문제가 있습니다.

첫째로, 인간의 과거의 문제입니다. 우리가 살아온 과거는 어느 누구도 해결할 수 없고, 어떻게 말하면 지나간 것인데 쉽게 말할지 모르지만 과거 때문에 사람들은 힘들어하고 고통하고 아파하고 또 묶여서 노예생활을 때가 얼마나 많은지 모릅니다. 많은 사람들이 과거의 상처와 아픔 때문에 현재도 슬퍼하며 미래도 절망 가운데 사는 사람들이 많이 있습니다.

둘째로, 인간이 겪고 있는 현재의 문제입니다. 어떻게 살아갈 것인가, 뭘 먹고 살 것인가 앞으로는 어떻게 해결해야 할 것인가. 주님께서는 말씀하시기를, "수고하고 무거운 짐 진 자들아 다 내게로 오라 내가 너희를 쉬게 하리라 내 짐은 쉽고 가볍다." 라고 하셨습니다.

셋째로. 미래에 관한 문제입니다. "한 번 죽는 것은 정한 것이요 그 이후에는 심판이 있다, 천국도 있고 지옥이 있다." 그러면 죽음 이후에는 어떻게 할 것인가? 아무도 그 답을 줄 수가 없습니다.

그러나 그리스도 예수 안에서 우리에게 부활의 소망을 주셨습니다. 베드로는 우리를 가리켜서 왕 같은 제사장이라 했고 사도 요한은 예수를 구주로 믿는 자에게 하나님의 자녀가 되는 권세를 주셨다고 했습니다. 우리의 모든 과거에서, '새로운 피조물로 이전 것은 지나갔으니 새 것이 되었다.' 선포하고 있습니다.

우리의 삶에서 하나님이 우리와 함께 하시고 인도하신다면 우리는 세상을 넉넉히 이길 수 있는 줄로 믿습니다. 요한일서 5장 4절에, '누가 세상을 이기겠느냐? 예수께서 하나님의 아들이심을 믿는 자가 아니면 세상을 이기는 자가 누구냐?' 예수를 그리스도로 믿는 자마다 세상을 이긴다고 선포했습니다. 부활의 첫 열매되신 예수님을 따라서 부활의 소망을 가지며, 지금과 비교할 수 없는 의와 희락과 영원한 아버지 집을 우리에게 약속해 주심을 믿습니다. 이것이 복음입니다.

하나님은 우리를 만드실 뿐만 아니라, 범죄하고 하나님을 떠난 우리에게 소망을 주시기 위해 복음을 주셨습니다. 이 복음이 사실이기 때문에 사람들은 복음을 믿고, 구원받고, 해방 받고, 행복해질 뿐만 아니라 이 복음을 전하기 위해서 때로는 고난도 받고, 핍박도 받고, 때로는 죽음도 당했지만 이 복음이 지금까지 전해온 줄로 믿습니다.

우리는 바울을 잘 알고 있습니다. 그는 베냐민 지파, 이스라엘 열 두 지파 중에 유다 지파와 같이, 그래도 하나님을 잘 경외하는 순수한 혈통을 지닌 지파가 베냐민 지파입니다. 그는 바리새인이요 공회의원이요, 당시에 최고의 공부를 한 가말리엘 문하의 사람입니다. 그는 돈도 있고, 세상을 다 가졌지만 그리스도에게 비교하면 내 모든 것을 배설물로 여기노라, 했습니다.

우리식으로 말하면 우리나라에서 제일 좋은 대학을 나왔습니다. 직장도 좋고, 돈도 있고 사람들에게 존경도 받고 가문도 좋아요. 권세도 가졌습니다. 그가 살만하지만 예수 그리스도에게 비교하면 이것은 오물과 같다, 배설물과 같다고 고백했습니다.

"내가 복음을 부끄러워하지 아니하니, 이 복음은 우리에게 주시는 하나님의 구원의 능력이 됨이라."(롬 1:16)

누가 우리를 과거의 모든 죄와 실패와 좌절과 상처 속에서 건질 자가 있겠으며, 누가 우리가 이 땅에 살아가면서 승리할 자가 있겠으며, 미래 보장할 수 있는 사람이 있겠습니까? '주 예수를 믿으라 그리하면 너와 네 집이 구원을 얻으리라.' 이것이 사실이기 때문에 역사 속에서 수천년 동안 지금까지 복음이 증거 된 줄로 믿습니다.

바울의 진정한 기쁨은 내가 얼마나 잘 사느냐보다, 복음이 증거되는 것이었습니다. 바울의 소원은 할 수 있는 대로 많은 사람에게서 많은 제자가 일어나게, 증거하기 위해서 최고의 도시인 로마를 가기를 원했던 것입니다. 그래서 로마에 가기 전에 이들에게 먼저 준비시키고 복음을 전하기 위한 편지가 로마서입니다.

8절, '먼저 내가 예수 그리스도로 말미암아 너희 모든 사람에 관하여 내 하나님께 감사함은 너희 믿음이 온 세상에 전파됨이로다.'

사도 바울의 기쁨은 자기 육신에, 자기 개인에게 있는 것이 아니었습니다. 누구든지 예수 그리스도를 믿고 구원받았다면 그것 때문에 기쁘고 감사하다는 것입니다. 내가 하나님께 너무 감사한 것은 너희들이 예수 믿고 구원받은 것이고, 너희들의 믿음을 통해서 그 믿음이 온 땅에 전파된 것이니라. 그랬습니다.

당시에 로마는 최고의 도시여서 많은 인재들이 모이고 권력 있는 사람들이 모이고, 노예도 큰 도시로 몰렸습니다. 거기에서 복음을 전했더니 복음을 받은 사람들이 동서남북으로 가서 복음을 전하게 되니 '너희들이 믿는 그 예수를 믿는 믿음이 온 땅에 전파되는 거 보니까 내가 너무 감사하고 기쁘다.'라고 한 것입니다.

우리는 기뻐할 일이 많고 감사할 일이 많지만 우리의 마음 속에 예수 그리스도의 복음이 증거되므로 감사가 있는 은혜와 하나님의 축복이 있기를 바랍니다. 그 감사가 늘 있는 것은 복음의 비밀을 아는 사람만의 특징입니다. 복음을 아는 사람들의 또 다른 특징은 하나님께 기도하는 것입니다.

9절, '내가 그의 아들의 복음 안에서 내 심령으로 섬기는 하나님이 나의 증인이 되시거니와 항상 내 기도에 쉬지 않고 너희를 말하며.'

여기에 보니, 심령으로 섬기는 하나님이라고 했습니다. 바울은 심령(프뉴마, 영혼 깊은 곳에서 자기중심을 가지고 하나님을 섬기는 것)으로 하나님을 섬겼습니다. 하나님을 어떻게 섬깁니까? 예배 한 번 드리는 걸로 하나님을 섬긴다고 말합니까? 내가 봉사하고, 헌금을 드리고, 찬양하고, 조금 내가 수고한다고 하나님을 다 섬겼다고 생각하십니까?

하나님은 우리 중심을 아시는 분이십니다. 우리 중심으로 하나님을 경외하고 섬기는 은혜가 있기를 바랍니다. 하나님을 중심으로 경외하는 마음으로-섬기는 마음으로 예배를 드리고, 경외하는 마음으로-섬기는 마음으로 기도를 드리고, 하나님을 의지하고 섬기는 마음으로 헌신하고, 예물을 드리고, 말씀을 지켜나가고, 사랑하고 복음 전하는 전도자에게 주님께서 함께 하는 줄로 믿습니다.

바울은 하나님이 내 증언이 되시거니와 한 번도 보지 못한 로마교회 성도들을 위해 항상 기도한다고 고백하고 있습니다. 사무엘은 말하기를 기도를 쉬는 죄를 짓지 않게 해달라고 했습니다. 예수 믿는 우리는 기도하는 직분을 받았습니다. 나를 위해서 뿐 아니라 교회를 위해서, 이웃을 위해서, 나라를 위해서, 북한 땅을 위해서, 선교지역을 위해서, 약한 자들을 위해서, 믿지 않는 자들을 위해서 기도할 일이 너무 많습니다. 내가 바쁘다는 핑계로 피곤하다는 핑계로 기도를 쉬지 않았습니까? 우리는 기도의 힘을 모아야 됩니다.

중보기도회, 심야기도회 동참하시고, 새벽기도 하시고, 셀 공동체 위해 기도하십시오. 예수님은 바쁠수록 한적한 곳에 가서 기도하셨습니다. 사도들은 일하기보다 기도에 힘쓴 사람들입니다.

저는 이번 주에 새벽기도를 하면서 하나님께 회개했습니다. 하나님 용서해주세요 기도에 열심 있지 못한 것을 용서해주세요. 교회를 위해서 성도를 위해서 기도의 특권을 주셨는데 기도를 다하지 못한 것을 용서해주세요. 마음이 아픈 사람들을 아파하면서 기도하고 하나님께 기도하고 더 많이 해야 되겠다 이런 생각을 많이 가지게 됐습니다.

사도 바울이 알지도 못한 사람을 위해 기도했다면 우리는 성도를 위해서 기도하는 게 마땅하고, 자녀를 위해서 기도하는 것도 마땅하고, 선교사를 위해서 파송만 해놓고, 헌금만 조금 해놓고 만족하지 말고 기도하는 것이 마땅하고, 한국교회를 위해 민족을 위해 세계를 위해 기도하는 것이 마땅한 줄로 믿습니다.

10절, '어떻게 하든지 이제 하나님의 뜻 안에서 너희에게로 나아갈 좋은 길 얻기를 구하노라.'

바울은 로마에 가기 약 2년 전에 편지를 쓰면서 로마에 가기를 구하는데 하나님께 좋은 길 얻기를 구한다. 그랬어요. 1년 후에 하나님이 바울의 기도를 응답하셔서 사도행전 27장 1절에 보면 로마에 가게 됩니다. 바울은 육신적으로 뚱뚱하고 아름답게 로마의 교회에 간 게 아니라 죄인의 몸으로 갑니다. 악한 죄가 아니라 복음 전파한다는 죄목입니다. 그래서 자유의 몸도 아닙니다. 가는 길에 많은 죽음의 위험과 무시당함과 어려움이 있었습니다.

그것이 무슨 좋은 길이겠습니까 그러나 하나님과 바울에게는 가장 좋은 길이십니다. 하나님 앞에 살아갈 때 육신적인 기준으로 보는 것을 바꾸셔야 합니다. 육신적인 편안함도 좋은 것이지만, 더 중요한 것은 영적인 것입니다. 사도 바울은 고난 받고 죄인의 모습으로 갔지만 로마에서 복음을 전하고 성경을 기록한 복을 받고 전 세계에 복음을 전하는 많은 일꾼이 일어났습니다. 이것이 하나님 볼 때 바울이 가장 기뻐한 좋은 길이 되었습니다.

11절, '내가 너희 보기를 간절히 원하는 것은 어떤 신령한 은사를 너희에게 나누어 주어 너희를 견고하게 하려 함이니.'

사도 바울이 왜 그렇게 로마에 가기를 간절히 소원했냐면 '어떤 은사를 나누어' 라고 했습니다. 원래의 뜻은 새로운 은사 은혜를 나누어 주기를 원해서 라는 뜻입니다. 나누어 준다는 말은 하나님이 사람에게 나눈다는 게 아니라 서로 나눈다는 뜻으로 이해되어 집니다.

12절, '이는 곧 내가 너희 가운데서 너희와 나의 믿음으로 말미암아 피차 안위함을 얻으려 함이라.'

성도의 은혜는 한 사람만 받고 계속 나눠줄 수 있는 것이 아니라 서로 은혜를 받고 나누는 것입니다. 어떤 신령한 은혜를 말하면 특별한 새로운 은혜입니다. 무슨 새로운 은혜가 우리에게 있습니까? 육신적인 것은 새로운 게 별로 없습니다. 다 옛것이 새로 오는 거지요. 그런데 신령한 은혜는 하나님이 주신 은혜로서 날마다 새롭습니다.

요한계시록에 보면 에베소 교회에게 칭찬하고 책망하는 것이 있습니다. 너희 첫사랑을 잃어버렸다, 첫사랑을 어디서 잃어버렸는지 찾지 않으면 촛대를 옮겨버리겠다. 사람은 첫사랑이 한 번 밖에 없습니다. 그러나 하나님을 사랑하는 사람은 매일 매일 새로운 은혜와 첫사랑이십니다.

바울이 가서 복음 전함을 통해서 그들이 신령한 은혜를 새롭게 받아가는 걸 새로운 은혜라고 말했습니다. 그걸 나눈다고 말했습니다. 바울은 그들을 통해서 은혜를 받고, 또 하나님의 은혜를 그들에게 전해줌을 통해서 모든 사람이 새로운 은혜를 나누어 가는 것입니다.

이것이 바로 셀 공동체입니다. 셀 공동체는 한 사람의 은혜뿐만 아니라 서로의 은혜를 나누되 풍성히 나누고, 더욱 우리가 성숙되어 가고, 견고하게 서가는 것이십니다.

이렇게 은혜를 통해서 너희가 견고하게 서려 함이니라. 하나님의 은혜를 헛되이 받지 마시고, 받은 그 은혜에 감사하고 말씀에 순종하고 지켜나가고 어떠한 어려움과 환란과 환경이 온다 할지라도 흔들리지 않는 견고한 믿음을 지켜나가길 예수님의 이름으로 축복합니다.

12-13절. '이는 곧 내가 너희 가운데서 너희와 나의 믿음으로 말미암아 피차 안위함을 얻으려 함이라 형제들아 내가 여러 번 너희에게 가고자 한 것을 너희가 모르기를 원하지 아니하노니 이는 너희 중에서도 다른 이방인 중에서와 같이 열매를 맺게 하려 함이로되 지금까지 길이 막혔도다.'

예수님 안에서의 열매는 크게 두 가지입니다. 하나는 성결의 열매, 예수님을 닮아가는 열매입니다. 둘째 열매는 그 결과로 전도의 열매인 줄로 믿습니다. 우리에게는 이 열매가 많아야 하나님을 더욱 기쁘게 하는 것입니다.

요한복음 15장에 보니까, "나는 포도나무요 너희는 가지라 그가 내 안에, 내가 그 안에 거하면 사람이 열매를 많이 맺나니 나를 떠나서는 너희가 아무 것도 할 수 없음이라."

열매를 많이 맺는 자는 하나님이 기뻐하신다고 말씀하셨습니다. 우리는 말씀을 듣고 하나님을 중심으로 경외하며 순종해나갈 때 주님을 닮는 성결의 열매가 있고 성령의 열매가 맺힘을 믿습니다. 그 결과로 또 다른 영혼이 구원 받고 돌아오는 데 쓰임 받습니다. 이것이야말로 하나님께서 가장 기뻐하시는 열매이십니다.

"너희 중에서도 다른 이방인 중에서와 같이 열매를 맺게 하려 함이로되 지금까지 길이 막혔도다."

길이 막힌 것에 대하여 사도 바울은 억지로는 하지 않았습니다. 때로는 기도하고, 길이 열리도록 기다리는 것을 보게 됩니다.

14절, '헬라인이나 야만인이나 지혜 있는 자나 어리석은 자에게 내가 다 빚진 자라.'

빚을 졌다는 것은 두 가지입니다. 갚지 않으면 화가 임한다, 또 하나는 빚 갚는 마음으로 복음을 전한 것입니다. 저와 여러분은 개인적으로 다 복음에 빚진 자들입니다. 우리가 예수 믿기 전에 나를 위해서 기도해준 사람이 있었고, 복음 전해준 사람이 있었고, 선한 손길 베푼 사람이 있었고, 수고한 사람이 있었고, 그런 수고와 기도와 헌신을 통해서 우리가 예수 믿고 구원 받았습니다. 둘째로 우리나라는 복음에 빚진 나라입니다.

1800년대 후반 1900년대 초창기에 많은 선교사님들이 우리나라에 들어왔는데 그 선교사님들을 살펴보니까 못 배운 사람들이 아니라 그 나라에서 일류대학을 나온 이십대 젊은 청년들이었습니다. 그들이 한국에 올 때, 식사도 맞지 않지요. 화장실도, 침대도 맞지 않지요. 샤워도 할 수 없지요. 맞는 게 하나도 없었습니다. 그래서 토양 병에 죽는 사람도 있고, 매에 맞기도 하고, 돌에도 맞기도 하고, 업신여김을 받기도 하고 병들어 죽기도 하고.

그러면서도 이 민족, 캄캄한 이 땅에 복음을 증거해주셔서 우리가 이렇게 예수 믿고 복 받은 나라가 되었습니다.

그렇다면 우리는 복음에 빚진 자로서 복음을 전하는 것은 마땅한 것이지요. 개인적으로 복음에 빚진 자이기 때문에 내가 누군가를 위하여 기도해야 되겠고, 내가 누군가를 위해서 복음을 전해야 되겠고, 선한 손길을 베풀고 헌신을 해야 마땅한 줄 믿습니다.

우리는 이런 은혜를 받아놓고, 은혜를 내가 누리기만 하고 은혜를 내 것만 가지고 나만 안일하게 행복하게 산다고 하면, 복음에 빚진 자세는 아닙니다. 빚진 사람은 갚을 마음이 있어야 마땅한 것입니다. 우리는 복음에 빚진 자로 개인적으로 셀 공동체를 통해서 이 지역을 통해서 나라를 위해서 복음을 전해야 하는 것이 마땅할 뿐만 아니라, 복음을 받은 나라로써 복음을 전해야 합니다.

우리가 헌금하는 것도 중요하지만 기도하고 마음을 먹고 정말 복음 전하는 일에, 선교하는 일에, 우리가 어렵고 힘들더라도 함께하고 동참하는 그런 성도가 되기를 주님의 이름으로 축복합니다. 빚진 자가 빚을 갚지 않고 살면 되겠습니까.

바울은 자신이 복음에 빚진 자라고 고백했습니다. 스데반을 죽이는 데 투표하고 핍박자요 훼방자요 예수 믿는 사람을 때리고 가두고, 이 일을 위해서 초대교회가 기도했지 않겠습니까. 이래서 복음 전하는 사람이 있지 않겠습니까? 예수 믿고 돌아보니까 나는 복음에 빚진 자요. 나는 훼방자요. 핍박자인 나를 위해서 주님은 역사하셨고 초대교회 성도들은 기도했고 수고했고, 원수를 대신 갚지 않았습니다. 일평생 복음에 빚진 자로 사도 바울은 살았습니다.

15절, '그러므로 나는 할 수 있는 대로 로마에 있는 너희에게도 복음 전하기를 원하노라.'

복음에 빚진 자와 같이. 이방인입니다. 대부분 로마에 있는 사람들은 유대인도 있지만 이방인이 많이 있었습니다. 할 수 있는 대로 사도 바울은 복음의 뜨거운 열정이 있어서 금방이라도 배를 타고 로마에 뛰어가서 복음 전하기를 원했지만 하나님께서 문 여시기 전까지는 가지 않는 전도자의 모습을 보게 됩니다.

우리가 뜨거운 열정이 있다 할지라도, 하나님이 문 여신 곳만 가는 지혜가 있어야 됩니다. 인간적 열심을 가지고 우격다짐으로 내 힘을 가지고 할 것이 아니라 때로는 복음을 전할 때 기다려줘야 할 때도 있습니다. 참아야 될 때도 있습니다. 때로는 이해해야 될 때도 있습니다. 내 성품과 내 열심을 가지고 사람들에게 다가갈 때 그들이 때로는 부담을 느낄 때도 있습니다. 지혜롭게 해야 될 줄로 믿습니다. 둘째로는 내가 가기 싫더라도 주님이 가라고 하면 가는 것이 전도자입니다. 그래서 바울은 할 수 있는 대로 로마에 복음 전하기 위해. 복음에 빚진 자 같이 전하기를 원한다.

16절. '내가 복음을 부끄러워하지 아니하노니'

강조입니다. '나는 복음을 자랑스럽게 생각한다.' 바울은 육신의 자랑거리가 많지만 그것은 아무것도 아니다. 내게서 가장 자랑스러운 것은 복음이다. 복음은 구원을 주시는 하나님의 능력이 되기 때문이라고 고백하고 있습니다.

예수 그리스도의 복음은 과거의 모든 죄에서 해방하는 십자가의 보혈의 능력이십니다. 수십 년, 수천 년 죄 지은 우리에게도 믿는 그 순간 하나님의 자녀 되는 은혜를 주셨습니다. 복음의 능력은 굉장합니다. 우리뿐만 아니라, 모든 족속 땅 끝까지 복음의 능력은 있는 줄 믿습니다. 예수 그리스도의 십자가의 보혈은 저주와 죄와 사망의 권세에서 우리를 건지시는 오직 하나밖에 없는 능력이십니다.

그리스도 예수의 복음은 죽은 영혼을 살리는 것이고, 죄에서 해방하는 것이고, 지옥 갈 사람을 건져낸 것이고, 이 땅에 사는 동안에도 하나님이 함께 하시고 천국을 보장받는 우리가 힘으로 능력으로 되는 것이 아니라 오직 예수님을 믿는 믿음으로 되는 은혜의 복음입니다.

17절, '복음에는 하나님의 의가 나타나서 믿음으로 믿음에 이르게 하나니 기록된 바 오직 의인은 믿음으로 말미암아 살리라 함과 같으니라.'

오직 믿음으로만 의롭게 된다는 그 말씀. 다른 길은 없습니다. 믿는다는 말은 예수님을 구주로 영접함으로 하나님의 자녀 되는 것입니다. "영접하는 자 곧 그 이름을 믿는 자들에게는 하나님의 자녀가 되는 권세를 주셨으니."

아브라함도 믿음으로 의롭게 되었고, 다윗도, 모세도, 바울같은 악한 사람도 믿음으로 의롭게 되었고, 우리 같은 죄인도 믿음으로 의롭게 되었고. 이것이 복음입니다. 누구든지, 과거에 어떤 사람이든지. 예수 그리스도를 믿는 사람은 하나님의 자녀가 됩니다.

우리는 이 은혜로 하나님을 경외하면서 열매를 맺으면서 복음을 전하면서 사는 것이 그리스도인의 삶이십니다. 이런 교회와 이런 성도가 되어서 저와 여러분이 복음에 빚진 자와 같이 예수 그리스도를 자랑하는 마음과 믿음으로 승리하는 삶이 되시기를 예수님의 이름으로 축복합니다.

3강 | 롬 1:16-32

"하나님이 세상을 이처럼 사랑하사 독생자를 주셨으니 이는 그를 믿는 자마다 멸망하지 않고 영생을 얻게 하려 하심이라"(요 3:16)고 말씀하셨습니다. 하나님이 우리를 사랑한다는 증거는 우리가 예수 믿고 구원받은 것이십니다.

"우리가 아직 죄인 되었을 때에 그리스도께서 우리를 위하여 죽으심으로 하나님께서 우리에 대한 자기의 사랑을 확증하셨느니라."(롬 5:8) 하나님이 우리를 사랑하시는 확실한 증거는 예수 믿고 구원받은 것이라고 말씀하셨습니다. 이 사랑은 세상의 어떤 것도 끊을 수 없는 하나님의 사랑받는 자가 되었습니다. 이것은 예수 그리스도라는 복음을 통해서 받은 은혜입니다.

16절, '바울은 내가 복음을 부끄러워하지 아니하노니 이 복음은 모든 믿는 자에게 구원을 주시는 하나님의 능력이 됨이라.'

18절부터 32절까지는 예수 믿기 전의 삶을 말합니다. 지금도 예수 믿지 않는 사람들의 삶입니다. 거기에는 크게 두 가지 죄가 있습니다. 하나는 영적 죄, 신앙적인 죄가 있고 하나는 하나님을 떠난 영적 죄에 빠지면 자연적으로 열매가 부패되고 타락되고 저주 가운데 열매입니다. 거기에 대한 말씀인데, 우리는 하나님의 은혜로 여기에서 해방되었습니다. 혹시 이 말씀 가운데 우리가 아직 있다면 우리는 하나님의 더 은혜를 받고 변화 받아서 복된 성도가 되시기를 축복합니다.

18절, '하나님의 진노가 불의로 진리를 막는 사람들의 모든 경건하지 않음과 불의에 대하여 하늘로부터 나타나나니.'

하나님은 우리를 사랑하는 자일 뿐 아니라 하나님은 심판 주가 되심을 믿으시기 바랍니다. 그 심판은 지옥 갈 때만 하는 게 아니고, 우리가 죽었을 때만 하는 게 아니고, 때로는 우리가 병들고 아프고 망할 때만 하는 게 아니라, 매일 매일 하나님의 심판이 이루어진다고 말하고 있습니다. 시편 7편 11-12절에, "하나님은 의로우신 재판장이심이여 매일 분노하시는 하나님이시로다 사람이 회개하지 아니하면 그가 그의 칼을 가심이여 그의 활을 이미 당기어 예비하셨도다."

때로는 우리가 하나님의 심판을 보지 못할 때가 있습니다. 그것은 하나님이 심판하지 않기 때문이 아니라 우리의 영적 눈이 어두워져 있기 때문입니다. 특별히 하나님을 믿지 않는 사람은 하나님의 심판 가운데 있어도 하나님의 심판인 줄 모를 때가 있습니다. 하나님의 심판은 노아 홍수 같이만 임하는 것이 아니라 하나님의 심판은 하나님을 떠나는 자체가 심판입니다.

세상적이고, 유혹적이고, 죄악적인 것을 가지는 자체가 이미 심판입니다. 하나님 사랑하기를 싫어하고 하나님을 마음에 두기를 싫어하고, 예배드리길 싫어하고, 기도하기를 싫어하고, 사랑하고 섬기기를 싫어하고, 자꾸만 악해지고 부패되어지고 세상적이 되는데, 이것이 심판입니다. 그 열매로 모든 심판이 오고 마지막 심판이 있게 되는 것입니다. 하나님의 심판은 매일 매일 오는 줄 믿습니다.

'진노가 불의로 진리를 모든 사람에게. 경건하지 않음과 불의가 나타나나니. 하나님을 알 만한 것이 그들 속에 보임이라 하나님께서 이를 그들에게 보이셨느니라.'

하나님 안 믿는 사람도 다 알만한 것이 세상에 보인다고 합니다. 하나님이 모든 만물을 만든 것을 보면 하나님의 능력과 지혜와 섭리를 알 수 있다고 그럽니다. 그런데 왜 모릅니까? 불신앙해서 모릅니다. 히브리서 11장 3절에, "믿음으로 모든 세계가 하나님의 말씀으로 지어진 줄을 우리가 아나니" 불신앙으로 보면 하나도 하나님 일을 볼 수가 없습니다. 믿음으로 보면 하나님이 하신 걸 세밀히 다 알 수 있습니다.

20절, '창세로부터 그의 보이지 아니하는 것들 곧 그의 영원하신 능력과 신성이 그가 만드신 만물에 분명히 보여 알려졌나니 그러므로 그들이 핑계하지 못할지니라.'

하나님은 보이지 않는 분이십니다. 요한복음 4장 24절에, '하나님은 영이시니 예배하는 자가 영과 진리로 예배할지니라.' 고 했습니다. 보이지 않는 하나님을 우리가 말씀과 믿음을 통해서 예배드리고 말씀에 순종하고 믿는 줄 믿습니다.

부패되고 타락되면 하나님을 자꾸 보이는 것으로, 형상으로 바꿔가는 것입니다. 우리도 보이지 않는 하나님을 말씀과 믿음을 통해서 나아가는 것보다 무엇인가를 자꾸 보고자 하면 이미 우리 믿음이 연약해져가는 것입니다.

21절, '하나님을 알되 하나님을 영화롭게도 아니하며 감사하지도 아니하고 오히려 그 생각이 허망하여지며 미련한 마음이 어두워졌나니 스스로 지혜 있다 하나 어리석게 되어 썩어지지 아니하는 하나님의 영광을 썩어질 사람과 새와 짐승과 기어 다니는 동물 모양의 우상으로 바꾸었느니라.'

하나님을 떠나면 보이지 않는 하나님을 경배하지 않고 자꾸 뭔가 만들어요. 예수님 안 믿는 사람은 형상을 만듭니다. 뭔가 자꾸 보는 걸 따라가려고 만듭니다. 불신자들은 전부 다 그렇습니다. 예수님을 믿는다면서 형상을 만들고 부패된 걸 따라가면 바른 신앙이 아닙니다. 하나님은 뭔가 만들어진 피조물이 아닙니다. 사람들이 만든 그런 것이 하나님이 아닙니다. 하나님은 보이지 않는 영이시니 믿으시기 바랍니다.

보이는 것을 따라가고 추구해가면 잘못된 신앙입니다. 보이지 않는 하나님을 믿고 말씀을 믿고 순종해가면 하나님의 말씀이 이루어지고 성취됩니다.

믿음은 바라는 것들의 실상이요 보지 못한 것들의 증거라고 말씀하셨고 마가복음 16장에도 믿는 자에게 이런 표적이 따르는 것이지요. 표적은 따라와야 되지 표적을 따라가면 우리 신앙을 다 잃어버리게 될 줄 믿습니다. 우리는 하나님을 믿고 말씀을 믿고 따라가면 표적은 따라오는 것입니다. 그런 것이 하나님의 살아계신 표적이고 응답인 것이지, 표적을 따라가면 신앙도 잃어버리게 되고 주님도 잃어버리게 되고 부패되고 타락하게 되는 것입니다.

하나님을 영화롭게도 아니하며 감사하지도 아니하고 많은 사람들이 하나님을 믿는다 하면서 하나님께 영광 돌리는 데 관심이 없고, 감사하는 데 관심이 없고, 원망과 불평과 시기와 질투가 다툼이 가득하다면 내가 믿는 신앙이 진실한 신앙인가를 돌아보셔야 됩니다. 우리는 다른 사람이 나를 평가하면 기분 나쁘지만, 우리는 우리 자신을 늘 신앙으로 점검해가야 합니다.

고린도후서 13장 5절에, '너희는 믿음 안에 있는가 너희 자신을 시험하고 너희 자신을 확증하라 예수 그리스도께서 너희 안에 계신 줄을 너희가 스스로 알지 못하느냐 그렇지 않으면 너희는 버림 받은 자니라. 그러므로 하나님께서 그들을 마음의 정욕대로 더러움에 내버려 두사 그들의 몸을 서로 욕되게 하게 하셨으니.'

본문에 '버려두사' 라는 말씀이 3번 나옵니다. 하나님께서 인간을 구원하기를 싫어하시는 게 아니고, 그 마음에 하나님 두기를 싫어하고 거부하고 하나님을 거부하니까 그냥 둬버린 것입니다. 이것이 저주입니다. 하나님이 우리를 택하셔서 은혜를 주시는 게 이것이 구원입니다.

하나님이 택하지 않고 은혜를 주지 않았다면 아무도 구원받을 수 없을 것입니다. 어떤 분들은 부패되어서 이런 말을 합니다. 그럼 어떤 사람은 택하고 어떤 사람은 안 택했습니까? 그 모든 책임이 하나님께 있는 것 같이 말합니다. 토기장이가 그릇을 만드는 데 이 그릇, 저 그릇을 만드는데 어떤 그릇이 왜 나는 이렇게 만드느냐고 말할 수 있습니까?

9장 20절, '이 사람아 네가 누구이기에 감히 하나님께 반문하느냐 지음을 받은 물건이 지은 자에게 어찌 나를 이같이 만들었느냐 말하겠느냐.'

우리는 다 하나님을 떠나서 부패되었고, 우상숭배를 하고 저주 가운데 절망 가운데 있는 우리를 택하여 준 것이 은혜이지 우리가 무슨 자격으로 누군 택했고 누군 안 택했고 하나님께 따질 수 있는 자격이 있습니까? 그런 자격이 누가 있겠습니까.? 왜 하나님이 그들을 안 택했다고 해요? 택하기 싫어서가 아니라 모든 사람들이 구원 받기를 원하지만 그들의 마음속에 하나님 두기를 싫어하고 거부하기 때문에 그냥 둔 것이 저주고 멸망입니다. 우리는 거기에서 하나님이 택해서 은혜를 주신 것이십니다.

그냥 둬버린 것입니다. 왜? 거부하니까. 예수님 당시에도 예수님이 표적을 나타내고 말씀을 전하고 기적을 베풀고 죽은 나사로를 살렸지만 오히려 예수님을 죽이려고 하는 것입니다. 하나님의 역사를 보면 하나님께 회개하고 예수님을 구주로 믿어야 하는데 그렇지 않습니다.

예수님께서는 예루살렘을 보면서 눈물을 흘리면서 예루살렘아 어미닭이 병아리를 품듯이 내가 너희를 품으려고 얼마나 했는데 안 품긴다는 것입니다. 그래서 예수님이 독사의 자식들아, 그랬습니다. 어떤 사람이 구원받고 어떤 사람이 구원 못 받는다 해서 인간이 원망할 수 있는 그런 자격이나 대상이나 그럴 수 있는 것이 아무것도 없습니다. 다만 하나님의 은혜이십니다. 하나님이 구원하지 않은 것이 아니라 그냥 내버려둔 것입니다. '버려 두사.' 그랬더니 죄악과 저주 가운데 빠질 수밖에 없습니다.

'모든 사람이 죄를 범하였으매 하나님의 영광에 이르지 못하니 의인은 없나니 하나도 없으며'(롬 3:23)

우리가 구원받을 자격이나 가치가 있습니까. 그만큼 우리에게 공로가 있습니까. 전혀 아닙니다. 하나님의 택하심이요. 은혜로 우리가 하나님의 자녀가 되었고, 은혜로 하나님의 복을 받게 되었고, 사랑받는 자가 된 줄 것입니다.

25절, '이는 그들이 하나님의 진리를 거짓 것으로 바꾸어 피조물을 조물주보다 더 경배하고 섬김이라 주는 곧 영원히 찬송할 이시로다 아멘.'

사람들이 하나님을 떠나면 자꾸 형상을 만들어요. 하나님을 믿을 수 없기 때문에 형상을 자꾸 쫓아갑니다. 그림을 그리고 모양을 만들고. 보이는 것을 좇아가지 마시기 바랍니다. 바른 신앙과 건강한 신앙이 아닙니다. 보이지 않는 하나님을 믿고 말씀을 믿고 가는 것입니다. 우리도 다 우상숭배하고 하나님을 떠나있던 자인데, 하나님이 사랑하셔서 예수님 안에서 구원해주셨으니 오직 찬송 받으실 이는 하나님밖에 없습니다.

26절 이하에는 부패된 인간의 모습, 영적으로 범죄하고 나니까 도덕과 윤리적으로 부패하고 타락하게 되지요.

26-27절, '이 때문에 하나님께서 그들을 부끄러운 욕심에 내버려 두셨으니 곧 그들의 여자들도 순리대로 쓸 것을 바꾸어 역리로 쓰며 그와 같이 남자들도 순리대로 여자 쓰기를 버리고 서로 향하여 음욕이 불 일듯 하매 남자가 남자와 더불어 부끄러운 일을 행하여 그들의 그릇됨에 상당한 보응을 그들 자신이 받았느니라.'

역리란 말은 변태를 가리킵니다. 하나님은 남자와 여자가 사랑하고 가정을 이루고 행복하게 살도록 했는데, 이제는 여자가 남자에게 매력을 못 느끼고 여자를 보고 매력을 느끼고, 이것이 다 하나님을 떠난 부패된 저주라는 것입니다. 남자가 남자를 향하여서 정상적인 성적 생활을 하지 않는다는 것입니다. 미국에서도, 우리나라도 많이 그런 일이 일어나고 있습니다. 성소수자라고 합니다.

그들의 인격도 귀중하고, 한 사람으로서 하나님 앞에 지음 받은 사람으로는 중요하지만, 그러나 하나님을 떠나서 역리로 사는 것은 죄악과 저주입니다. 그것을 잘 했다고 말할 수는 없습니다. 아마 모르긴 해도 앞으로 우리나라가 얼마 있지 않으면 이런 말을 하면 잡아가고 중죄를 당할 날도 머지않습니다. 그러나 분명한 것은 그것은 하나님의 창조의 섭리가 아닌 것입니다. 하나님을 떠나서 부패하게 되는 것은 예수님 당시일 뿐만 아니라, 소돔과 고모라 시대, 아브라함 시대에도 있던 일입니다. 지금 시대에만 있는 것이 아닙니다.

영적으로 하나님을 떠나있으면 육신적으로 죄와 저주가 부패된 것이 당연히 오게 되어 있는 것입니다. 우리가 이러한 것을 볼 때 안타까워하고 그들에게 복음을 전하고 기도하고 그들을 살리기 위해서 노력해야 되는 것입니다. 그들을 저주하고 욕하라는 것이 아닙니다. 그렇다고 죄가 아니라는 말은 더욱 아닙니다. 죄는 죄이지요.

28절, '또한 그들이 마음에 하나님 두기를 싫어하매 하나님께서 그들을 그 상실한 마음대로 내버려 두사 합당하지 못한 일을 하게 하셨으니'

여기에도 "버려 두사." 이 짧은 구절에 버려두는 게 3번이나 나온다니까요. 하나님께서 그냥 두시는 게 저주에요. 왜 버려뒀다고요? 그들이 하나님을 거부하고 하나님 말씀 불순종하고 마음에 두기를 싫어하니 버려두었더니 하나님을 떠나서 우상숭배하고 부패되어지고 타락하고 저주 가운데 있고 역리로 쓰게 되고, 악한 마음을 가지게 되고, 이것이 다 저주라는 것입니다.

29절, '곧 모든 불의, 추악, 탐욕, 악의가 가득한 자요 시기, 살인, 분쟁, 사기, 악독이 가득한 자요 수군수군하는 자요.'

모든 불복과 불순종과 죄의 총칭이 불의입니다. 모든 불의가 하나님을 떠나고부터 왔어요. 그리고 추악이란 말은 성적 범죄를 말하는 것입니다. 모든 성적 범죄와 탐욕, 다시 말하면 죄악과 악한 일을 해서라도 물질적인 요구를 계속 추구해가는 것입니다. 남을 망하게 하고 짓밟고 죽이고 상처를 죽이면서도 내가 돈을 벌어야겠다.

이것이 탐욕이고 탐심입니다. 탐심은 우상숭배라고 말했습니다. 때로는 물질이 필요하고 명예와 권력, 건강도 다 필요하지만 그것이 하나님을 믿는 것보다 앞서면 안 되는 것입니다. 예수님께서 "너희는 먼저 그의 나라와 의를 구하라 그리하면 이 모든 것을 너희에게 더하시리라" 하셨습니다.

구약시대 때에 우상은 형상이요 사람들이 만든 것이지만 신약에 와서는 형상뿐만 아니라 내 마음 속에 하나님보다 더 사랑하고 더 귀중히 여기는 것은 다 우상입니다. 때로는 그 우상이 남편일 수 있고, 아내일 수 있고, 자녀일 수 있고, 돈, 명예, 자존심일 수 있습니다. 이것을 다 버리고 하나님 제일로 사랑하는 성도가 되시기를 바랍니다.

하나님은 저주와 죄 가운데 우리를 구원하시고 만드신 분이기 때문에, 당연히 하나님을 사랑하는 것이 마땅한 일이십니다.

'악의가 가득한 자요 시기, 살인, 분쟁, 사기, 악독이 가득한 자요' 무엇이든지 자꾸 악한 마음이 생겨요. 갈라디아서 5장 22절에 보니까 "성령의 열매는 양선이라." 선한 마음, 선하게 하고 싶은 거예요. 하나님을 영화롭게 하고, 사람을 돕고 싶고, 살리고 싶고, 기도하고 싶고, 사랑하고 싶고 이것이 하나님의 자녀의 마음이십니다.

하나님을 떠난 자, 부패한 자의 마음은 무엇에나 악해요. 시기는 남이 잘 되면 악하게 해서라도 잘못되게 하는 마음이 시기해요. 남이 잘 되는 거 보면 마음이 불편해요 기분 나쁘고 화가 나요 이것이 시기하는 마음이에요. 남이 안 되는 거 보면 기분이 좋아요. 내가 너무 기뻐요. 행복해요. 이것이 시기하는 마음이에요.

이 시기로 말미암아 가인이 동생 아벨을 쳐 죽인 것입니다. 우리의 마음은 어떻습니까? 남이 잘 되는 거 보면 행복합니까, 불편합니까? 아직도 우리의 마음이 불편하다면 그리스도의 사람의 마음은 아닙니다. 우리가 성숙되고, 변화 받고, 치료받아야 될 마음이십니다.

잘 되는 이를 보면 축복해주시고, 감사하고 함께 기뻐할 수 있는 마음이고, 어렵고 힘든 사람을 만나면 같이 아파하고 같이 기도하고 힘을 주고 용기를 주고 이것이 주님이 주시는 성령의 마음이십니다. 왜 하나님을 믿지 않는 사람이 이런 마음이 생기느냐.

에베소서 2장 2절에, "공중의 권세 잡은 자를 따랐으니 곧 지금 불순종의 아들들 가운데서 역사하는 영이라." 악한 마귀 권세 아래 있으니까, 마귀는 악한 자에요. 악한 자를 따르면 이런 마음이 생기고 부패하게 되고 타락하게 되고 범죄 하게 되고. 하나님을 믿는 것이 첫째입니다. 예수님을 통해서 우리의 신분이 하나님의 자녀로 변화되는 것이 얼마나 중요한 지 하나님의 말씀과 기도를 통해서 예수님을 닮아가는 것이 성도의 최고의 복이십니다.

하나님을 떠나면 분쟁을 해요. 자꾸 자기와 욕심을 향해서 가정도, 교회도, 직장도 그렇게 만들고, 모든 것을 하면 분리를 일컬어요. 왜 자기 자존심, 자기 의사, 자기 목적, 자기 이익을 위해서. 이것은 하나님의 사람이 하는 것이 아닙니다. 하나님의 사람은 성령이 하나 되게 하신 것을 힘써 지키려합니다.

"화평케 하는 사람은 복이 있나니 저희가 하나님의 아들이라 일컬음을 받을 것"(마 5:9)이라고 하셨습니다. 예수 믿는 사람은 우리 때문에 가정에 화평이 오기를 축복합니다. 자존심, 논리, 의견으로 어렵게 하면 안 됩니다. 교회가 우리 때문에 분리가 되면 안 됩니다.
셀 공동체가 우리 때문에 화목이 되어야 해요. 직장이, 나라가, 세계가 화목 되는데 쓰임 받는 성도가 되기를 예수님의 이름으로 축복합니다. 가끔 소문에 한국에도 어떤 교회들이 분리하고 다투고 싸운다는 말이 있습니다. 자신의 의견, 자기의 이익 때문에. 자기의 자존심 때문에. 그렇게 중요합니까. 내 의견과 자존심이 가정을 어렵게 만들고, 직장도 어렵게 만들고 셀 공동체도 어렵게 만들 만큼 중요한 것입니까? 내가 조금 더 양보하고 부인하고 참고 기도하면 화평하게 될 줄 믿습니다.
하나님의 자녀는 분쟁하는 자가 아닙니다. 시기하고 악독하고 수군수군하고, 수군수군은 공동체 앞에서 하는 말과 은밀하게 하는 말이 다른 것입니다. 말이 다르면 안 됩니다. 여러 사람 앞에서의 말이나 둘이 있을 때 하는 말이 동일한 말을 하는 자가 성도가 되어야 됩니다.
여러 사람 앞에서는 이 말 안 하고, 또 다른 데 가서는 수군수군하고 비판하고, 저주하고, 악하게 말하고, 이것은 성도가 하는 말이 아니에요. 우리는 하나님 앞에 나아가서 이런 자가 되는 것은 하나님이 기뻐하는 자가 아니라고 말하고, 하나님을 떠난 자의 말이라고 합니다. 비방하는 자요 비판하는 자입니다.

마태복음 7장에 비판을 하는 자는 네가 그 비판을 받을 것이라고 했습니다. 우리가 이단적으로 잘못된 것은 성경적으로 분별해야 됩니다. 분별과 비판은 다릅니다. 비판은 악한 감정으로 사람을 어렵고 나쁘게 하기 위해서 하는 것이 비판입니다. 분별은 우리가 진리 가운데 바르게 따라가기 위해서 옳지 않은 것을 반드시 판단해야하는 것은 옳은 일이십니다.

30절, '하나님께서 미워하시는 자요 능욕하는 자요'

하나님을 믿지 않고 자기의 능력을 믿는 자가 능욕하는 자입니다 자연적으로 교만한 자요 자랑하는 자요 악을 도모하는 자입니다. 자기중심이 되면 악을 도모하게 되지요. 자기를 위하면 남을 해쳐야 되지요. 하나님을 무시해야 되지요. 그래서 하나님을 떠난 사람의 특징은 자기 소욕을 따른다고 했습니다.

성도는 하나님을 첫째로 사랑해야 하고, 교회를 사랑해야 하고, 성도를 사랑하고 공동체의 유익을 좇아가는 자여야 합니다. 이것은 자기에게도 가장 축복된 것으로 알아야 합니다. 나를 위해서 사는 것은 나를 위해서 사는 것이 아닙니다. 하나님의 영광을 위해서 이웃을 위해서 사는 것이 곧 나를 위해서 사는 것입니다.

30하-32절, '이런 사람은 부모를 거역하는 자요 우매한 자요 배약하는 자요 무정한 자요 무자비한 자라 그들이 이 같은 일을 행하는 자는 사형에 해당한다고

하나님께서 정하심을 알고도 자기들만 행할 뿐 아니라 또한 그런 일을 행하는 자들을 옳다 하느니라.'

'주여, 주여' 하면서 하나님 앞에 모르고 지은 죄도 크지만 알고 지은 죄는 더 큰 줄 믿습니다. 그러면서 그 사람들이 자꾸 옳다고 말하는 것입니다. 불신자들이 볼 때 예수 믿는 사람을 잘 안 믿으려고 해요. 그리스도인을 보고 믿고 신뢰할 수 있는 우리의 마음과 말과 신앙이 되어야 될 줄로 믿습니다. 또한 복음전파가 되어 지고, 일어날 줄로 믿습니다.

우리도 예수 믿기 전에는 다 이들과 같이 하나님을 떠나서 저주 가운데 있었고 하나님을 마음에 두기를 싫어하고 예배드리기 싫어하고 악한 마음을 가지고 대적하고 원수를 갚겠다고 말하고 자기를 나타내고 비방하고 원망하고 시기하고 분쟁하던 자들입니다.

우리가 구원받을 자격이 어디 있습니까? 가치가 어디 있습니까? 구원받을 이유가 하나도 없습니다. 그런데 하나님이 우리를 택하셔서 은혜를 주셨습니다. 우리에게 은혜를 그냥 주신 것이 아니라 하나님의 아들을 이 땅에 보내사 우리가 죽고 저주받아야 될 것을 대신 당하시고, 십자가에 피 흘리시면서 "엘리 엘리 라마 사박다니 나의 하나님, 나의 하나님 어찌하여 나를 버리셨나이까." 예수님이 하나님께 버림 당하시면서까지 우리를 사랑하셔서 예수님 안에서 우리를 하나님 자녀가 되게 하신 줄 믿습니다. 이보다 더 큰 은혜가 세상에 어디 있겠습니까. 이것이 우리에게 주신 복음입니다.

사도 바울은 이 복음을 부끄러워하지 아니한다, 했습니다. 우리는 다 복음에 빚진 자들입니다. 그러므로 예수를 믿는 우리에게는 3가지 특징이 있습니다.

첫째는 하나님을 영화롭게 하는 마음이 있어야 됩니다. 우리가 이런 은혜를 받고 구원을 받았으니 하나님을 영화롭게 하면서 살아야 되겠구나. 바울은 먹든지 마시든지 무엇을 하시든지 하나님의 영광을 위해서 하라 우리는 하나님의 은혜로 구원받았기 때문에.

우리는 구원받을 가치, 자격이 없습니다. 전적으로 주님이 택하셔서 하나님의 자녀로 삼아주셨으니 은혜에 감사한 것입니다. 둘째로 감사하는 자가 되어야 합니다. 모든 것이 하나님의 은혜임을 믿습니다. 예배하는 것도 살아있는 것도 주님이 부르시는 것도 우리를 사용하시는 것도 기도할 수 있다는 것도 모든 것이 감사합니다.

또 하나는 지금도 하나님을 알지 못하고 저주받은 자들이 아직 많이 있습니다. 민족과 세계 곳곳에 하나님을 알지 못하고 복음이 필요한 자들이 있습니다. 이들에게 우리는 복음을 전해야 될 사명이 있습니다. 우리나라도 얼마나 많은 사람들이 우상숭배를 하고 하나님을 떠나서 사는지 모릅니다.

세계 곳곳에 가면 얼마나 저주 가운데 살고 있는 사람이 많은지 모릅니다. 우리나라도 선교사들의 수고하고 희생함을 통해서 하나님의 은혜와 영육의 복을 받는 나라게 되었습니다. 이것만 만족할 것이 아니라 깨어서 기도하여서 우리의 민족, 우리 사랑하는 형제 자매들에게 복음 전하며 더 나아가서는 모든 족속에게 땅 끝까지 복음 전하는 일에 힘을 다하고 수고하는 교회와 우리가 되어야할 줄 믿습니다. 이런 축복이 여러분에게 있기를 예수님의 이름으로 축원합니다.

4강 | 롬 2:1-16

여호와 하나님은 사랑이며, 공의로우신 분이신 줄로 믿습니다. 하나님은 사랑이시기 때문에 죄인 된 우리를 구원하기 위해서 자기의 아들을 십자가에 보내 죽기까지 하게 하시고 구원하셨습니다. 하나님이 공의로우시기 때문에 그냥 우리를 구원할 수가 없어서, 그의 아들을 보내사 십자가에 죽기까지 하게 하시고 공의를 이루시고 우리를 구원하신 줄로 믿습니다.

하나님은 우리를 구원하심도 있지만 하나님 앞에는 심판도 있습니다. "한번 죽는 것은 사람에게 정해진 것이요 그 후에는 심판이 있으리니."(히 9:27) 반드시 사람은 범죄 한 후에 한번 죽게 되어 있습니다. 그리고 반드시 심판도 있습니다.

"내가 진실로 진실로 너희에게 이르노니 내 말을 듣고 또 나 보내신 이를 믿는 자는 영생을 얻었고 심판에 이르지 아니하나니 사망에서 생명으로 옮겼느니라." (요 5:24)

여기에서 보면 심판 받지 않은 사람도 있다, 이렇게 말씀하십니다. 그럼 말씀이 서로 충돌하지요. 모든 사람이 심판을 받는다고 말씀하시고, 또 심판을 받지 않는 사람도 있다고 말씀하십니다. 왜 그러냐하면 하나님의 심판은 다양하기 때문입니다. 불신자가 받는 심판이 있고, 성도가 받는 심판도 있습니다.

목사님, 성도가 예수 믿고 구원 받는데도 심판이 있습니까? 예. 무슨 심판이냐, 성도가 하나님의 자녀가 되고 구원을 받았지만 성도라고 해서 다 똑같은 구원이 아닙니다. 구원은 다 받았지만 하나님 앞에 충성스러운 사람은 의의 면류관, 생명의 면류관, 영광의 면류관이 있고 또 예수 믿고 구원받은 자이지만 때로는 하나님께 불순종하고, 악하게 하고, 근근이 구원받아서 부끄러운 구원받은 사람도 있습니다.

그것을 보고 하나님의 자녀도 각각의 그 믿음과 행위대로 심판을 받게 되는 줄로 믿습니다. 예수님을 안 믿으면 구원 못 받아요. 그래서 둘째 사망, 불 못에 던져져 우리가 지옥이라고 부르는데, 지옥이 불신자는 똑 같으냐? 똑같다면 하나님은 공의로운 분이 아니십니다.

믿을 바는 아닌데, 단테란 사람이 신곡을 썼어요. 거기에 일곱 가지의 지옥의 단계가 있습니다. 그것을 믿으란 말은 아니지만, 우리가 한 가지 참고할 것은 똑 같지 않다는 것입니다. 극악한 사람에게 주시는 하나님의 심판이 있고, 예수님을 안 믿어도 나름대로는 양심껏 의롭게 살려고 하는 사람도 있습니다. 그 사람의 심판과는 똑같지 않다는 것입니다.

그렇기 때문에 우리의 삶이 예수 믿는다고 다 같고, 안 믿는다고 다 똑같이 한다면, 각각의 심판이 하나님 앞에 공의대로 이루어지는 것을 믿습니다. 우리가 이 땅에 살아가면서도 하나님의 심판이 이루어집니다. 때로는 영에 대한 심판이지요.

2장 9절, '악을 행하는 각 사람의 영에는 환난과 곤고가 있으리니 먼저는 유대인에게요 그리고 헬라인에게며.'

예수 그리스도를 믿지 않는 사람은 아예 심판 아래 있습니다. 저주 아래 있는 사람이지만, 그러나 예수 믿는 사람이라 할지라도 죄 짓고 불순종하면 영적으로 어렵고 힘들고 영적으로 어두워지고, 이것이 심판입니다.

양심의 마음에 심판이 있습니다. 사람의 마음이 다 같지 않습니다. 불신자의 마음이 다 같지 않습니다. 성경에 보면 불신자의 마음도 더러워진 양심이 있고, 화인 맞은 양심이 있고, 부패된 양심이 있습니다. 이런 양심을 가지고는 바른 윤리적 가치가 나올 수가 없고 하나님을 알 수도 없고, 하나님께 죄 지은 것을 죄로 느끼지 않습니다.

예를 들면 불신자들이 우상숭배를 한다, 안 믿는 사람이 우상숭배를 한다고 죄의식을 느낍니까? 아니지요. 이것을 성경에는 더러워진 양심이라고 그랬습니다. 화인 맞은 양심이 있어요. 거짓말하고도, 남을 해치고 악을 행하면서도 양심의 가책이 전혀 없습니다. 어쨌든 자기 육신적인 이익을 위해서 행하는 사람들이 있지요. 부패된 양심. 부패된 양심은 하나님을 알지 못하고 진리를 알지 못하지만 그것을 죄라고 느끼지 못합니다.

> "이 세상의 신이 믿지 아니하는 자들의 마음을 혼미하게 하여 그리스도의 영광의 복음의 광채가 비치지 못하게 함이니 이 세상 신이 그리스도의 영광을 가려서 그리스도를 알지 못하게 한다."(고후 4:4)

혹시 안 믿는 사람이 들을 때는, 그럼 너희만 잘 났냐고 할지 모르지만 하나님이 우리를 만드셨는데, 천지를 만드신 하나님을 모른다는 자체가 영적으로 어두워져있기 때문이지요. 양심이 부패되어 있습니다. 그렇기 때문에 바른 영적 가치관이나 윤리와 도덕적인 가치관이나, 사람의 가치관은 모르는 것입니다. 이미 심판을 받았고, 심판을 받는 삶이지요.

삶의 심판도 있습니다. 어떤 사람은 죄로 말미암아 때로는 병이 들기도 하고, 삶의 문제가 있기도 하고, 가정, 개인의 문제가 있기도 합니다. 목사님, 병들고 사업이 어려우면 다 심판입니까? 그렇지 않습니다. 요셉 같은 사람은 의롭지만, 어려움을 당하기도 하고, 다윗도 의롭지만 어려움을 당하기도 하고, 바울 같은 사람은 복음 전하기 위해서 고난과 고통, 배고픔을 당하고, 죽기도 했습니다. 우리는 사람이기 때문에 저 사람이 심판을 받아서 그런지 하나님의 축복된 계획인지 알 수가 없습니다. 그렇기 때문에 우리는 남을 판단하고, 비판하는 자리에 있어서는 안 될 줄로 믿으시기를 바랍니다.

우리는 어떤 현상을 가지고 저 사람이 죄를 지었다고 해서는 안 됩니다. 바리새인들이 늘 그랬어요. 바리새인들은 나병환자는 저주받은 사람이 된다. 잘못된 사람이다, 나면서부터 앉은뱅이는 죄를 지어서 그렇다. 그런 것이 아니라는 것입니다. 그렇기 때문에 우리는 남을 쉽게 판단하거나 비판하는 자리에 있지 않고, 우리 자신을 돌아보면서 하나님 앞에 의로운 신앙과 삶을 사는 것이 성도의 삶입니다.

남에 대해서 비판하거나 판단하고, 심판하면 안 됩니까?
첫째로, 우리가 남을 판단하고 비판하는 만큼 우리 자신이 거룩하지 않습니다. 완전하게 거룩한 사람 손들어보세요. 아무도 없습니다. 우리도 다 죄인인데, 죄인을 어떻게 판단할 자격이 있습니까. 도둑놈이 도둑놈을 재판할 수 있습니까. 우리는 의롭지 않기 때문에 판단할 수가 없습니다.

둘째로, 우리의 판단이 바르지 않습니다. 정확하게 맞지도 않습니다. 그렇기 때문에 그 사람의 마음이나 동기나 행동을 우리가 다 알 수가 없기 때문에 사람은 남을 비판하고 판단하고 심판하는 자리에 있지 않는 것입니다. 판사들이 재판을 합니다만, 의롭게 하려고 노력하겠지만, 판사의 재판이 완전하지는 않습니다. 완전한 심판은 우리 하나님께 있습니다.

그러므로 남을 판단하거나 비판하거나 심판하는 자가 아니라 우리 자신을 돌아보면서 남의 부족을 보면 우리 자신을 돌아보고, 남이 잘 하는 것을 보면서 우리가 배워나가는 그것이 성도가 가져야 될 마음입니다.

시대적 심판이 있습니다. 소돔과 고모라의 심판, 노아 홍수의 심판. 로마에 가면 폼페이라고 있습니다. 거기 가보니까 한 도시가 화산을 통해서 전부 다 멸망했습니다. 한 이천 년 동안 화산재로 덮여있던 곳을 발굴하니까 아래에 도시가 있었어요. 다 망했지요. 한 시대의 심판이지요. 요즘도 우상숭배로 극악하게 부패된 지역이 여러 가지 형태의 심판, 시대적 심판이라고 할 수 있습니다. 마지막에 최후의 심판이 있습니다. 하나님 앞에서 마지막 심판을 받습니다. 어떤 사람도 심판에서 벗어날 수가 없습니다.

"또 내가 크고 흰 보좌와 그 위에 앉으신 이를 보니 땅과 하늘이 그 앞에서 피하여 간 데 없더라 또 내가 보니 죽은 자들이 큰 자나 작은 자나 그 보좌 앞에 서 있는데 책들이 펴 있고 또 다른 책이 펴졌으니 곧 생명책이라 죽은 자들이 자기 행위를 따라 책들에 기록된 대로 심판을 받으니 바다가 그 가운데에서 죽은 자들을 내주고 또 사망과 음부도 그 가운데에서 죽은 자들을 내주매 각 사람이 자기의 행위대로 심판을 받고 사망과 음부도 불 못에 던져지니 이것은 둘째 사망 곧 불 못이라 누구든지 생명책에 기록되지 못한 자는 불 못에 던져지더라."(계 20:11-15)

심판할 분은 하나님 한 분이십니다. 그 이유는 천지를 만드시고, 만물을 주관하시는 분이 하나님이시고, 우리를 구원하실 분이 하나님이기 때문에 심판하실 분은 하나님 외에 없습니다. 하나님과 그의 아들 되신 예수님이 심판하십니다.

이 마지막 심판 앞에 가면 두 가지 책이 있답니다. 생명책이 있고 또 다른 책이 있는데, 이 다른 책에는 모든 죄가 낱낱이 기록되어 있답니다. 아무도 모르게 지은 죄까지 마음의 생각까지도 다 기록되어 있어서, 하나님 앞에서 철두철미하게 공의로운 심판을 받게 됩니다.

그렇지만 생명책에 기록된 사람은 구원을 받았어요. 지옥 가는 심판은 면했어요. 왜요? 우리의 죄와 저주는 우리의 노력이나 공로나 열심을 통해서 해결될 수 있는 성격이 아닙니다. 왜요? 모든 사람이 다 죄를 지었기 때문에. 오직 하나님의 아들이 우리의 죄를 위해서 십자가에서 죽으셨기 때문에 그 예수를 믿는 자마다 구원받는 줄로 믿습니다. 예수 그리스도를 믿는 자는 생명책에 그 이름이 기록되어 있습니다. 물론 상급은 각자의 믿음에 따라서 행위에 따라서 하나님을 영화롭게 하는 것에 따라서 다를 수가 있습니다.

1절, '그러므로 남을 판단하는 사람아, 누구를 막론하고 네가 핑계하지 못할 것은 남을 판단하는 것으로 네가 너를 정죄함이니 판단하는 네가 같은 일을 행함이니라.'

남을 판단하는 그 판단으로 우리가 똑같은 죄를 지으니까 네가 그 정죄로 네 자신이 심판을 받게 된다, 그 죄 때문에 그런 거지요.

2-3절, '이런 일을 행하는 자에게 하나님의 심판이 진리대로 되는 줄 우리가 아노라 이런 일을 행하는 자를 판단하고도 같은 일을 행하는 사람아, 네가 하나님의 심판을 피할 줄로 생각하느냐'

유대인들은 자기는 의롭다고 생각했어요. 바리새인들은 자기는 의롭고, 이방인들은 의롭지 못하고, 사마리아인들은 의롭지 못하다고 했습니다. 정죄하고, 판단하고, 남을 죽이는데 혈안이 되어 있고, 예수님께서는 그들에게 독사의 자식들아, 했습니다. 그들은 말은 의로운 것 같지만, 마음과 행동은 남을 심판하면서 자기들이 그 죄에 빠지게 된 것입니다.

예수 믿지 않는 사람은 자기가 죄를 지으면서, 혹시 또 예수 믿는 사람도 이 유혹에 빠지는 사람이 있습니다. 예수 믿는다면서, 나는 의롭고 구원받았다 하면서 불신자하고 비슷하게 남 정죄하고 판단하고 심판하기를 좋아하고 시기와 질투가 가득하다면, 이것은 예수 믿는 사람의 마음이 아닙니다. 그런 마음은 통회하고 회개하여 주님을 닮아가는 자들이 되어감이 옳은 줄로 믿습니다.

4-5절, '혹 네가 하나님의 인자하심이 너를 인도하여 회개하게 하심을 알지 못하여 그의 인자하심과 용납하심과 길이 참으심이 풍성함을 멸시하느냐 다만 네 고집과 회개하지 아니한 마음을 따라 진노의 날 곧 하나님의 의로우신 심판이 나타나는 그 날에 임할 진노를 네게 쌓는도다.'

예수님을 믿지 않은 사람에게 하나님이 오래 참으셔요. 회개하고 돌아오도록 기다리셔요. 그걸 오히려 악용해서 하나님이 어디 있느냐. 하나님이 있다면 이렇게 가만 둘 수 있느냐. 이러면서 자꾸 더 하나님을 믿기보다는 죄를 더 사랑하는 게 더 악한 죄를 짓게 되는 것이지요.

혹시 우리도 잘못하면 유혹에 빠집니다. 우리가 실수하고 죄를 짓고 잘못할 때, 금방 하나님이 우리에게 고난과 고통과 어려움을 주지 않는다고 할지라도, 그것을 보며 죄 지어도 괜찮네, 불순종해도 괜찮네, 하나님 뜻대로 안 살아도 괜찮네, 이것을 악용하는 성도가 되지 않으시기 바랍니다. 하나님께서 길이 참으시는 것입니다. 참아주심에 감사하고, 하나님께 회개하고, 주님을 바라보고 나아가는 것이 지혜로운 성도임을 믿습니다.

자식을 키워보면 자식이 하라는 대로 다 해줘버리면 자식이 불효자식이 됩니다. 부모님이 훌륭하고 얼마나 사랑하는지 잘 몰라요. 나중에는 나에게 해준 게 뭐냐 불평불만만 가져요. 어떤 자녀는 부모가 하는 일을 같이 하고, 부모가 어려움을 알게 하면 효도해요. 부모님이 이렇게 어려움을 가지고, 이렇게 우리를 하나님 위해서, 은혜를 가지면서 키워주셨구나.

하나님의 은혜가 너무 크기 때문에 때로는 우리는 망각하고 오히려 악용할 때가 있습니다. 이런 지혜롭지 못한 성도가 되어서는 안 될 것입니다. 하나님이 기다려주시고 은혜주실 때 은혜 받을 만할 때 은혜 받으시고, 충성할 수 있을 때 충성하시고, 회개할 수 있을 때 회개하시고, 하나님께 영광 돌리시기를 주님의 이름으로 축복합니다.

6-7절, '하나님께서 각 사람에게 그 행한 대로 보응하시되 참고 선을 행하여 영광과 존귀와 썩지 아니함을 구하는 자에게는 영생으로 하시고'

"오직 의인은 믿음으로 말미암아 살리라."(롬 1:17)는 말씀과 충돌하는 것 같아요. 누구든지 주의 이름을 부르는 자마다 구원을 얻으리라 했는데, 오늘 성경에는 의롭게 행해야 영생을 얻는다고 하는 것 같으니까, 충돌하는 것 같습니다. 그 말씀이 아닙니다. 하나님의 말씀을 전체적으로 알고, 전체적인 내용을 믿음으로 의롭게 됩니다. 그러면 왜 이런 말씀이 있느냐면, 믿음의 참된 살아 있는 믿음의 열매는 행함입니다.

야고보는 행함이 없는 믿음은 그 믿음 자체가 죽은 것이라고 했습니다. 때로는 우리가 실수할 수 있고, 잠깐 죄에 빠질 수 있고, 악한 생각을 가질 수 있습니다. 그러나 그것이 영원하다면 그것은 믿음의 사람이 아닙니다. 혹시 우리가 죄를 짓고, 악한 생각에 빠지고 잘못될 때, 회개하고 통회하고 돌아와 하나님 앞에서 새로운 힘을 얻고 주님을 닮아가는 성화의 과정을 가는 것이 그리스도인의 삶입니다.

예수님께서 열매를 보고 나무를 알지니라. 하셨습니다. 하나님의 성령은 교회를 하나 되게 하시는 분이십니다. 성령의 열매는 사랑과 희락과 의로움입니다. 양선입니다. 하나님을 경외하고 싶은 마음이 생기고, 말씀을 사모하고, 성도를 사랑하고, 돕고, 용납하고, 복음 전하고, 우리가 또 어떤 부분에서는 잘못을 기도해주고, 세워주고, 이런 마음이 그리스도인의 마음입니다.

우리가 신앙생활을 잘하고 있다, 못하고 있다, 그 기준은 목사님도 아니고, 성도도 아닙니다. 예수 그리스도가 우리의 기준이십니다. 성령이 우리에게 오시면 예수님을 차츰차츰 닮아가게 되는 것입니다. "나는 마음이 온유하고 겸손하니 나의 멍에를 메고 내게 배우라."(마 11:29)

바리새인들은 예수님을 정죄하고, 현장에서 간음한 여인을 죽이기 위해서 정죄하고 시험하지만, 예수님은 그를 살리기 위해서 오셨습니다. 나도 너를 정죄하지 않으니, 다시는 죄를 범하지 말라. 열매가 하나님의 성령의 열매냐, 악한 귀신의 열매냐. 남은 우리를 모르고 판단할 순 없지만, 우리 자신을 판단하고 봐야 될 줄 믿습니다. 그래서 바울은 날마다 나를 쳐 복종케 함은 나는 날마다 죽노라 라고 말했습니다.

우리의 신앙생활은 일주일에 한 번 예배드리는 것이 아닙니다. 날마다, 날마다 주 앞에서 우리를 돌아보면서 우리를 쳐 복종케 하면서 하나님을 경외하고 말씀을 지켜나가므로 선을 행하는 은혜가 있는 것이십니다. 이런 의미에서 참고 선을 행하여 영광과 존귀와 썩지 아니함을 구하는 자에게는 영생을 얻는 말씀입니다. 우리 안에 계시는 성령의 감화 감동을 받게 됩니다.

8절. '오직 당을 지어 진리를 따르지 아니하고 불의를 따르는 자에게는 진노와 분노로 하시리라.'

이 당이란 말은 성령 안에서 하나 되는 것을 말하지 않습니다. 하나님 앞에 불신앙하면서 하나 되는 것을 말하는 것입니다.
모세가 열 두 정탐꾼을 보냅니다. 열 정탐꾼이 돌아와서 보고하기를, "젖과 꿀이 흐르는 땅이었습니다. 대단한 땅이고 하나님 말씀이 맞습니다. 그런데 아낙 사람들은 크고 장대합니다. 우리는 거기 비하면 아주 왜소하고 작습니다. 메뚜기 한 마리입니다. 가면 우린 다 죽습니다." 그랬더니 온 백성이 벌벌 떨었습니다. 여호수아와 갈렙이 담대히 나갔습니다. "모세 지도자님, 저들이 말하는 것은 저들 생각, 육신적인 말은 맞습니다. 그런데 하나님이 우리에게 말씀하지 않으셨습니까? 저들을 우리에게 준다고 하셨으니 갑시다. 저들은 우리의 밥입니다."

　세상적으로 보면 그게 맞는 말입니다. 그게 당입니다. 그렇지만 신앙생활은 하나님의 말씀을 믿고 가는 것입니다. 혹시라도 우리 가운데 불신앙적인 세상적인 육신의 말을 할 때 그게 맞아 보일 때가 있습니다. 그렇다고 진리는 아닙니다. 많은 사람이 진리가 아니라, 하나님의 말씀이 진리임을 믿는 사람들이 그리스도인입니다. 많은 사람들이 말하지만 거짓의 말이 있고, 소수가 말하지만 하나님의 말씀이 있습니다.

　당이라는 것은 성령이 하나 되는 것이 아니라, 하나님 앞에 불신앙하는 단체를 말합니다. 이런 사람이 많아지면 교회가 다 넘어가 버리는 것입니다. 다 흔들리고, 어려운 것입니다. 지금 시대는 시시각각으로 많은 사람들이 교회를 공격합니다. 미국의 어떤 단체는 목사님들이 동성연애도 허락하고, 동성연애 주례도 허락하고, 허락하게 했어요. 그게 맞아 보이지만 아니에요. 우리나라도 헌법재판소에서 이제는 간통은 죄가 아니다. 판결을 했어요. 시대에 따라서 자기들의 생각이지, 성경은 여전히 간통은 죄라고 말씀하고 있습니다.

　그리스도인은 세상의 판단의 기준이 왔다 갔다 하는 것이 아니라 성경말씀을 최고의 권위와 법칙으로 믿는 자들인 줄로 믿으시기 바랍니다. 하나님의 말씀과 세상의 법이 충돌할 때 핍박이 오고, 어려움이 오고, 고난이 옵니다. 이것을 위해서 때로는 핍박을 받고 감옥에 가기도 하고 순교하기도 했던 이유가 충돌하기 때문입니다. 그렇지만 우리에게 최고의 권위의 말씀은 하나님의 말씀인 줄로 믿습니다. 심판도, 하나님의 심판이 우리에게 최고의 심판이고, 가장 정확한 심판으로 믿는 줄로 믿습니다.

그러므로 우리가 분별해야 될 것입니다. 정말 그 말이 사람의 말, 육신적으로 맞는 말인지 하나님의 말씀, 신앙적으로 맞는 말씀인지 이걸 분별할 수 있는 지혜가 있어야 됩니다. 세상적으로 맞는 말에 함께하는 자가 아니라, 하나님의 말씀에 맞는 자, 함께 하는 성도가 되어야 합니다.

9-10절, '악을 행하는 각 사람의 영에는 환난과 곤고가 있으리니 먼저는 유대인에게요 그리고 헬라인에게며 선을 행하는 각 사람에게는 영광과 존귀와 평강이 있으리니 먼저는 유대인에게요 그리고 헬라인에게라.'

같은 말씀을 드렸고요.

11절, '이는 하나님께서 외모로 사람을 취하지 아니하심이라.'

12-15절, '무릇 율법 없이 범죄 한 자는 또한 율법 없이 망하고 무릇 율법이 있고 범죄 한 자는 율법으로 말미암아 심판을 받으리라 하나님 앞에서는 율법을 듣는 자가 의인이 아니요 오직 율법을 행하는 자라야 의롭다 하심을 얻으리니 (율법 없는 이방인이 본성으로 율법의 일을 행할 때에는 이 사람은 율법이 없어도 자기가 자기에게 율법이 되나니 이런 이들은 그 양심이 증거가 되어 그 생각들이 서로 혹은 고발하며 혹은 변명하여 그 마음에 새긴 율법의 행위를 나타내느니라.)'

전도하다보면 어떤 분이 질문을 합니다. 목사님, 고려시대, 조선시대에 복음을 듣지 못한 사람은 다 구원 못 받았습니까? 이 말은 하나님이 불공평하고 하나님이 악합니다, 에요. 복음도 전해놓지 않고 다 심판하면 어떻게 합니까, 하나님의 책임입니다, 이런 어떤 의도도 있습니다. 그리고 특별히 구체적으로 말하는 청년이 물었습니다. 세종대왕도 구원 못 받았습니까, 이순신 장군도 구원 못 받았습니까?

지혜롭게 말씀해야 합니다.

첫째로, 모든 사람은 죄를 범하였으매 하나님의 영광에 이르지 못한다, 모든 사람은 죄인이다, 하나님이 지옥 보내는 게 아니고 모든 사람이 죄를 범하였으매 그 마음에 하나님 두기를 싫어하고, 우리가 로마서 1장에서 보듯이 하나님 두기를 싫어하니까 하나님이 버려두사 그냥 놔두는 게 멸망입니다. 이순신 장군, 세종대왕도 죄인이다, 죄가 하나도 없느냐, 아니다. 모든 사람은 다 죄인이다.

둘째로, 복음을 듣지 못한 시대의 사람에게는 양심 심판이라는 게 있다, 양심이 율법이 되나니, 그 율법 곧 자기에게 준 양심의 법이 구원을 받기도 하고 심판을 받기도 하는 양심 법이 있다. 이 말씀이 무슨 말인지 아십니까. 바울이 왜 이 말씀을 썼는지 아십니까? 양심으로 하나님께 구원 받는 사람이 있겠습니까, 없겠습니까? 그렇게 완전무구하게 거룩한 양심을 가진 사람이 있습니까? 어떤 사람도 내가 양심으로 내게 율법이 돼서 양심의 거리낌이 한 번도 없이 행한 사람이 있습니까? 우리는 다 죄인이기 때문에 우리의 양심으로 행위로 율법으로 하나님께 의롭게 되고 구원받을 사람 아무도 없다, 그 말입니다.

그러면 어떻게 구원 받아요? 그렇기 때문에 하나님이 영광스러운 보좌를 버리고 이 땅에 오셔서 우리의 죄를 대신 짊어지고, 고난 당하고, 십자가에 죽으심으로써 "내가 다 이루었다." 예수 그리스도를 통해서 구원의 길이 열린 것이고, 사탄에서 해방되는 길이 열린 것이고, 하나님의 자녀 되는 길이 열린 것입니다.

그렇기 때문에 우리가 복음을 전해야 합니다. 예수 그리스도는 인류의 유일한 소망이고, 하나님께서 우리에게 주신 최고의 복음이십니다. 최고의 기쁜 소식인 이유가 그런 것입니다. 때로는 예수님을 전하다가 어려움을 당하고 순교까지 하지 않습니까. 그들이 바보이며 등신입니까? 아닙니다.

구원의 길은 다른 길이 없기 때문에. 하나님은 한 분이고, 하나님이 우리에게 구원의 길을 주신 분도 한 분이시고, 다른 이름은 없기 때문에. 예수님 안에서 우리에게 참 해방과 구원의 길을 주셨습니다.

"그러므로 우리의 구원은 하나님의 은혜로 받았기 때문에 우리가 자랑치 못함이다." 우리가 의롭게 된 게 자랑할 것이 아니라는 것입니다. 하나님의 은혜로 예수 믿고 구원받은 줄 믿습니다. 우리의 양심으로 구원받은 사람 없고, 행위로, 율법을 지켜서 구원받은 사람이 없기 때문에 이 은혜를 늘 기억하고 감사하며 살아야 될 줄로 믿습니다.

내가 예수 그리스도를 통해서 구원 받았다고 믿는 사람, 하나님 은혜로 구원 받았다고 믿는 사람은,

첫째로, 하나님 은혜에 감사하며 사는 사람이 됨을 믿습니다. 모든 것에 감사, 범사에 감사, 구원의 은혜도 감사입니다. 우리가 따져보면 영적 눈이 열리면 우리의 발걸음 발걸음마다 하나님 은혜 아니면 살 수가 없고, 우리 자녀들의 하는 일들도 하나님 은혜가 아니면 아무것도 할 수 없습니다.

둘째로, "이제는 내가 산 것이 아니요 내 안에 그리스도께서 사신 것이

라."(갈 2:20) 바울은 나는 내 것이 아니고 그리스도의 것이 되었다. 이제는 주님의 것으로 하나님을 기쁘시게 하고 영광 돌리는 삶을 사는 그리스도인이어야 합니다. 물론 우리가 부족해서 때로는 그렇게 못 살 때도 있습니다. 완전하지는 않습니다. 그렇기 때문에 날마다 "만일 우리가 우리 죄를 자백하면 그는 미쁘시고 의로우사 우리 죄를 사하시며 우리를 모든 불의에서 깨끗하게 하실 것이요."(요일 1:9)

주님께 나올 때마다 하나님께 자복하고, 주님의 십자가의 보혈에 감사하고 감격하는 것이 날마다 이루어지는 삶이 신앙생활입니다. 사도 바울은 날마다 나를 쳐 복종케 한다 그랬고, 나는 날마다 죽노라 했습니다.

셋째로, 이 구원의 기쁨을 알려야 될 줄로 믿습니다. 구원 받은 길인데, 내가 의롭게 됐는데, 이걸 알리지 않고 나만 알고 있다 그게 악한 것이지요. 내가 사랑하는 사람들, 친구, 가족, 이웃, 민족에게 우리가 기도하고 섬기고 사랑하고 힘을 다해서 알리는 것입니다. 그 사람들이 믿고 안 믿고는 그 사람들이 할 일이고, 구원 받고 안 받고는 그 사람들이고 우리는 알려야 되는 것이 우리의 사명입니다.

우리가 해야 될 일은 힘을 다해서 기도하고, 최선을 다해서 희생하고, 물질과 시간을 드리고 알리는 것입니다. 그리고 초청하는 것입니다. 초청으로 인해서 한 사람만 구원 받아도 하늘의 잔치가 있을 것입니다. 한 사람도 없다 할지라도 하나님은 우리가 하는 믿음과 행위를 보고 영광 받으시고 여러분에게는 상급이 될 줄 믿습니다.

그러므로 구원의 은혜를 마음에 결심하시고 뜨거운 가슴으로 기도하시고, 내가 사랑하는 내 이웃, 가족, 친구들 멸망하는 것을 보지 않아야 하겠습니다. 기도하고 섬기고 사랑함을 통해서 초청함으로 하나님을 기쁘게 하고 여러분에게는 복된 삶이 되기를 주의 이름으로 축복합니다.

5강 | 롬 2:17-3:8

1장 16-17절, '내가 복음을 부끄러워하지 아니하노니 이 복음은 모든 믿는 자에게 구원을 주시는 하나님의 능력이 됨이라. 먼저는 유대인에게요 그리고 헬라인에게로다 복음에는 하나님의 의가 나타나서 믿음으로 믿음에 이르게 하나니 기록된 바 오직 의인은 믿음으로 말미암아 살리라 함과 같으니라.'

복음이 무엇입니까? 예수 그리스도가 복음이십니다. 우리의 노력이나 공로로, 수고로, 우리의 죄에 대한 허물과 죄 문제를 해결할 수가 없어서 하나님의 아들을 이 땅에 보내사 십자가에 죽기까지 하시고, 우리가 죽어야 될 장소, 저주받을 장소에 대신 저주를 받으시고 우리는 믿기만 하면 구원받는 은혜를 주신 것이 복음입니다.

사도 바울은 나는 율법에 흠이 없는 자라, 이렇게 고백합니다. 바울에게는 율법에 흠이 없도록 노력하면 노력할수록, 열심히 하면 열심히 할수록 끊임없는 하나의 갈등이 있었습니다. 그것은 죄에서 벗어날 수 없다는 갈등이었습니다.

죄에 대해서 고민해보셨습니까? 안 지으려고 노력해보셨습니까? 안 지으려고 노력해 보셨습니까? 노력하면 노력할수록, 애를 쓰면 애 쓸수록 자꾸만 더 깊이 죄에 빠져감을 느끼게 됩니다. 그때 우리는 좌절하게 되고,

실망하게 되고, 두려움이 있게 되고, 빠져나올 수 없다는 걸 알게 됩니다. 이런 사람은 우리가 수고와 노력이 아니라 믿음으로 구원받는 길이 있다는 것이 얼마나 인류에게 기쁜 소식인지 모릅니다.

바울은 율법에 흠이 없는 자라고 고백하지만, 스스로는 나는 죄인의 괴수다. 그랬습니다. 만삭되어 나지 못한 자에게, 우리가 구원받은 것은 우리의 공로나 수고나 노력이 아니라 하나님의 전적인 은혜로 하나님의 자녀가 된 줄로 믿습니다.

이방인의 죄가 뭐냐면, 이 복음을 듣고도 믿지 않는 것입니다. 왜 안 믿느냐면 그 마음에 하나님 두기를 싫어하매 그 정욕대로 버려 두사, 믿고 돌아오는 사람도 있지만 믿지 않는 사람의 특징은 하나님을 거부하고 정욕대로 버려두셨다고 했습니다.

또한 이방인의 죄중에 하나가 뭐에요? 복음이 증거 되지 않는 시대나 장소가 있는 사람들은 그러면 다 하나님이 지옥에 보내시느냐? 양심심판이 있다고 성경에 말씀하셨지요. 그러면 '어떤 사람이 자기 양심이 율법이 되나니'. 그 자기 양심대로 하나님 앞에 의를 나타낼 수 있느냐면 사실 또 없는 것입니다.

사람의 양심이라는 건 똑같지가 않습니다. 화인 맞은 양심이 있습니다. 악하고 죄를 지으면서도 죄의식을 느끼지 않고 괴로워하지도 않는 양심, 더러워진 양심이 있습니다. 추한 생각들과 육신적인 생각, 범죄 한 생각을 같지만, 거기에 대한 가책이 없습니다. 깨끗한 양심도 있고, 선한 양심도 있습니다. 조그만 것도 잘못을 느끼고 깨닫는 양심, 이것은 예수님의 십자가의 보혈로 씻어진 양심을 깨끗한 양심이라고 합니다.

양심이 우리에게 진정한 율법이 되고 그 율법에 대해서 우리를 정죄할 때에 그것에 해방되어 나올 수 있는 사람이 없습니다. 그렇기 때문에 사람의 구원은 오직 믿음으로만 가능한 줄로 믿습니다. 예수님을 믿음으로만 가능합니다.

유대인들의 죄가 있습니다. 유대인들은 예수님을 구주로 믿기보단 교만해져서 우리는 하나님을 알고 성경도 알고 잘 행하고 '우리는 빛 가운데 있고 어둠에 있는 자를 인도하는 자'라고 말하면서 자기들이 오히려 그 죄에 빠지는 것이 유대인의 또 다른 죄입니다.

17절, '유대인이라 불리는 네가 율법을 의지하며 하나님을 자랑하며 율법의 교훈을 받아 하나님의 뜻을 알고 지극히 선한 것을 분간하며 맹인의 길을 인도하는 자요 어둠에 있는 자의 빛이요 율법에 있는 지식과 진리의 모본을 가진 자로서 어리석은 자의 교사요 어린 아이의 선생이라고 스스로 믿으니 그러면 다른 사람을 가르치는 네가 네 자신은 가르치지 아니하느냐 도둑질하지 말라 선포하는 네가 도둑질하느냐 간음하지 말라 말하는 네가 간음하느냐 우상을 가증히 여기는 네가 신전 물건을 도둑질하느냐 율법을 자랑하는 네가 율법을 범함으로 하나님을 욕되게 하느냐.'

이것이 유대인의 죄입니다. 우리는 유대인은 아니지만, 때로는 우리도 예수님 믿고 구원받으면서 종교생활 할 때 여기에 빠질 수가 있습니다. 교역자가 되고, 가르치는 자가 되고, 중직자가 되고, 신앙이 좋다고 하면서 남을 정죄하고 비판하면서도 또 그 죄에 빠질 수 있는 함정이 여전히 우리에게 있습니다. 하나님께서 유대인의 교만과 악함을 책망하듯이, 정말 때로는 우리에게도 엄청난 책망이 있습니다.

24절, '기록된 바와 같이 하나님의 이름이 너희 때문에 이방인 중에서 모독을 받는도다.'

예수님을 믿지 않는 사람이 잘못할 때 사람들은 당연한 듯이 합니다. 예수 믿는 사람이 그럴 때, 예수 믿는 사람이 그럴 수 있느냐, 신앙생활을 오래한 중직자면 더 그렇지요. "권사님이 되어서, 장로님이 되어서, 목사님이 되어서?" 믿지 않는 사람들이 우리에게 기대하는 것입니다. 하나님을 믿는 사람, 예수 믿는 사람은 우리와 다를 거다, 우리와 생각이 다를 거고 말도 다를 거고 행동이 다를 것을 기대합니다.

예수님께서 말씀하시기를, '너희는 세상의 소금이니 소금이 만일 그 맛을 잃으면 무엇으로 짜게 하리요 후에는 아무 쓸 데 없어 다만 밖에 버려져 사람에게 밟힐 뿐이니' 라고 하셨습니다. 유대인들에게만 주는 메시지가 아니라, 때로는 우리에게도 주는 무서운 주님의 말씀으로 믿습니다.

25절, '네가 율법을 행하면 할례가 유익하나 만일 율법을 범하면 네 할례는 무할례가 되느니라 그런즉 무할례자가 율법의 규례를 지키면 그 무할례를 할례와 같이 여길 것이 아니냐 또한 본래 무할례자가 율법을 온전히 지키면 율법 조문과 할례를 가지고 율법을 범하는 너를 정죄하지 아니하겠느냐 무릇 표면적 유대인이 유대인이 아니요 표면적 육신의 할례가 할례가 아니니라 오직 이면적 유대인이 유대인이며 할례는 마음에 할지니 영에 있고 율법 조문에 있지 아니한 것이라 그 칭찬이 사람에게서가 아니요 다만 하나님에게서니라.'

유대인들이, "우리는 할례를 받았다. 우리는 하나님의 선민이다. 그러면서 네가 하나님의 말씀을 어긴다면 그 할례가 무슨 유익이 있겠느냐. 만일 할례를 받지 않은 사람이 율법을 하나님을 믿음으로 지킨다면 진정한 할례가 아니겠느냐. 그러면 무엇이냐. 할례를 받냐 안 받느냐의 문제보다 하나님을 경외하고 믿고 하나님의 말씀을 지켜나가는 것이 더 중요한 것이다. 할례는 마음에 할지니, 그 영에 있느니라. 그러면 유대인들이 생각하기에 우리는 하나님의 백성으로 택함을 받고 유대인인데, 그럼 유대인이 이방인보다 낫는 게 뭐가 있겠느냐." 바울은 거기서 나은 게 있다고 합니다.

3장 1절, '그런즉 유대인의 나음이 무엇이며 할례의 유익이 무엇이냐'

이방인이나 유대인이나 똑 같네, 안 그렇다는 것입니다. '범사에 많으니 우선은 그들이 하나님의 말씀을 맡았음이니라.' 제일 중요한 것은 유대인들은 태어날 때부터 하나님의 말씀을 읽고 듣고 하나님을 믿는 신앙이 있습니다. 이것이 너무 중요한 것이라는 것입니다.

가끔 모태신앙, 어머니로부터 뱃속에서부터 믿던 사람들이 우리는 태어날 때부터 믿어서 신앙이 미지근하다고 합니다. 어떤 사람을 부러워하기를, 중간에 어떤 사건을 통해서, 어떤 기적을 통해서, 어떤 환경을 통해서 하나님을 경험하고 믿고 싶다고 하는 사람들이 있습니다. 그러면, 모태신앙이 유익한 것이 뭐가 있느냐, 하는 말씀입니다.

저는 모태신앙이 아닙니다. 그래서 모태신앙을 부러워합니다. 청소년 시기에 예수님을 믿으면서 분명히 예수 믿고, 예수님이 내 안에 계시고, 기쁨이 있고, 감사가 있고, 성경말씀이 있지만, 끊임없이 조금씩 오는 게 정말 하나님이 계실까, 정말 예수님이 부활하신 거 맞나, 내가 헛일하고 있는 거 아닌가, 오랜 시간을 거쳐서 확신을 갖고 감사하게 되었습니다. 그러나 모태신앙인 사람은 하나님이 계실까, 이런 거 잘 안 하더라고요.

별로 신앙생활 잘 못하는데 확실히 믿더라고요. 아 저게 유익하구나. 믿지 않다가 예수 믿고 돌아오는 사람은 성경을 읽으면서 맞지 않은 걸 보면서 이거 정말 하나님 말씀 정말 맞는가, 이렇게 의심도 하는데, 모태신앙인 사람은 별로 믿음도 없으면서 성경은 하나님의 말씀이야, 이렇게 믿더라는 것입니다. 그러니 아 모태신앙이 참 부럽구나.

우리가 예수 믿지 않은 사람보다 나은 것은 하나님의 말씀을 들을 수 있고, 읽을 수 있고, 맡은 줄로 믿으시기 바랍니다. 예수 믿지 않는 사람은 하나님 말씀을 들을 기회도 별로 없고, 들어도 잘 안 믿어요. 왜냐하면 모든 성경은 하나님의 성령이 감동된 것으로 성경을 읽는다고 하나님 말씀으로 믿고 깨닫는 게 아니고 하나님의 성령이 우리에게 오셔야만 그 말씀을 믿고 깨달아지는 역사가 일어나는 줄로 믿습니다. 그렇지 않고는 안 됩니다.

우리가 예배를 드리고 말씀 들을 때 은혜를 받는 것, 이것은 보통 큰 은혜가 아닙니다. 큰 은혜인 줄로 믿으시기 바랍니다. 믿어진다는 게 은혜입니다. 예수 안 믿는 사람이 믿는 여러분 볼 때 보통 바보가 아닙니다. 홍해가 갈라졌다. 아멘~. 물고기 두 마리 보리떡 다섯 개로 오천 명 먹였다. 아멘~. 예수님은 처녀의 몸에서 나셨다, 죽었다가 다시 사셨다, 불신자가 볼 때 우리는 미련하게 보입니다. 그러나 세상에 미련한 자들을 택해서 복음 안에서 지혜로운 자가 되게 하심을 믿으시기 바랍니다. 그래서 이걸 비밀이라고 했어요.

우리는 하나님의 말씀을 들을 때 믿음이 생겨나고, 하나님을 알게 되고,

예수님이 구주임을 알게 됩니다. 하나님의 사랑을 알게 되고, 때로는 약해서 죄를 짓고 연약하고 실패할 때도 가슴에 찔림을 받고 통회하는 마음이 되어서 다시 주님께 돌아오게 되고 하나님의 말씀의 은혜이십니다. 그렇기 때문에 하나님의 말씀을 맡았으며, '어떤 자들이 믿지 아니하였으면 어찌하리요 그 믿지 아니함이 하나님의 미쁘심을 폐하겠느냐 그럴 수 없느니라 사람은 다 거짓되되 오직 하나님은 참되시다 할지어다 기록된 바 주께서 주의 말씀에 의롭다 함을 얻으시고 판단 받으실 때에 이기려 하심이라 함과 같으니라.'

예수님을 믿는 사람이 많아요, 안 믿는 사람이 많아요? 안 믿는 사람이 많아요. 안 믿는 많은 사람들이 어디에 하나님이 계시냐고 말합니다. 그때, 그 말이 참말이 아니라는 것입니다. 온 인류가 다 아니라 할지라도 그것은 아니라는 것입니다. 왜. 모든 사람은 다 거짓되고 부패되어 있고 죄인이기 때문에 아무리 많아도 죄인 된 그 말이 맞겠냐는 것입니다. 하지만 하나님 한 분은 참되십니다. 하나님의 말씀이 맞다는 것입니다.

민주주의는 옳고 그름이 아닙니다. 다수가 진리라고 믿는 사람들이 민주주의입니다. 기독교에는 다수가 진리를 믿지 않습니다. 사람은 다 거짓되되 하나님의 참되심을 믿는 자가 하나님의 사람이고 그리스도인인 줄로 믿습니다. 기준이 전혀 다르지요.

거짓말쟁이가 수천만이 있다할지라도 그것은 딱 거짓말입니다. 인간은 하나님께 부패된 존재이기 때문에, 아무리 많아도 그 인간의 말이 하나님의 미쁘심을 폐할 수는 없습니다. 오직 진리고 참되신 분은 하나님 한 분이신 줄 믿습니다.

3장 5-6절, '그러나 우리 불의가 하나님의 의를 드러나게 하면 무슨 말 하리요 [내가 사람의 말하는 대로 말하노니] 진노를 내리시는 하나님이 불의하시냐

(다시 말하면 그러면 우리가 잘못된 불의 때문에 하나님의 거룩이 드러나시면 우리 잘못 때문에 하나님 거룩이 드러나면 하나님이 의롭지 못하신 분이네. 그렇지 않다는 것입니다. 사람의 말대로 해보자는 거지요.)

결코 그렇지 아니하니라 만일 그러하면 하나님께서 어찌 세상을 심판하시리요.'

기준은, 왜 그런 기준이 생겼냐면, 대부분 저보다 키가 크니까 제가 작다는 것입니다. 태국 같은데 가면 제가 장신입니다. 기준에 따라서 제가 크고 작고 다른 것입니다. 인간이 불의하기 때문에 하나님의 거룩함이 드러났다는 것입니다.

인간의 불의 때문에 하나님의 거룩이 드러났으니 하나님이 불의하냐, 그렇지 않습니다. 원래 거룩한 분이시기 때문에 거룩이 드러난 것입니다. 인간은 불의하든 안 하든 하나님은 원래부터 거룩한 분이십니다. 인간이 악하기 때문에 하나님의 거룩이 드러난 것이지요.

이것이 인간에게 도무지 공로가 되는 건 아닙니다. 만약에 하나님이 불의하시다면 어떻게 심판하는 분이 됐냐는 말이지요. 그러나 나의 거짓말로 하나님의 참 되심이 더 풍성하여 그의 영광이 되었다면 어찌 내가 죄인처럼 심판을 받으리요 우리 인간이 거짓하고 악하게 해서 하나님이 거룩하고 영광을 받으시고 우리도 하나님께 영광을 돌리는 데 우리보고 어떻게 악하다 하겠느냐.

아주 궤변입니다. 사람들이 그렇게 생각을 한다는 것입니다. 어떤 목사

님이 궤변을 하는데, 가룟 유다가 있는데, 누군가는 예수님을 팔고 십자가에 못 박히셔야 우리가 구원받으니까 가룟 유다도 공로가 있대요. 궤변이지요. 똑같은 말입니다. 가룟 유다는 공로가 없습니다. 죄를 지었을 뿐입니다.

우리의 죄 때문에 하나님이 영광을 받으신다고 해서 우리가 하나님 일 했다고 말할 수 없습니다. 하나님은 거룩하시고, 홀로 참되시기 때문에 인간이 착하게 하든, 말씀을 지키든 죄를 짓든, 하나님께 순종함으로 영광을 받으시고, 인간이 죄를 통해서 심판을 받음으로 하나님은 영광을 받으십니다. 우리의 악함 때문에 하나님을 도와주는 게 아닙니다.

8절. 또는 그러면 선을 이루기 위하여 악을 행하자 하지 않겠느냐 어떤 이들이 이렇게 비방하여 우리가 이런 말을 한다고 하니 그들은 정죄 받는 것이 마땅하니라.'

우리는 예수님을 구주로 영접하고 하나님의 자녀가 됐습니다. 이제 자녀가 되었기 때문에 내가 어떻게 살아도 하나님과의 관계가 회복됐기 때문에 나는 구원받고 자녀가 되었기 때문에 어떤 죄를 지어도 괜찮다, 이것은 정죄 받아도 마땅하다고 말하는 것입니다.

정말로 내가 예수님을 나의 구주로 믿고 영광스러운 보좌를 버리고 이 땅에 오셔서 내가 죽어야 될 장소, 내가 저주받아야 될 장소, 내가 고통이 될 모든 것을 대신 담당하시고, 나를 사랑하셔서 십자가의 보혈을 통해서 나를 구원하신 걸 내가 정말로 믿으면 우리가 때로는 약하고 죄에 빠질 수가 있지만, 그러나 그것 때문에 나는 괜찮다가 아니라 하나님께 늘 통회하고 회개하는 마음으로 하나님을 믿고, 주님을 따르고, 순종하기 위해서 애쓰는 자들이 신앙이 참된 신앙입니다.

죄를 안 짓는다가 아니라 약해도 통회해야 됩니다. 회개해야 됩니다. 더욱 주님의 은혜에 감격함을, 나의 불순종과 불충을 부끄럽게 여기는 신앙이 주님을 닮아가는 신앙이십니다.

'네 눈이 범죄 하거든 빼버려라. 네 손이 범죄하거든 잘라버려라 두 손을 가지고 지옥 곧 꺼지지 않는 불에 들어가는 것보다 나으니라 한 눈으로 하나님의 나라에 들어가는 것이 두 눈을 가지고 지옥에 던져지는 것보다 나으니라.' (마 18:9)

그런 아픔과 진지함을 가지고 통회해야 합니다. 그렇게 나갈 때 우리는 하나님 앞에 주님을 닮아가는 신앙의 사람이 되는 것입니다. 나의 공로를 가지고 열심을 가지고 구원받는 건 아닙니다. 은혜로 구원받은 것입니다. 구원받은 사람은 이제는 내 맘대로 된다는 말이 아니라, 늘 그 은혜에 감사해서 주님 앞에 살아가고 예배하고 헌신하고 봉사하고 순종하는 사람이십니다.

제가 효자와 불효자의 이야기를 많이 드렸습니다.
불효자식은 부모님께 잘 공경하지 않고, 선물도 용돈도 잘 안 해드립니다. 부모님이 좀 필요해서 얘야 용돈 좀 더 필요한데 하면, 불효자식의 말은 이렇습니다. '아니 노인이 되서 어디 쓸데가 있습니까, 거 벌써 다 썼습니까?'

효자는 용돈도 잘 드리고 부모 공경도 잘하고 선물도 잘 드리고 힘을 다해서 공경하면서 늘 마음속에 '난 불효자식이야, 이렇게 부모님을 공경 못해서 어떻게 해?' 최선을 다해서 부모 공경하는 그 사람이 효자입니다. 우리 진정한 믿음도 나는 이렇게 예배 잘 하고 헌금 잘 하고 봉사 잘 하고 충성 잘 하고 나는 믿음이 좋고 … 글쎄 참 믿음인 줄 모르겠습니다. 진정한 믿음은 하나님께 예배를 드리고 기도하고 순종하고 헌신하고 봉사하고 내가 주를 위해서 모든 것을 다하면서도 하나님 나는 죄인입니다.

나는 불충합니다. 하나님의 아들을 통해서 내가 이렇게 구원의 은혜를 받고 사랑을 받고 이렇게 축복을 받았는데 내가 주를 위해서 사는 것은 너무너무 부족합니다. 하나님 내가 주를 위해서 더 충성스러운 자가 되게 해 달라고 간절하게 기도하고 순종하려고 노력하는 그 믿음이 참 믿음입니다.

어떤 믿음을 갖고 있습니까? 이만큼 믿으면 된다고 생각합니까? 이만큼 헌신하고 봉사하면 이제는 믿음의 값을 구원받은 값을 하나님께 다 드렸다고 생각하십니까? 아닙니다. 우리 자신의 믿음이 유대인과 같이 교만한 믿음인지 아니면 정말 살아있는 믿음인지 나는 이만큼 하면 됐고 내 공로라 하면 그 사람의 믿음은 주님은 정죄 받아야 마땅하다 생각합니다.

우리가 예수님을 믿는다 하면서 진짜 내 마음속에 구원의 감격이, 십자가를 생각하면서 내가 기쁨이 있고, 은혜가 있고, 하나님의 사랑을 느끼면서 그 구원 때문에 내 마음속에 기쁨이 있는 그런 성도가 진정한 믿음의 사람입니다. 바울은 질그릇 같은 내게 보화를 담았다고 말했고, 그리스도의 사랑이 우리를 끊을 수 없다고 말했고, 하나님의 구원 때문에 왕 같은 제사장이 되었고, 하늘의 시민권을 가졌다는 그것 때문에 때로는 매를 맞고 고난을 받고 때로는 핍박을 받고 죽음의 위기까지 있지만 구원의 은혜 때문에 늘 감사했습니다. 얼마나 충성스러운 사람인지 모릅니다. 얼마나 주를 위해서 산 사람인지 모릅니다.

그렇지만 바울은 나는 죄인의 괴수라, 나는 아무것도 자랑할 것이 없다. 오직 내가 자랑할 것은 나의 연약함 밖에 자랑할 것이 없고, 예수 그리스도 밖에 자랑할 것이 없다고 고백했습니다.

우리의 믿음이 진실된 믿음을 가지고 있는지 종교적 믿음을 가지고 있는지 의무적인 믿음을 가지고 있는지 죽은 믿음을 가지고 있는지 또한 예수님을 하나님의 아들로 그리스도로 우리를 사랑하셔서 이 땅에 오셔서 죽기까지 피 흘리시고 나를 위해서 정말 구원하신 걸 내가 진짜로 믿으면 그 은혜가 나한테 늘 감사함으로 있는 것이 당연하고 마땅합니다.

나의 신앙이 신학적이고, 논리적이고, 사변적인 신앙이 되어서는 안 됩니다. 예수를 믿는 것은 예수님을 나의 구주로 인격적으로 만나야 되고, 더 나아가서는 하나님의 성령을 통해서 그 은혜에 감사와 감격이 우리의 심령에 살아있는 신앙이 되어야 될 줄로 믿습니다.

은혜에 감사해서 기쁨으로 예배드리고, 감사과 감격으로 찬양하고, 헌신 봉사하고, 헌금도 감사함으로 드리고, 세상에 나가서 사는 걸 하나님 은혜로 감사하고, 우리가 무엇을 하든지 성령이 주시는 힘으로 하라고 하셨습니다.

오늘, 말씀을 통해서 하나님의 은혜가 우리 마음속에 뜨겁게 회복되시기를 바랍니다. 이 은혜가 있는 사람은 믿지 않는 사람을 볼 때에 이 예수 그리스도를 증거 해주고 싶습니다. 아멘. 알려주고 싶습니다. 이제 이런 은혜가 있는 사람은 내가 예배 잘 드리고, 헌금 잘 하고 봉사해서 내가 복 받겠다는 신앙이 아니라 나의 욕심을 채우는 신앙이 아니라 하나님의 은혜 때문에 하나님을 기쁘게 하기 위해서 예배드리고, 하나님의 영광을 돌리기 위해서 찬양을 드리고, 하나님 앞에서 헌신하기 위해서 봉사하는 것이 참된 믿음입니다.

이런 믿음으로 이 세상을 이기고, 하나님의 함께하심의 임재를 우리 삶 속에 경험하면서 하나님의 은혜와 복을 누리는 성도가 되길 주님의 이름으로 축복합니다.

6강 | 롬 3:9-31

어떤 부자 청년이 예수님께 찾아와서 질문을 합니다. '선생님, 어떻게 하여야 영생을 얻겠습니까?' 이 부자 청년은 영생을 얻는 것을 무엇인가 해야 된다고 생각하고 있습니다. 예수님께서는 영생 얻는 것은 무엇을 하는 것이 아니라 하나님의 은혜요 선물이라고 알려줄 필요가 있으셨습니다.

예수님이 말씀하십니다. '네가 계명을 지켰느냐?', '제가 어려서부터 계명을 다 지켰습니다.' 이 청년이 오해하고 있는 것은 자기는 다 계명을 지켰다고 생각하지만 예수님께서 보실 때 계명을 다 지켰습니까? 못 지켰지요. 이 청년은 안식일을 지켜라 하면, 안식일 날 일하지 않으면 안식일 지켰다고 생각하는 것입니다. 도둑질하지 말라 하면, 남의 물건만 안 훔치면 도둑질 안 했다고 생각하는 것입니다. 살인하지 말라 하면, 남만 칼로 안 죽이면 살인 안 했다고 생각하는 것입니다.

주님의 말씀에는 형제를 미워하는 것이 살인이라 했고, 남의 물건을 탐심 하는 것이 도둑질하는 것이라고 하셨고, 음욕을 품는 자마다 간음하는 것이라고 하셨습니다. 이 청년은 액면 그대로 자기는 다 지켰다고 생각하는 것입니다. 계명의 본래의 뜻은 무엇인가요? 사랑입니다. 하나님을 사랑하되 네 몸과 마음과 성품을 다하여 사랑하라. 둘째는 그와 같으니 네 이웃을 네 몸과 같이 사랑하라. 이것이 계명을 지키는 것인 줄로 믿으시기 바랍니다.

이 청년은 부자로 살면서 똑똑하고 지위도 있으면서 영생에도 관심이 있으니 상당히 고상한 청년입니다. 그가 오해한 것은 무엇을 해야 된다고 생각한 것과 자기가 계명을 지켰다고 생각한 것입니다. 예수님께서 말씀하시기를, '네 재산을 팔아서 가난한 사람에게 나눠주라.' 하시자. 그 청년이 재산이 많으므로 근심하여 가더라, 이렇게 말했습니다.

예수님께서 왜 재산을 팔아 나눠주라고 하십니까? 진정한 계명은 이웃을 사랑하는 것이라는 것을 가르쳐주시려는 것입니다. 그 청년은 오해하면서 갔습니다.

때로는 우리가 하나님을 믿으면서 나는 하나님을 잘 믿고, 말씀도 잘 지키고, 나는 죄를 짓지 않고 산다고 할 때가 있습니다. 착각할 때가 얼마나 많은지 몰라요. 이 부자 청년 같이. 믿는다고 생각하면서 안 믿고 있는 게 얼마나 많은지 모릅니다. 사실은 믿음은 복잡하고 많은 게 아닙니다. 하나입니다.

여호와는 천지를 만드신 하나님인줄 믿으면 성경에 문제될 게 하나도 없습니다. 전능하신 하나님이 천지를 만드신 하나님이 죽은 자를 살리셨다. 그게 뭐가 문제가 됩니까. 홍해가 갈라진 게 뭐가 문제이며, 광야에서 먹였단 게 뭐가 문제이며, 전능하신 하나님이 믿는 자에게 영생을 준다는 게 무슨 문제가 되겠습니까.

문제는 거기에 있지 않습니다. 하나님을 잘 믿지 않는데 있습니다. 하나님을 안 믿는 데 모든 저주가 오는 것입니다. 하나님을 두려워하지 않는 데 모든 죄를 짓게 되는 것입니다. 근본의 문제는 하나님과 우리의 관계가 회복되면 하나님을 사랑하게 되고, 이웃을 사랑하는 계명을 믿음 안에서 지키는 자가 되는 줄로 믿으시기 바랍니다.

9절, '그러면 어떠하냐 우리는 나으냐 결코 아니라 유대인이나 헬라인이나 다 죄 아래에 있다고 우리가 이미 선언하였느니라.'

이방인들은 하나님을 마음에 두기를 싫어해서 각양 범죄와 부패한 타락한 죄를 짓고 유대인들은 하나님을 믿는다고 하면서, 율법을 지킨다고 하면서 실제로는 하나님을 믿지 않고, 예수님을 거부하고, 율법을 지키지 않고, 시기와 질투가 가득하다는 것입니다.

네가 할례를 받고 하나님의 말씀을 지키지 않으면 그 할례가 무엇이 유익하냐, 만일 이방인들이 할례를 받지 않고 하나님말씀을 지키면 그것이 더 낫지 않느냐? 그래서 유대인이 나은 게 무엇이냐? 하나님의 말씀을 맡은 것인 줄로 믿습니다. 율법이라는 것은 어떤 사람도 완전하게 지킬 수 있는 사람은 하나도 없습니다. 우리의 행위나 율법이나 공로로 하나님 앞에 구원받을 수 있는 사람이 없기 때문에 모든 사람은 하나님 앞에 죄인입니다.

10절, '기록된 바 의인은 없나니 하나도 없으며 깨닫는 자도 없고 하나님을 찾는 자도 없고 다 치우쳐 함께 무익하게 되고 선을 행하는 자는 없나니 하나도 없도다 그들의 목구멍은 열린 무덤이요 그 혀로는 속임을 일삼으며 그 입술에는 독사의 독이 있고 그 입에는 저주와 악독이 가득하고 그 발은 피 흘리는 데 빠른지라 파멸과 고생이 그 길에 있어 평강의 길을 알지 못하였고 그들의 눈앞에 하나님을 두려워함이 없느니라 함과 같으니라.'

하나님을 두려워함이 없는 것이 근본 문제입니다. 하나님을 두려워하지 않고 안 믿으니까 찾는 자도 없습니다. 우리도 다 하나님을 알지 못하고 찾지도 않고 치우쳐 내 중심으로 살아왔었고, 우리의 목구멍은 무덤같이 죽음을 말하고 속임을 말하고. 이 세상에서 거짓말 안 하고 살아가는 사람 있습니까. 거짓말 대회에서 최고 그랑프리는 한 번도 거짓말을 안 했다는 사람이랍니다.

요한복음 8장 44절, 마귀의 다른 이름은 거짓의 아비입니다. 평소에는 우리가 진실하게 말하는 것 같다가 불리하면 나도 모르게 거짓말합니다. 하나님의 은혜가 아니면 아무도 구원받을 수가 없습니다. 우리의 마음과 생각은 악독이 가득하고 거짓이 가득하고 그 입에는 독사의 독이 있고. 사람이 독사에게 물리면 병원에 가든가 잘라내던가 하면 살 수 있어요.

칼로 사람을 몇 사람을 죽일 수 있는 악한 사람도 있어요. 그러나 말은 더 독합니다. 가슴 속에 상처를 주고 불신앙을 심어주고 멸망을 심어주고 평생 잊지 못할 아픔을 심어주고, 이러면서 우리는 아무 죄도 지은 것 같지 않게 당당하게 살아가는 것이 인간의 모습입니다.

나는 한 사람에게도 상처를 준 적이 없다고 말할 수 있습니까? 우리의 입은 정말 독합니다. 독사의 독과 같고 저주와 악독이 가득합니다. 그 발은 피 흘리는 데 빠른지라 이런 자에게는 파멸과 고생이 있어 평강이 없습니다. 참 평안은 하나님을 경외하고 순종하며 사는 데 있음을 믿으시기 바랍니다. 하나님을 떠나서 내 정욕대로 욕심대로 마음껏 살면 행복할 것 같지만 안 그렇다는 것입니다.

누가복음 15장에 보면 둘째 아들이 아버지를 떠납니다. 아버지의 간섭을 받기 싫어서 아버지의 유산을 가지고 떠나서 마음껏 살면 행복한 줄 알았는데, 잠깐입니다. 지나고 나니까 허랑방탕해서 먹을 것도 없이 불행합니다. 그때, 비로소 아버지를 생각하는 것이지요.

아버지는 그 아들을 끝까지 사랑하는 사랑으로 기다려서 그를 탕자라고 했습니다. 아버지는 아들이 돌아올 때 목욕물을 가지고 아들을 씻겨주시고 새 옷을 입혀서 신분을 회복시켜주시고 가락지를 줘서 권세를 주시고 잔치를 열어서 즐거움을 주시는 게 우리 아버지임을 믿으시기 바랍니다.

우리에게 있는 모든 것은 다 하나님께서 주신 것입니다. 구원도 생명도 물질도 건강도 하나님께서 주신 것이고, 하나님으로부터 오지 않은 것이 하나도 없습니다. 그러나 그것을 늘 우리 것인 양, 하나님께 뺏기는 양, 하나님께 손해 보는 양, 탕자와 같은 모습이 있습니다. 악한 자의 모습입니다. 하나님을 안 믿을 때는 더 말할 것도 없지요. 파멸과 고생의 길을 가는 것입니다. 그들이 평강의 길을 알지 못했다. 참 평안의 길은 하나님을 만나는 데 있음을 믿으시기 바랍니다.

아담과 하와가 범죄 한 후에, 하나님이 찾으시며 부르십니다. 아담아 아담아 네가 어디 있느냐. 아담의 대답이 내가 벗었으므르 두려워하여 숨었나이다. 죄악의 열매는 두려움입니다. 하나님 떠나는 열매는 두려움과 불안과 초조입니다. 우상숭배를 많이 할수록 귀신을 많이 섬길수록 오는 것이 두려움과 불안과 초조입니다.

요한복음 14장에 예수님께서, '내가 가면 보혜사 성령을 너희에게 보내리니 성령이 오면 너희 마음속에 평강이 있을 것이다,' 세상이 주는 평안

같지 않다고 하셨습니다. 하나님을 경외하고 주를 믿고 성령 충만하면 참된 평안의 길이 있음을 믿으시기 바랍니다. 그 길 외에는 참된 평안이 없습니다. 우리가 하나님을 경외하고, 예배드리고, 말씀 듣고 순종하므로 참 평안이 있는 것입니다.

그런데 왜 잃어버리느냐? 하나님을 두려워하지 않는 데서. 우리는 하나님을 만홀히, 만만하게 보는 신앙을 해서는 안 될 것입니다. 하나님의 사랑을 받고 은혜를 받지만 하나님은 만만한 분이 아니라 두려운 분이십니다.

예수님을 안 믿는 사람들이 그 셀 교회를 볼 때, '두려워하더라.' 왜 두려워했죠? 저들은 하나님의 자녀야, 저들은 하나님이 함께 하는 자야, 저들은 하나님이 지켜주시는 자야, 이걸 느낄 수 있었다는 것입니다. 교회를 불신자가 볼 때, 불신자가 교회를 만홀히 여기는 일이 있어서는 안 될 것입니다. 교회에 하나님이 함께 하셔, 저 교회의 하나님이 지켜주셔서 하나님 은혜를 주셔, 성도와 그 가정을 볼 때 저 가정은 하나님의 가정이야 우리가 건드릴 수가 없어 하나님이 함께 하는 가정이야. 이런 은혜와 복이 있기를 주의 이름으로 축복합니다.

하나님은 살아계시기 때문에 하나님을 두려워해야만 우리가 죄악을 떠나게 되고 순종하게 되는 줄로 믿습니다. 이 두려움은 벌 받아서 두려움이 아니라 경외함으로의 두려움입니다. 하나님의 광대하심과 거룩하기 때문에 두려움입니다.

19절, '우리가 알거니와 무릇 율법이 말하는 바는 율법 아래에 있는 자들에게

말하는 것이니 이는 모든 입을 막고 온 세상으로 하나님의 심판 아래에 있게 하려 함이라.'

율법 아래 모든 사람들이, '율법 아래'. 특별히 유대인들이 율법을 가졌지요. 율법은 죄를 죄 되게 하기 위해서 하나님 앞에 구원의 손을 뻗치기 위해서 율법이 필요한 것입니다. 율법으로서 하나도 빠짐없이 죄를 안 짓고 구원받을 수 있는 사람은 아무도 없습니다. 율법이 있기 때문에 우리가 얼마나 하나님 앞에 죄악 되고 악하고 부질없고 부패되었는가를 알 수 있습니다.

아 우리가 율법 아래 있을 때 우리는 구원받을 수가 없구나, 하나님의 심판 받을 수밖에 없구나. 그 때 우리는 하나님을 향하여 구원의 요청을 하는 줄로 믿습니다. 예수님께서 말씀하셨습니다. "내가 의인을 부르러 온 것이 아니요 죄인을 부르러 구원하러 왔다 건강한 자에게는 의사가 쓸 데 없고 병든 자에게라야 쓸 데 있느니라."(눅 5:32) 우리는 하나님의 성령이 임하시고 성령이 조명하면 우리가 병들었다는 걸 알게 돼요. 영적으로 병들었고, 맘에, 죄에, 육신에 병들었고, 우리는 온전하지 않다는 걸 알게 되는 것입니다. 하나님을 떠나면 내가 병든 사람인지 심판을 받을 사람인지 죄인인지 모릅니다. 우리가 죄인임을 고백하는 거 하나님을 떠나서 우리가 죄악을 지었다는 거 알 수 있는 것도 하나님의 은혜임을 믿습니다.

20절, '그러므로 율법의 행위로 그의 앞에 의롭다 하심을 얻을 육체가 없나니 율법으로는 죄를 깨달음이니라 이제는 율법 외에 하나님의 한 의가 나타났으니 율법과 선지자들에게 증거를 받은 것이라.'

이제는 율법으로는 인간이 하나님 앞에 의롭고 거룩하게 될 수 없기 때문에 하나님의 의가 나타났어요. 하나님의 의는 율법과 선지자들의 증거가 되었다. 이것이 무슨 말씀입니까? 구약을 말합니다. 모세의 율법과 선지자들을 통해서 증거를 받은 한 의가 나타났는데, 그 분이 예수 그리스도이십니다. 모든 율법은 오실 그리스도를 증거합니다.

방주에 들어가야만 삽니다. 어떤 사람도 예수 안에 있어야만 삽니다. 양을 잡아서 피를 흘리고 속죄제를 해야 용서받습니다. 그 양은 예수 그리스도를 말합니다. 그 예수 그리스도를 통해서 우리가 구원받을 것을 예표하는 것입니다. 출애굽할 때 양을 잡아서 문설주와 인방에 뿌립니다. 그 집은 재앙이 넘어갑니다. 예수 믿는 사람에게 재앙이 넘어가고 사망권세가 깨드려지고 구원받습니다. 그 모든 것은 예수 그리스도를 예표하는 것이에요.

모세의 율법이 있기 전 아브라함에게 예수님이 말씀하십니다. 아브라함은 예수님이 오기 전에 2천년 전 사람이고, 모세가 오기 전 오백년 전 사람입니다. "너희 조상 아브라함은 나의 때 볼 것을 즐거워하다가 보고 기뻐하였느니라."(요 8:56)

아브라함이 예수 그리스도를 믿었다. 모든 구약시대의 구원받고 의롭게 되는 길은 율법을 지킴으로서가 아니라 오실 그리스도를 믿음으로 의롭게 됩니다. 아브라함이 의롭게 된 것은 행위로가 아니라 믿음으로 의롭게 되었다고 말하는 것입니다. 신약시대에서, 예수님이 오신 이후로는 예수님이 십자가에서 죽으시고 다 이루셨다. 오신 예수님이 하나님의 아들이요 그리스도로 믿는 자에게 구원의 은혜가 있습니다. 그러므로 하나님의 한 의는 오직 예수 그리스도인 줄로 믿습니다.

22절, '곧 예수 그리스도를 믿음으로 말미암아 모든 믿는 자에게 미치는 하나님의 의니 차별이 없느니라.'

하나님의 의는 내가 행위로 노력으로 공로로 구원받을 수 없기 때문에 믿음이라는 하나님의 선물을 통해서, 은혜를 통해서 우리가 구원받고, 우리가 의롭게 되고 자녀된 것은 행위로가 아니라 예수님을 마음에 모심으로 되었습니다. 이것이 인류에게 최고의 기쁜 소식입니다. 최고의 은혜이십니다. 차별이 없습니다. 유대인이나 헬라인이나 흑인이나 백인이나 돈 있는 사람이나 없는 사람이나 키가 크나 작으나 관계가 없느니라. 누구든지 주의 이름을 부르기만 하면 하나님의 자녀가 됩니다.

'주의 이름을 부른다' 는 말은 예수여 이렇게 부르는 게 아니에요. 한 편 강도 같이 "예수님이여 나는 하나님 아들 구주임을 믿습니다. 나의 주인임을 믿습니다. 나를 구원해 주시옵소서." 그렇게 부르는 것입니다. 모든 사람이 죄를 범하였으매 모든 사람이 하나님의 영광에 이르지 못하더니. 모든 사람이 다 죄악 가운데 있는데, 하나님의 그 축복된 영광을 잃어버렸다는 것입니다.

예수 안에 있는 속량으로 말미암아 하나님의 은혜로 값없이 의롭다 하심을 얻은 자 되었으니 은혜에요. 선물, 하나님의 선물. 선물은 그냥 받는 것입니다. 돈 주고 받는 거에요? 돈 주고 받는 건 장사입니다. 사는 것입니다. 잘해달라고 주는 것은 뇌물입니다. 선물이 좋습니까. 사는 게 좋습니까. 뇌물 받는 게 좋습니까. 하나님이 우리에게 주신 선물이기 때문에 아무도 자랑할 수가 없습니다. 내가 잘 나서 받은 게 아니고 은혜로 받았기 때문에.

25-26절. '이 예수를 하나님이 그의 피로써 믿음으로 말미암는 화목제물로 세우셨으니 이는 하나님께서 길이 참으시는 중에 전에 지은 죄를 간과하심으로 자기의 의로우심을 나타내려 하심이니 곧 이 때에 자기의 의로우심을 나타내사 자기도 의로우시며 또한 예수 믿는 자를 의롭다 하려 하심이라.'

우리가 하나님 앞에 의롭게 되고 자녀가 되고 죄용서 받게 된 건 은과 금으로가 아니라 하나님의 아들 예수님이 이 땅에 오사 피 흘리시고, 죽으심을 통해서 우리를 구원하신 것입니다. 왜 꼭 죽으심을 통해서만 구원을 받느냐. 이 생명은 다른 것으로는 대신할 수가 없습니다.

"피 흘림이 없는 즉 죄사함이 없느니라."(히 9:22)

기독교와 모든 이방 종교는 돈을 들이면 용서해준다, 착한 짓하면 용서해준다. 49제를 하면 용서해준다. 엄한 말을 다합니다. 아닙니다. 틀립니다. 모든 종교에는 죽은 자가 없습니다. 석가모니, 공자, 마호메트 어떤 사람도 자신을 따르는 사람을 위해서 죽어서 그들의 생명을 대신한 적도 없고 대신해도 안 됩니다. 죄인이기 때문에. 그러나 하나님의 아들 예수님은 성령으로 죄 없이 이 땅에 오셔서 왜 우리 대신 죽기 위해서. 죄가 없는 하나님의 아들인 그리스도라는 증거는 3일 만에 살아나신 줄로 믿습니다.

그가 살아나셨기 때문에 지금도 하나님 우편에 계시고, 성령으로 우리 안에 계시고, 말씀들을 때 깨달음을 주시고, 기도의 응답을 주시고, 하나님이 우리를 지키시고. 주님이 계신다는 말은 그는 하나님의 아들이요 그리스도라는 증거를 믿습니다.

나의 구원이 세상의 돈으로 된 것이 아니라 그리스도의 피로 된 것입니다. 생명을 대속해서 우리에게 주신 것입니다. 이 길 외에는 구원받을 길이 없습니다. 그러므로 '다른 이로써는 구원을 받을 수 없나니 천하 사람 중에 구원을 받을 만한 다른 이름을 우리에게 주신 일이 없음이라 하였더라.' 구원받는 길은 예수 그리스도밖에 없는 줄 우리는 확신합니다.

26절에 하나님도 의롭고 우리도 의롭게 되는 방법이 뭐냐? 십자가와 부활이에요. 하나님은 공의로우신데 모든 사람이 죄인인 우리를 하나님이 그냥 죄 없다 할 수 없습니다. 하나님은 악한 분이십니까? 하나님은 자기도 의롭고 우리도 의롭게 하는 방법으로 희생을 하신 것입니다. 하나님의 아들을 보내사 죽으심으로 인간의 모든 죄를 하나님의 공의 앞에 도말하시고, 믿는 자에게 은혜를 주신 의롭게 되는 길을 주신 이것이 십자가와 부활의 길입니다.

죄의 삯은 사망인데, 영적 죽음, 육신 죽음, 지옥. 이것이 사망인데 우리를 구원하기 위해 하나님은 자기의 아들을 대신 죽게 하시고 우리를 구원하신 것입니다. 이 귀한 사랑을 우리가 받은 것이지요. 왜냐하면 노력으로 공로로 구원받을 사람이 없고, 우리를 사랑하기 때문에 희생하신 것입니다.

하나님도 의롭고 우리도 의롭게 하신 방법은,

27절, '그런즉 자랑할 데가 어디냐 있을 수가 없느니라 무슨 법으로냐 행위로냐 아니라 오직 믿음의 법으로니라.'

믿는다는 말은 내가 믿습니다가 아니라 그분을 나의 구주로 나의 하나님으로 영접하는 것입니다.

"영접하는 자 곧 그 이름을 믿는 자들에게는 하나님의 자녀가 되는 권세를 주셨으니."(요 1:12)

28절, '그러므로 사람이 의롭다 하심을 얻는 것은 율법의 행위에 있지 않고 믿음으로 되는 줄 우리가 인정하노라 하나님은 다만 유대인의 하나님이시냐 또한 이방인의 하나님은 아니시냐 진실로 이방인의 하나님도 되시느니라.'

예수 안 믿는 사람들이 하나님을 안 믿는다고 해서 그들의 하나님이 안 되세요? 안 믿을 뿐이지, 하나님은 여호와 밖에 없습니다. 우리의 하나님이시고 이방인의 하나님이시기 때문에 마지막 심판 때에는 그 앞에 피할 수 없고 다 심판대에 서게 됩니다.

30절, '할례자도 믿음으로 말미암아 또한 무할례자도 믿음으로 말미암아 의롭다 하실 하나님은 한 분이시니라 그런즉 우리가 믿음으로 말미암아 율법을 파기하느냐 그럴 수 없느니라.'

31절 하, '도리어 율법을 굳게 세우느니라.'

우리가 주일을 지키는 것은 망하고 아프지 않기 위해서가 아니라 하나님의 구원의 은혜가 너무 감사해서 기쁨으로 지키는 거예요. 모든 종교는 내가 복 받기 위해서, 내가 좋게 가기 위해서, 뭐하기 위해서 합니다. 우리 기독교 신앙은 그게 아닙니다. 이미 우리가 죄인 되었을 때 자격 없고 가치 없을 때 하나님 우리를 사랑하사 십자가에 죽기까지 우리를 구원했어요. 이 구원의 은혜를 생각할 때마다 하나님께 너무 감사해서 예배를 드리는 거예요.

하나님이 모든 것을 주심에 감사해서 순종하고 기쁨으로 십일조를 드립니다. 내가 너무 감사해서 주님의 일을 합니다. 세상에 살 때 주님의 이름 때문에 사회생활 할 때 내가 선하게 살아갑니다. 하나님은 이런 자에게 더 큰 은혜와 응답과 복을 주심을 믿으시기 바랍니다.

"먼저 그의 나라와 그의 의를 구하라 그리하면 이 모든 것을 너희에게 더하시리라."(마 6:33)

모든 것 때문에 하는 게 아니라 하나님의 은혜 때문에 하는 성도에게 하나님의 말씀을 이루시고 기도에 응답하시고 지키시고 말씀이 성취되는 것입니다. 바꾸셔야 됩니다. 예배를 기쁨으로 감격하는 마음으로. 왜 내가 예배를 드려야 될 것인가 은혜가 어떤 것인가 깊이 생각하셔야 됩니다. 내가 번 돈이 아니라 모든 것이 하나님이 주셔서 너무 감사해서 내가 온전하게 십일조를 드립니다. 내가 주님 앞에 기쁨으로 봉사하고, 이 복음이 너무 귀해서 전도하고 이것이 너무 귀해서 성도를 사랑하고 때로는 부족한 것을 용서하고 덮어주고 기도하는 것이 신앙생활입니다.

내가 억지로 율법을 지키려면 부자 청년 같이 잘 못 지킬 수가 있지요. 그러나 은혜로 지킨 사람은 오히려 율법을 세워 나갑니다. 이런 성숙한 그리스도인이 되시기를 축복합니다.

7강 | 롬 4:1-18

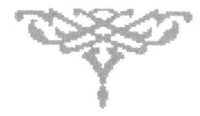

　복음과 종교의 차이가 무엇입니까? 복음은 믿음으로 구원받는다는 것입니다. 종교는 내 힘과 공로로, 열심으로 구원받는 것입니다. 이런 의미에서 구원을 말한다면 기독교만 종교입니다. 그러나 세상의 모든 종교를 종교로 말한다면 기독교는 종교가 아니고 복음입니다.

　왜 모든 종교는 수고와 노력과 공로로 구원받는다고 말을 하느냐면 그들의 죄의 관념이 윤리와 도덕입니다. 조금 더 나아가서는 마음까지도 생각하지요. 악한 마음, 잘못된 마음, 이것이 다 죄라고 생각을 합니다.

　세상의 법정에 가면 판사는 마음까지는 심판하지를 않습니다. 내가 마음에 아무리 저 사람을 죽이고 싶어도 행동하지 않으면 죄라고 하지 않습니다. 아무리 물건을 훔치고 싶어도 물건을 실제로 훔쳐오지 않으면 죄라고 하지 않습니다. 그런데 종교에서는 그것을 죄라고 말합니다.

　예수님은 너희 형제를 미워하는 것이 곧 살인하는 것이라고 말씀하셨고, 이웃에 탐심 하는 것이 도둑질하는 것이고, 음욕을 품는 자마다 간음함이라고 말씀하셨습니다. 판사가 엄격합니까, 하나님이 엄격합니까? 하나님이 엄격하시지요. 마음까지는 종교가 말을 합니다. 그러나 진짜 인간의 죄는 마음 정도가 아니고 그것보다 더 깊습니다. 영적 죄인 줄로 믿으시기 바랍니다.

하나님께 선하고 아름답게 지음 받은 인간이, 하나님을 당연히 경외해야 할 사람이 하나님을 반역하고, 배반하고, 하나님과의 관계를 파괴하고 하나님을 떠나버립니다. 하나님을 떠나게 되니까 영적 죽음이 온 것입니다. 영적 죽음이라는 것은 하나님을 떠나서 사탄의 권세 아래 있는 것입니다.

"공중 권세 잡은 자를 따랐으니"(엡 2:2)

그러니까 하나님을 안 믿는 모든 사람은 아무리 착하게, 의롭게 살려 할지라도 항상 한계가 와요. 좀 착하게 살고, 의롭게 살다가도 또 넘어지고. 그래서 사람들은 자꾸만 넘어지니까 좌절하고 실패하고, 자기가 못하니까 물질을 드리면 구원받고, 무슨 행위를 하면 구원받고, 무슨 의식을 하면 구원받는다는 걸 자꾸 만들어내는데 이것을 종교라고 합니다.

사람이 구원받기 위해서 노력하고, 공로를 세우고, 의식을 만들고 힘쓰는 것을 종교라고 합니다. 복음은 인간이 아무리 노력해도 스스로 하나님을 만날 수 있는 능력이 없습니다. 우리 마음이 아무리 착하게 먹으려고 해도 또 다른 악이 올라옵니다. 아무리 우리가 거룩하게 살려고 해도 또 죄를 짓게 됩니다.

인간 스스로는 구원받을 수 없기 때문에 하나님이 우리를 사랑하셔서 구원하여주셔서 이 땅에 오신 것이 복음이십니다. 복음은 하나님이 우리를 구원하시기 위해 오신 것이고, 종교는 인간이 스스로 구원받기 위해서 수고하고 노력하는 것입니다. 그런데 스스로 노력해도 안 되는 이유가 아까 말씀드렸지요.

하나님께 범죄 한 죄의 성격이 관계 파괴입니다. 이 관계라는 것은 노력과 수고로 회복되는 게 아닙니다. 관계는 피로만 회복이 되는 것입니다. 둘째로는 우리가 부패되고 악하고 하나님 떠나있는 존재이기 때문에 아무리 율법을 지키고 의를 행하더라도, 역시 죄를 안 짓고는 살 수 없는 부패된 인간이기 때문에 율법으로는 구원받을 수 없습니다. 노력으로는 구원받을 수 없습니다. 그렇기 때문에 하나님이 그의 아들을 보내사 우리가 할 수 없는 것들을 하셨습니다.

우리를 사랑하셔서 창조자이신 하나님이 피조물로 이 땅에 오셨습니다. 그 피조물에게 정죄를 받으시고, 고난을 당하시고, 멸시를 받으시고, 침 뱉음을 당하시고, 십자가에 죽으심을 통해서 우리에게 구원의 길을 여신 줄 믿습니다. 기독교의 복음의 진리가 얼마나 오묘한지 죽음을 통해서 죽음을 이기셨습니다. 죽음을 통해서 죄를 이기시고, 죽음을 통해서 사탄을 이기시고, 죽음을 통해서 모든 죄에서 우리를 구원하시는 복음이 기독교의 복음입니다. 비슷하지도 않습니다.

사람이 노력과 수고를 통해서 구원의 길을 만들어가는 게 종교입니다. 구원의 길이 있겠느냐? 아닙니다. 복음은 하나님께서 이 땅에 우리를 찾아오셔서 구원하신 것입니다. 복음과 종교의 차이는 하늘과 땅 차이입니다. 비슷하지도 않습니다. 천주교는 구원관이 두 개를 합해놨습니다. 믿고 행해야 구원 받는다, 이렇게 합니다. 천주교에는 구원받았다는 사람이 없습니다. 행함이 있으니까 죽어봐야 안다고 합니다.

우리의 구원은 하나님의 은혜로 구원받기 때문에 구원받은 줄 알고 예배드리고, 구원받은 줄 알고 살아가고, 구원받은 줄 알고 천국가고, 이것이 진리입니다. 인간 스스로의 노력으로는 구원받을 수 없기 때문에 하나님이 이 땅에 피조물인 사람으로 오셔서 사람이 죽어야 할 장소에서 죽으시고 십자가에서 도말하시고, 이것은 단순히 어느날 생긴 일이 아닙니다.

하나님께서 아브라함을 의롭다 하신 것은 이미 예수님께서 오시기 이천년 전에 예수님, 오실 그리스도를 믿음으로 본 아브라함을 의롭다하셨습니다. 구약시대 성경은 자꾸 죄를 지으면 속죄 받는 게 뭐냐하면 양을 잡아서 피를 흘리지요. 이 말은 그리스도께서 우리 구주가 오면 피흘려 죽는다, 이것을 예표한 것입니다.

그 설명을 계속합니다. 예수님 오시기 전 약 780년 전 이사야 선지자가 "그가 찔림은 우리의 허물 때문이요 그가 상함은 우리의 죄악 때문이라 그가 징계를 받으므로 우리는 평화를 누리고 그가 채찍에 맞으므로 우리는 나음을 받았도다."(사 53:5) 라고 예언했습니다.

그가 오시면 죽을 것이다, 예수님의 십자가의 죽으심은 성경대로 죽으시고 부활은 성경대로 살아나셨다고 데살로니가에 바울이 전도하였습니다. 이 방법 이외에는 구원받을 길이 없습니다. 믿음은 예수님이 하나님의 아들 되심을, 이 땅에 우리를 위해서 동정녀에게 성령으로 잉태하셔서 죄 없으신 분이 죽으시고 다시 살아서 우리의 주가 되심을 믿고, 그 분을 주인으로 모시는 것이에요.

'영접하는 자 곧 그 이름을 믿는 자에게 하나님의 자녀가 되는 권세를 주셨으니."(요 1:12)

믿음으로 구원을 받는다는 것은 내가 교회를 다니고 직분을 가지고 설교를 듣고 헌금을 하는 것이 아니에요. 예수님이 내 안에 계셔야 됩니다. 아들이 있는 자에게는 생명이 있고 하나님 아들이 없는 자는 생명이 없느니라. 예수님을 내 안에 모심으로 연합한 자가 되어야 됨을 믿습니다. 예수님을 천지를 만드신 하나님으로 믿으셔야 합니다. 그 분은 죄없이 이 땅에 오셔야 되니까 성령으로 동정녀에게 나셨어요. 또 율법 아래 나셨어요. 모든 율법을 다 지킴으로 죄를 짓지 않으셨어요.

목사님, 예수님이 33년 동안 사시면서 어떤 죄도 안 지었다는 거 봤습니까, 못 봤습니까? 어떻게 그 말씀을 할 수 있습니까? 그가 십자가에서 죽으시고 3일 만에 다시 살아난 것이 확실한데 다시 부활했다는 말은 그가 원죄도 없으시고 땅에 살면서 율법을 다 지켜서 죄가 없다는 증거이고, 그래서 그는 우리의 구주되심이 증거 된 줄로 믿습니다.

예수님이 부활하셨다는 것은 죄가 있으면 부활 못해요. 나사로를 예수님이 다시 살리셨지만 부활이라고 하지 않는다고 했지요. 그는 다시 죽었어요. 예수님이 부활의 첫 열매가 되십니다.

예수님이 부활하셨기 때문에 하나님이란 증것입니다. 우리 구주란 증거입니다. 사탄의 권세를 깨뜨리고, 죄를 이기고, 우리를 위해서 십자가에서 죽으시고 다시 살아나신 그리스도 되시며, 지금 살아계셔서 우리 속에 계신다는 말씀이십니다. 살아계신 예수님을 믿는 것이지요. 구원이라는 건 공로가 아니고 믿음으로 받는다고 하는 것입니다. 이 믿음은 하나님의 은혜요 선물이십니다.

1절. '그런즉 육신으로 우리 조상인 아브라함이 무엇을 얻었다 하리요 만일 아

브라함이 행위로써 의롭다 하심을 받았으면 자랑할 것이 있으려니와 하나님 앞에서는 없느니라.'

그렇게 믿음의 조상이며, 훌륭한 아브라함이 행위로 구원받은 게 아니라 오실 그리스도를 믿음으로 구원받았다고 했습니다. 요한복음 8장 56절입니다. '아브라함은 나의 때 볼 것을 즐거워하다가 보고 기뻐하였느니라.'

아브라함은 오실 그리스도를 믿음으로 의로움 받았기 때문에 아브라함이 구원받아도 자랑할 것이 없다는 것입니다.

저와 여러분이 하나님의 자녀가 되는 영광스러운 신분을 가지고 하나님 나라를 상속받는 유업을 잇는 자가 되었지만 자랑할 것이 없는 것은 하나님이 주신 선물이기 때문입니다. 선물로 받았기 때문에 자랑거리가 아니라 감사할 거리입니다. 기뻐할 거리입니다. 그러므로 신앙인의 가장 중요한 특징은 기쁨과 감사인 것입니다.

3-5절, '성경이 무엇을 말하느냐 아브라함이 하나님을 믿으매 그것이 그에게 의로 여겨진 바 되었느니라. 일하는 자에게는 그 삯이 은혜로 여겨지지 아니하고 보수로 여겨지거니와 일을 아니할지라도 경건하지 아니한 자를 의롭다 하시는 이를 믿는 자에게는 그의 믿음을 의로 여기시나니'

일한 것이 없이 하나님께 의로 여기심을 받는 사람의 복에 대하여 다윗이 말한바 그러하였습니다. 우리가 열심히 일하여 한 달에, 봉급을 받는다고 합시다. 밤낮으로 열심히 일해서 받았어요. 내가 노력했다, 자랑할 게 있지요. 일을 하나도 안 하면서 빈둥빈둥 놀면서 돈을 받았어요. 자랑할 게 없습니다. 그렇지만 일을 해서 받았다면 기쁨이 있지요, 감사가 있지요. 그런데 인간은 그냥 많이 받으면 별로 감사를 안 해요 이것이 인간의 부패된 인간의 모습이에요.

늘 말씀드리지만 늘 건강한 게 좋습니까, 반쯤 죽었다 살아난 게 좋습니까? 건강한 게 좋습니다. 늘 건강하다고 주님, 오늘도 건강 주셔서 감사합니다. 매주 감사헌금 내는 사람은 별로 없습니다. 우리는 참 악한 존재입니다. 하나님의 은혜가 늘 풍성하면 감사를 잃어버려요. 자기가 한 것 같아요.

그래서 특별한 은혜를 받고 사업적으로나, 건강적으로나, 가정적으로 은혜를 받아서 늘 감사하다가 한 달을 지나면 변하기 시작합니다. 일 년이 지나면 언제 그러했냐고 합니다. 하나님의 큰 은혜를 받고 구원의 은혜 때문에 감사하고, 늘 기뻐하는 성도가 되기를 주의 이름으로 축복합니다.

7절, '불법이 사함을 받고 죄가 가리어짐을 받는 사람들은 복이 있고 주께서 그 죄를 인정하지 아니하실 사람은 복이 있도다 함과 같으니라.'

불법을 했고 죄인인데 사함 받는 길이 있다, 믿음으로. 그러니까 복이 있는 거예요. 하나님 앞에 노력하고 수고하지 않은 저주 받아야 될 사람이 하나님의 선물로 자녀가 되었어요. 구원받았어요. 그 구원이라는 건 돈 정도가 아니라 명예 정도가 아니라 하나님 나라의 상속자가 되었고, 영원한 예수 그리스도의 형상을 입는 자가 되었습니다. 이 크고 놀라운 복을 우리가 진짜로 안 믿기 때문에 별로 기쁨이 없습니다. 진짜로 믿으시기 바랍니다.

믿음은 다 같지 않아요. 여러분 친구 중에 어떤 친구의 부탁도 다 믿고 100% 들어줄 친구가 있습니까. 정말 모든 것을 100% 믿는다, 별로 없습니다. 믿음이라는 것도 다 같지 않다는 것입니다. 예수님의 제자들이 예수님을 따라다니면서 '주여, 주여 생명의 말씀이 주께 있사온데 어디로 가리이까 주는 그리스도시요 살아계신 하나님의 아들입니다.' 라고 분명히 고백했지만 예수님이 십자가를 지시고 돌아가실 때 도망가 버렸어요. 못 믿겠다는 것입니다.

그 이후에 예수님이 부활하셔서 제자들에게 숨을 쉬면서 "성령을 받으라." 부활하신 예수님을 만나고 그들의 믿음은 달라졌어요. 성령 충만 받고 그들은 순교하기까지 하면서 예수님은 하나님의 아들 그리스도임을 부인할 수가 없었습니다. 믿음이 다 달라요. 확실한 믿음이 있는 성도가 되시기 바랍니다.

예수님께서 말씀하시기를, '너희 믿음대로 될지니라' 하셨고, 데살로니가에 편지하면서 믿음의 역사라고 말했습니다. 기도 응답이 안 된다고 말할 것이 아니라 나의 믿음을 살펴보시기 바랍니다.

하나님이 나와 함께 하지 않는다고 할 것이 아니라 정말로 내가 예수님을 창조자인 하나님으로, 그가 성령으로 잉태되셔서 동정녀에게 나시고 나를 위해서 이 땅에 오셔서 내가 죽어야 될, 고난 받아야 될, 저주받아야 될, 그 장소에서 예수님이 대신 담당하시고, 하나님을 아는 길을 여시고, 사탄의 머리를 깨뜨리시고, 죄를 다 해결하시고, 다 이루셨습니다.

내가 그 분을 영접만 했는데, 나는 하나님께 용서받고, 구원받고, 의롭게 된 이 놀라운 은혜를 확실히 믿으면 일평생 내 마음속에 기쁨과 감사가 충만할 줄 믿습니다. 잘 안 믿으니까 기쁨이 잘 없는 것입니다. 사도 바울은 이 일에 확실한 믿음을 가졌기 때문에 때로는 매 맞음을 당하고, 감옥에 가기도 하고, 피 흘리기도 하고, 억울함을 당하기도 했습니다.

그러나 바울에게 있는 기쁨은 아무도 빼앗아갈 수가 없었어요. 바울을 사랑하는 하나님의 사랑을 느끼는 그 믿음은 아무도 빼앗아갈 수가 없었습니다. 저는 그런 믿음의 사람은 아니지만 예수님은 하나님의 아들이시고, 이 땅에 우리를 구원하시기 위해 동정녀에게서 나시고, 십자가에서 죽으시고 부활하시고, 여러분 속과 제 속에 계신다는 걸 확실히 믿습니다.

그렇기 때문에 제 마음속에는 늘 구원의 은혜의 감사와 감격이 있습니다. 하나님의 은혜입니다. 저도 피곤하지 않겠어요? 저도 힘들 때가 있지요. 화날 때도 있고, 억울할 때도 있지요. 그렇지만 가치도 없고, 자격 없고, 쓸모없는 저를 영광스러운 보좌를 버리고 사람이 되셔서 죽기까지 하시고 구원하신 은혜를 생각할 때마다 제 마음속에는 감사와 기쁨이 있습니다.

그것 때문에 감사해서, 기뻐서, 하나님 일 하는 것도 감사하고, 말씀 전하는 것도 감사하고, 한 명 한 명 구원 받아오는 것도 너무 감사하고, 기쁘고 성도들이 변화 받고 복을 받는 것도 너무 감사하니까 기뻐할 수밖에 없는 것이지요. 은혜지요.

하나님을 믿는 사람에게는 마음에 구원의 기쁨과 감사가 반드시 있어야 됩니다. 이 구원의 기쁨과 감사가 없다면 정말 말씀 듣고 눈물로 회개하고 은혜를 받고 감사를 회복하는 성도가 되시기 바랍니다. 이 감사가 없이 머리만 믿는 신앙을 갖고 하는 것은 종교인이 되 가기 시작합니다. 이것이 일 년, 이년, 십년 가면 완전 종교인, 바리새인입니다. 신앙은 죽은 신앙이 되어요.

내 마음에 성령의 기쁨과 위로와 감사가 있어야 그것이 참된 신앙입니다. 그 감사와 기쁨으로 예배드리는 것이 참된 예배에요. 그 감사와 기쁨으로 하나님께 드리는 예물이 참된 예물이에요. 그것을 위해서 하나님께 헌신하고 기도하고 이 기쁨을 다른 사람에게 전해줄 때는 뜨거운 마음 때문에 예수님 전하는 게 전도에요. 안 어렵습니다.

내게 구원의 기쁨과 감격이 있으면 전도가 어렵지 않습니다. 주님의 일 한다는 건 너무 너무 즐겁고 행복한 일이고, 모든 성도는 구원의 은혜와 감사와 기쁨이 회복되어야 되는데, 그 길은 믿는 길입니다. 믿기만 하면, 예수님이 우리를 위해서 이 땅에 오셔서 죽으신 것이 얼마나 크고 놀라운 은혜인지요. 믿기만 하면 우리 마음에 날마다 새로운 구원의 은혜와 감격이 있습니다. 이것이 복이라는 것입니다.

9절, '그런즉 이 복이 할례자에게냐 혹은 무할례자에게도냐 무릇 우리가 말하기를 아브라함에게는 그 믿음이 의로 여겨졌다 하노라 그런즉 그것이 어떻게 여겨졌느냐 할례시냐 무할례시냐 할례시가 아니요 무할례시니라.'

구원받은 아브라함은 할례를 받았기 때문이 아니라, 할례받기 전에 이미 의롭게 되었고 할례를 받았다는 것입니다. 왜 그렇습니까? 할례를 받지 않은 이방인들도 믿기만 하면 구원 받는 표본이 되기 위해서 하나님께서 무할례시에 믿음으로 의롭게 되게 하셨습니다. 할례 받는 자도 믿음으로 의롭게 된다고 하는 것입니다. 할례를 받음으로 의롭게 된 게 아니라는 것이지요. 세례 받음으로 의롭게 되는 것이 아니라 믿음으로 구원받은 사람이 구원받은 표로서 세례를 받습니다.

형식보다 더 중요한 것은 예수를 믿는 것입니다. 나를 하나님 앞에 피조물로 인정해야 됩니다. 내가 주인이 아닌 피조물. 그리고 내가 죄인임을 인정하는 것입니다. 아울러 예수님은 하나님의 아들 그리스도임을 인정하고 그 분을 주인으로 내 마음에 모시는 자가 구원 받습니다.

이어서 그 사실을 얼마나 확실히 믿느냐 믿음에 따라서 내 마음 속에 기쁨과 감사와 감격이 달라지고 역사가 달라집니다. 예배가 달라지고, 기도가 달라지고, 삶이 달라지고, 말씀 성취가 달라지고. 저는 이것을 확실하게 경험했어요. 하나님의 아들을 확실히 믿고 나니까 똑같이 설교했는데 하나님의 역사가 기도가 달라지고 응답이 달라지고. 변화가 달라지고 말씀 성취가 달라집니다. 예수 그리스도를 믿는 것이 복음입니다.

11-13절. '그가 할례의 표를 받은 것은 무할례시에 믿음으로 된 의를 인친 것이니 이는 무할례자로서 믿는 모든 자의 조상이 되어 그들도 의로 여기심을 얻게 하려 하심이라 또한 할례자의 조상이 되었나니 곧 할례 받을 자에게뿐 아니라 우리 조상 아브라함이 무할례시에 가졌던 믿음의 자취를 따르는 자들에게도 그러하니라 아브라함이나 그 후손에게 세상의 상속자가 되리라고 하신 언약은 율법으로 말미암은 것이 아니요 오직 믿음의 의로 말미암은 것이니라.'

만약 율법을 지켜야만 의롭게 된다면 믿음으로 의롭게 된다는 약속은 파기되었다는 것입니다. 그렇지 않다는 것입니다. 모든 구약시대의 사람들이나, 신약시대의 사람들이나 믿음으로만 구원받은 줄 믿습니다. 이것이 복음이십니다. 우리가 믿음이 아니면 행위로 구원받을 수 있는 길이 없습니다.

세상의 종교는 100%입니다. 다 행위로 공로로 구원받는다고 합니다. 예수 믿는다는 이름을 가진 이상한 이단들은 그냥 헌금을 많이 해야 복을 받는다고 하고 그것만 강조해요. 헌금 많이 해야 천국 가서 좋은 자리 갖는다고. 그러니까 그 이단들은 엄청 돈이 많아요. 그런데 제대로 믿는 사람은 헌금을 많이 안 해요. 안 해도 구원 받는다니까. 맞는가 모르겠어요.

은혜로 구원 받아서 너무 감사해서 주를 위해서 사는 게 정상인데, 그걸 이용하는 나쁜 사람도 있다는 게 신문에 났어요. 하나님 앞에는 순수하고 진실하게 믿으세요. 하나님을 속이려면 내가 속는 거예요. 바보이고 어리석은 자지요. 우상숭배라는 뜻은 어리석은 자라는 뜻입니다. "어리석은 자는 하나님이 없다고 하도다."(시 14편) 지혜로운 사람은 하나님 앞에 예배하고, 기도하고, 그게 참된 지혜이고, 그래서 어린 아이 같은 자가 복된 자라고 말하는 것이지요.

14-18절, '만일 율법에 속한 자들이 상속자이면 믿음은 헛것이 되고 약속은 파기되었느니라 율법은 진노를 이루게 하나니 율법이 없는 곳에는 범법도 없느니라 그러므로 상속자가 되는 그것이 은혜에 속하기 위하여 믿음으로 되나니 이는 그 약속을 그 모든 후손에게 굳게 하심이라 율법에 속한 자에게 뿐만 아니라 아브라함의 믿음에 속한 자에게도 그러하니 아브라함은 우리 모든 사람의 조상이라 기록된 바 내가 너를 많은 민족의 조상으로 세웠다 하심과 같으니 그가 믿은 바 하나님은 죽은 자를 살리시며 없는 것을 있는 것으로 부르시는 이시니라 아브라함이 바랄 수 없는 중에 바라고 믿었으니 이는 네 후손이 이 같으리라 하신 말씀대로 많은 민족의 조상이 되게 하려 하심이라.'

우리는 율법으로 구원을 받고, 은혜로 구원 받았습니다. 은혜로. 율법은 필요 없느냐? 죄를 죄 되게 해야 은혜를 우리가 바라게 되는 줄 믿습니다. 구약도 필요하고 신약도. 모세를 통해서 우리가 죄를 알게 되고 예수 그리스도를 통해서 하나님의 큰 은혜를 알게 되는 줄로 믿습니다.

19-25절, '그가 백 세나 되어 자기 몸이 죽은 것 같고 사라의 태가 죽은 것 같음을 알고도 믿음이 약하여지지 아니하고 믿음이 없어 하나님의 약속을 의심하지

않고 믿음으로 견고하여져서 하나님께 영광을 돌리며 약속하신 그것을 또한 능히 이루실 줄을 확신하였으니 그러므로 그것이 그에게 의로 여겨졌느니라 그에게 의로 여겨졌다 기록된 것은 아브라함만 위한 것이 아니요 의로 여기심을 받을 우리도 위함이니 곧 예수 우리 주를 죽은 자 가운데서 살리신 이를 믿는 자니라 예수는 우리가 범죄한 것 때문에 내줌이 되고 또한 우리를 의롭다 하시기 위하여 살아나셨느니라.'

아멘. 진정한 복음은 율법을 통해서 죄를 깨닫고 우리의 힘으로 될 수 없고 믿음으로 구원받는 것입니다. 왜냐하면 관계는 피로 되기 때문에, 믿음으로 관계, 그래서 예수님은 하나님과 우리의 관계 회복을 위해서. 화목제물이 된 것입니다.

행위로는 할 수 없기 때문에 하나님의 선물로, 믿음으로만 구원받는 줄 믿습니다. 이것이 복음입니다. 살면서 집에서도 법만 가지고 자식을 다스리면 그 집은 완전히 구약이 됩니다. 그러나 복을 가지고 질서를 가지면 부모님의 은혜가 있어 좋은 가정이 됩니다.

교회도 마찬가지입니다. 복음은 법으로만 해결될 수 없다고 우리는 배웠습니다. 우리가 은혜로 하면 해당이 됩니다. 하나님의 전적인 은혜로 구원받았고, 우리의 삶과 교회 일도 법으로만 할 수 없습니다. 법으로만 가지고 사람을 살릴 수 없습니다. 법 없는 은혜는 존재하지 않습니다. 우리는 하나님의 말씀의 복과 은혜로 신앙생활 하시기 바랍니다.

우리의 마음에 전적인 은혜로 구원받은 기쁨과 감사가 충만하도록. 이 은혜가 없고 기쁨이 없다면 아닙니다. 정말 여러분 자신을 돌아보셔야 됩니다. 정말 내가 진짜로 하나님께서 그 은혜를 주셔서 믿는다면 반드시 내가 기쁨이 있고 감사가 있게 되어 있습니다. 그것을 확실히 믿을수록 기쁨과 감사가 넘칩니다. 이런 기쁨과 감사로 예배가 회복이 되고 삶이 회복이 되고, 기도, 헌신, 봉사가 회복되고. 이런 사람은 세상을 이기고, 복된 사람입니다.

8강 | 롬 5:1-9

이사야는 말하기를, "그가 찔림은 우리의 허물 때문이요 그가 상함은 우리의 죄악 때문이라 그가 징계를 받으므로 우리는 평화를 누리고 그가 채찍에 맞으므로 우리는 나음을 받았도다."라고 하였고, 요한복음 14장에 보면, "보혜사 곧 아버지께서 내 이름으로 보내실 성령 그가 너희에게 모든 것을 가르치고 내가 너희에게 말한 모든 것을 생각나게 하리라 평안을 너희에게 끼치노니 곧 나의 평안을 너희에게 주노라 내가 너희에게 주는 것은 세상이 주는 것과 같지 아니하니라."라고 하였습니다.

1절, '그러므로 우리가 믿음으로 의롭다 하심을 받았으니 우리 주 예수 그리스도로 말미암아 하나님과 화평을 누리자.'

'그러므로'라는 말씀은 앞에 있는 내용이 연결되는 말씀입니다. 앞에는 인간이 하나님께 의롭게 되고 구원받고 하나님의 자녀 되는 것은 인간의 수고나 공로로 열심으로 될 수 있는 성격의 부분이 아닙니다. 인간은 수없는 죄를 짓습니다. 머리털보다도 더 많은 죄를 짓는데 근본적인 것은 하나에요.

요한복음 16장에 죄에 대하여라 함은 그들이 나를 믿지 아니함이요, 이것이 단수로 기록되어 있어요. 하나님께서 볼 때 죄는 하나에요. 하나님을 떠날 때 거기서부터 모든 죄가 파생되는 것입니다. 그 죄는 하나님을 반역한 죄입니다. 그 상태는 영적으로 죽어 있고, 사탄의 권세 아래 있고, 저주 아래 죄악 가운데 있고, 하나님은 인간에게 지혜를 주셔서 인간도 대단한 일을 합니다.

하나님이 인간을 사랑하셔서 지혜를 주셨는데, 이 지혜를 통해서 굉장히 많은 일들을 하니까 오히려 지혜를 믿고 하나님을 안 믿는 것이 인간의 부패된 성품이고 교만입니다. 지혜가 있을수록 하나님을 더 경외해야 하는데, 오히려 거꾸로 하나님을 무시하고, 사람을 신격화하여 우상을 숭배하고 죄를 짓고 부패하고 타락하고, 하나님은 이런 인간을 사랑하셔서 구원하기 원하시는 것이 하나님의 은혜인 줄로 믿습니다. 인간의 죄는 아무리 지혜롭고 노력해도 어찌 할 수 없기 때문에 하나님이 우리를 구원하는 방법을 주셨습니다. 그것이 선물입니다. 은혜라는 gift 선물로 주셨어요.

에베소서 2장 8절에, '구원받은 것은 하나님의 선물이라'고 했습니다. 하나님이 친히 이 땅에 오셔서 사람의 몸을 입고, 우리가 죽어야 될 장소에 대신 죽으심으로 예수님이 운명하는 시간 성전 휘장이 위에서부터 아래로 찢어지셨어요. 하나님을 만나는 길이 열렸습니다. 그때부터 누구든지 주 예수를 믿는 자마다 하나님 자녀 되는 권세가 있는 줄로 믿습니다.

창세기 3장 15절에, '여자의 후손과 원수가 되게 하리니 여자의 후손은 네 머리를 상하게 할 것이요 너는 그의 발꿈치를 상하게 할 것이니라 하시고' 사탄의 머리를 깨뜨려 놓으셨습니다. 누구든지 예수를 믿는 사람마다 사탄을 이기는 권세를 주셨습니다. 자녀 되는 권세를 주셨으니 마태복음 10장에 보면 귀신을 쫓아내는 권세도 주셨습니다.

예수님을 더 구체적으로, 그는 하나님이요 이 땅에 우리를 위해서 오신 하나님의 아들 그리스도이심을 진짜로 믿고 나니까 예수님을 믿으면 귀신 떠나는 건 대단한 게 아니고 당연한 것이며, 마가복음 16장에 보니까 '믿는 자들에게는 이런 표적이 따르리니 곧 그들이 내 이름으로 귀신을 쫓아 내며' 라고 했습니다. 십자가의 보혈은 이 땅의 어떤 것도 바꿀 수 없는 하나님의 아들의 피입니다.

구약시대에는 짐승의 피로써 우리가 정결하게 되었거든 하물며 그리스도의 피가 너를 정결하게 할 수 없다고 생각하느냐? 십자가의 보혈은 누구든지 어떤 죄인도 예수님을 믿기만 하면 용서받는 놀라운 능력의 피 입니다.

믿음은 기도응답 받을 때, 믿음이 크다 적다 그 믿음이 아니에요. 믿음은 크게 두 가지입니다. 크다 적다와 선물로 준비됨이 있습니다. 우리가 구원받은 믿음은 선물로 주신 믿음이며, 하나님으로부터 오는 것이고, 평생 한 번 밖에 없습니다. 그리고 그것은 믿는다, 안 믿는다의 문제가 아니라 예수 그리스도께서 하나님의 아들 되심을 그분을 내가 영접해서 내 안에 계신다, 안 계신다의 문제입니다.

요한일서에 "아들이 있는 자에게는 생명이 있고 하나님의 아들이 없는 자에게는 생명이 없느니라."라고 했습니다. 교회에 다니는 게 아니라 내 안에 예수님께서 계셔야 구원입니다. "너희는 믿음 안에 있는가 너희 자신을 시험하고 너희 자신을 확증하라 예수 그리스도께서 너희 안에 계신 줄을 너희가 스스로 알지 못하느냐 그렇지 않으면 너희는 버림 받은 자니라."(고후 13:5) 라고 했습니다. 구원은 교회를 다니고 어떤 행위를 하는 것이 아니라 내 안에 예수님이 계시냐. 그분이 오셔서 사람이 할 수 없는 십자가의 죽으심을 통해서 하나님을 만나는 길이 열립니다. 사탄의 머리를 깨뜨리고. 십자가에서 우리의 모든 죄를 짊어지고 모든 인류의 죄를 도말하신 줄로 믿으시기 바랍니다.

저는 예수님을 믿기 전에 너무 너무 힘들고 고통이었어요. 산다는 게 고통이고, 아무리 죄를 안 지으려고 노력할수록 자꾸만 죄에 빠지는 게 너무 절망적이었어요. 살 가치도 없다고 느꼈어요. 내가 어디에서 와서 어디로 가고, 왜 살며. 이런 중에 예수님을 믿고 나니까 예수님이 제 안에 계시더라고요. 예수님이 내 맘속에 샘이 솟듯 하는 기쁨을 계속 주셔요. 얼마나 행복하고 얼마나 기쁜지. 조건하고는 아무 관계없습니다. 환경하고는 아무 관계가 없습니다. 그러다가 목사가 되었습니다.

목회를 하다 보니 얼마나 힘들던지. 또 목회자로서 사는 것이 얼마나 힘들고 어려운지. 살아야 될 삶을 못사니까 죄에 대해서 얼마나 고통을 또 확인하는지, 이러면서 자꾸만 자꾸만 낮추시더라고요. 또 낮아지고.. 그 낮아지기가 힘들어가지고 기도를 많이 했어요. 하나님 나 좀 이제는 데려가주세요. 나는 목사로서 자격도 없고, 믿는 사람으로서 자격도 없고, 나는 아무 가치도 없고 죽는 게 내게는 제일 좋은 것입니다. 안 데려가시더라고요.

자꾸 자꾸 조금 조금 낮추시는 중에 하나님께서 은혜를 주셨어요. 무슨 은혜냐. 예수님은 하나님이란 걸 정말로 알게 됐습니다. 천지를 만드신 하나님이 성경대로 육신의 몸을 입고 하나님의 성령으로 잉태되셔서 이 땅에 오셨구나. 예수님은 하나님이시구나. 십자가의 사건이 교리가 아닙니다. 지식이 아닙니다. 사건이고 진짜 사실이라는 걸 하나님 은혜로 알게 되었습니다.

십자가에서 죽으시면서 하나님을 만나는 길이 열리고, 그러니까 제 눈앞에 전도해서 구원받은 사람이 필름같이 지나가요. 그래서 예수님을 구주로 영접하면 하나님 자녀가 되구나. 사탄의 머리를 깨뜨렸다는 게 사실로 믿어지면서 지나갑니다. 예수 믿고 귀신 떠난 사람이 지나가면서 예수님은 마귀 머리를 깨뜨리신 승리하신 왕이시구나. 인류의 모든 죄를 짊어지시고 십자가에서 죽으셨다는 것이 진짜로 믿어지면서 내 마음속에 시커먼 것이 툭하고 떨어지는데 눈에 보이지 않습니다. 그냥 시꺼먼 것이 툭 떨어지는 데 마음이 편안해집니다.

저는 그 때 예수님을 믿었다고 생각되지 않습니다. 그 전에 예수님을 구주로 고백하고 기뻤고, 전도했고, 열매있고, 하여튼 무엇인지는 모르지만 어둠이 툭 떨어진 평안이 오는데 그때부터 지금까지 어떤 환경도 어떤 사람의 말도 어떤 일도 제 마음 속에 있는 평안을 뺏어갈 수가 없었습니다.

우리는 예수 그리스도를 통해서 하나님과 화목 되었습니다. 예수 그리스도를 통하지 않고는 하나님과 화목 될 수 없습니다. 하나님과 화목 되고 가정이 화목 되고, 인간관계가 화목 되고 이것이 그리스도인의 삶이십니다. 인간의 범죄는 하나님과의 화평 관계를 깨뜨린 것입니다. 관계를 깨뜨린 것입니다.

그 관계가 깨어지고 나니까 집에서 형이 동생을 쳐 죽이는 살인 사건이 나고 가정이 파괴되고, 가정의 화평이 깨뜨려지고 인간관계가 깨어지고,

민족 간에 전쟁이 일어나게 되고, 여러분, 예수 그리스도를 통해서 하나님과 우리가 화평이 이루어졌으니까 화평을 이루는 성도가 되시기 바랍니다.

우리는 예수님의 이름으로 하나님께 나아갈 수 있고, 하나님은 예수님의 이름으로 우리에게 임마누엘 함께 하십니다. 그 길 외에는 하나님과 우리가 화평 되는 길이 없습니다.

그러므로 바울은 말하기를, 1-2절, '우리 주 예수 그리스도로 말미암아 하나님과 화평을 누리자 또한 그로 말미암아 우리가 믿음으로 서 있는 이 은혜에 들어감을 얻었으며 하나님의 영광을 바라고 즐거워하느니라.'라고 했습니다.

1절에서 11절까지 즐겁다는 단어가 3번 나옵니다. 2절에 즐거워하느니라, 3절에 즐거워하나니, 11절에 보면 즐거워하느니라. 예수 믿는 사람의 특징은 기쁨입니다. 즐거움입니다. 환경을 초월하는 즐거움입니다. 혹시라도 여러분이 별로 즐겁지 않다. 그러면 여러분 믿음을 점검하셔야 됩니다.

우리가 죄인 되었고, 멸망하고, 좌절하고, 소망이 없고, 지옥 갈 우리가 하나님의 아들 예수님을 통해서 십자가에 죽으심으로, 피 흘리심으로, 구원받아서 해방 받고, 내 안에 예수 생명이 있고 하늘의 소망이 있는데 즐거움이 없다면 안 믿어서 그렇습니다. 불신앙하는 자가 되지 말고 믿는 자가 되어야 합니다. 적어도 그리스도인은 예수님 생각할 때마다 내 마음속에 감격과 즐거움이 있어야만 바른 신앙입니다.

내가 믿노라고 주여, 주여 하면서 내 마음 속에 기쁨이 없고 즐거움도 없고, 불평불만이 가득하고, 사람들에게 정죄하고, 비판하고, 싸우고 다투고 그러면서 내가 예수 믿는다면 무엇인가 아닙니다. 안 믿든지 신앙이 병들었든지 둘 중에 하나입니다.

건강한 신앙은 예수 그리스도를 통해서 구원의 은혜를 받아 기쁘고 즐거워하고, 하나님을 좋아하게 됩니다. 하나님을 사랑하게 됩니다. 그래서 그는 하나님을 기쁘게 해드리려고 예배드리고, 하나님을 즐겁게 해드리기 위해서 순종하고, 하나님의 일을 기쁨으로 감당하는 것입니다. 억지로 하는 것이 아닙니다. 구원의 은혜가 있습니다.

우리가 예배 잘 드리는 것 중요합니다. 하나님은 예배를 통해서 많은 은혜와 복을 주시고, 기도 생활도 중요하고, 헌금하는 것도 중요하고, 봉사하는 것, 전도하는 것 다 중요합니다. 그러나 그보다 더 중요한 것이 있습니다. 예수님을 하나님 아들 그리스도로 내가 진짜 믿는 믿음으로 내 마음 속에 기쁨과 즐거움이 있어야 합니다. 이것이 없으면 아무것도 아닙니다. 하나님의 은혜 때문에 기쁨과 감사로 하나님을 사랑하는 마음이 내 마음 속에 일어나야만 바르고 참된 믿음인 줄로 믿으시기 바랍니다.

고린도전서 13장을 보면, "천사의 말을 할지라도 사랑이 없으면 아무 것도 아니요 산을 옮길 만한 모든 믿음이 있을지라도 사랑이 없으면 내가 아무 것도 아니요 내 몸을 불사르게 내줄지라도 사랑이 없으면 아무것도 아니라"고 했습니다. 신앙의 중요한 본질은 하나님의 사랑을 깨닫고, 발견하고, 느끼면서 살아가는 것입니다. 그 사랑이 내 집이, 사업이 잘되고 자식이 잘되고 건강하고가 아니라, 내 안에 계시는 예수 그리스도인 줄 것입니다.

저는 개척 교회를 하고, 목회생활하면서 목사가 되었지만, 하나님의 사랑을 세밀히 늘 느끼지 못했습니다. 하나님이 저를 사랑한다고 말하고, 피상적으로 알지만, 구체적이고 실제적으로 느끼지 못했어요. 그런 중에 1990년인지 1991년인지 지하실 교회를 할 때입니다. 새벽 기도를 마치고 기도하는 중에 하나님께서 깨달음을 주셨어요.

그때 사람들이 보기에는 주를 위해서 일한다고 했는지 몰라도 저는 저를 위해서 일했습니다. 빨리 교회 부흥시켜서 큰 교회 목사가 되고, 그래서 큰 교회 한다고 말하고 싶고, 그게 무슨 하나님의 영광을 위하는 것입니까? 나를 위하는 것이지요. 새벽 기도를 마치고, 나를 위해서 열심히 노력했던 게 필름처럼 지나가는데 전부 실패였습니다. 눈꼽 만큼도 주를 위해서 수고하고 기도했던 건 전부 복이 되어 있었습니다.

그때, 깨달았습니다. 하나님은 나보다 나를 더 사랑하시는구나. 그 후에 예수 그리스도를 통해서 하나님의 사랑의 확증을 알고, 하나님이 내 안에 그리스도를 주신 것은 하나님의 사랑이구나. 깨닫고 나니까 그 후부터는 하나님의 사랑에 대해서 의심할 수가 없습니다. 어려움이 오든지 사람들에게 욕을 먹든지 비판을 받든지 고난을 받든지 전혀 관계없이 하나님이 저를 사랑한다는 것을 확신할 수 있었고 그 예수님을 사랑하면 내 마음 속에 감격이 있고 기쁨이 있고 감사가 있고요.

이 예수님이 여러분 안에 똑같이 계십니다. 그 예수님을 저보다 더 확실히 믿는 축복이 있기를 주의 이름으로 축원합니다. 우리는 하나님의 형상대로 지음 받았기 때문에 나를 위해서 살면 나에게 가장 해가 되는 것입니다. 하나님의 영광을 위해서 살면 내게 가장 축복이 되는 것입니다. 이웃을 위해서 살면 내가 사랑받는 길이 됩니다.

기독교의 진리는 역설적입니다. 나만을 위해서 살면 그는 하나님의 사랑을 받을 수도 없고 사람의 사랑을 받을 수도 없습니다. 정말 우리가 하나님의 그 사랑을 느끼고 깨닫고, 하나님의 사랑이 가슴 속에 예수 그리스도로 느낄 수 있다면 그 기쁨 때문에 예배드릴 수 있다면 하나님이 기뻐하는 예배가 됨을 믿습니다.

2절. '우리가 그 은혜로 말미암아 … 하나님의 영광을 바라고 즐거워하느니라.'

우리는 예수님을 알지 못해서 하나님을 알 수가 없었어요. 예수님을 통해서 하나님의 능력을 알게 되고, 사랑을 알게 되고, 풍성을 알게 되고, 지혜를 알게 되고, 하나님의 그 놀라운 은혜를 알게 됩니다. 그래서 우리가 예수로 말미암아 하나님을 알게 되고 그 영광에 이르게 되고, 또 우리는 하나님 나라의 유업을 잇는 상속자가 되었습니다. 그러니까 감사하고 기뻐한다고 표현하는 것입니다.

3절. '다만 이뿐 아니라 우리가 환난 중에도 즐거워하나니 이는 환난은 인내를, 인내는 연단을, 연단은 소망을 이루는 줄 앎이로다.'

지금 저의 믿음은 이렇습니다. 기쁘고 좋은 일이 있으면 천국에 안 가고 싶습니다. 그런데 굉장히 어렵고 힘든 일이 있으면 천국에 빨리 가고 싶습니다. 바울은 우리하고 조금 다르더라고요. 하나님 나라를 보고 와서 좋은 일이든지 나쁜 일이든지 천국에 빨리 가는 게 소원이라고 하더라고요.

왜 우리에게 때로는 환난이 있습니까? 너무 좋은 일만 있으면 천국 갈 마음이 없습니다. 그리고 하나님 부르시면 시험에 듭니다. 왜냐? 안 가고 싶은데 왜 자꾸 부르시냐. 그런데 환난이 있고 어려움이 있고 고통이 있으면 천국에 빨리 가고 싶습니다. 그래서 천국을 생각하고 바라보고 소망하게 되는 것입니다.

여러분, 이 세상에 그리스도인이 살면서 아무 일이 없는 것이 아닙니다. 어떤 면에서는 예수 믿는 사람에게 더 어려움과 환난이 있을 수 있습니다. 요셉에게 환난이 있고, 다윗에게 환난이 있고, 모세에게 어려움도 고난도 있습니다. 그렇지만 우리는 그 어려움과 환난과 고난이 우리에게 더 인내를 만들고 연단을 통해서 하늘의 소망을 주심을 믿으시기 바랍니다.

우리는 완전한 존재가 아닙니다. 지혜를 주신 것은 하나님의 놀라운 은혜와 복인데도 더 하나님께 감사해야 되는데, 인간은 그 지혜를 통해서 자기 업적을 나타내면서 하나님을 대적하고 불신하고, 인간의 부패된 모습입니다. 그렇기 때문에 늘 좋은 일만 있다가 성숙되서 하나님 나라를 바라보고 살면 좋은데 그런 수준의 사람이 별로 없습니다. 그러니 우리가 환난을 통해서 인내를 만들고, 연단을 통해서 더욱 하나님의 소원을 확실하게 알게 됨을 믿습니다.

5절, '소망이 우리를 부끄럽게 하지 아니함은 우리에게 주신 성령으로 말미암아 하나님의 사랑이 우리 마음에 부은 바 됨이니.'

이 소망이 부끄럽지 않다는 말은 확실히 믿을 만하고 보장할 소망입니다. 하나님 나라의 소망은 하나님이 약속한 것입니다. 어느 나라의 지도자가 약속한 것이 아니고, 힘이 없는 우리 사람이 약속한 것이 아니고, 하나님의 약속이십니다.

바울은 말하기를, '나는 선한 싸움을 싸우고 나의 달려갈 길을 마치고 믿음을 지켰으니 이제 후로는 나를 위하여 의의 면류관이 예비 되었으므로 주 곧 의로우신 재판장이 그 날에 내게 주실 것이며 내게만 아니라 주의 나타나심을 사모하는 모든 자에게도니라.' 고 했습니다.

사람의 진정한 궁극적인 목적은 하나님의 나라입니다. 예수 믿지 않는 사람은 이 땅에 육신적이고 뭘 먹을까, 뭘 입을까, 뭘 즐길까, 뭘 할까, 이렇게 살다가 죽음에 임박했을 때 두려워하고 좌절하고 허무를 느낍니다. 길이 없습니다.

그렇지만 그리스도인들은 주님을 위해서 하나님 앞에 살다가 우리는 죽음 앞에서도 소망 가운데 편안히 주님 나라에 갈 수 있습니다. 스데반은 돌을 맞아가면서도, '아버지 내 영혼을 부탁하나이다 그리고 이들이 하는 일을 알지 못하나니 저들의 죄를 용서하여 주시옵소서.' 라고 기도했습니다. 그는 죽음 앞에서 편안히 하나님께 영혼을 부탁할 수 있는 은혜가 있은 줄로 믿습니다.

한 10년 전쯤인지 몰라요. 우리 교회의 집사님 한 분이 한 30평되는 아파트를 사가지고 이사를 갔는데, 제가 축하한다고 했더니, "목사님 축하할 게 아니에요. 너무 너무 허무합니다." 라고 했습니다. 왜 그게 허무합니까? "목사님, 제가 이 집을 사기 위해서 20년 수고를 했습니다. 과연 내 생명 20년을 소비하면서 이 집을 살 가치가 있습니까? 나는 너무 허무하니다." 저는 그렇게 말하는 사람 별로 못 봤어요.

우리가 집 사려고 이 땅에 태어났습니까? 집이 필요 없다는 말이 아닙니다. 그러나 집이 목적은 아닙니다. 우리가 돈을 많이 벌기 위해서 이 땅에 태어났습니까? 돈을 많이 버세요. 그러나 목적은 아닙니다. 이유는 놓고 가기 때문에. 집도 사고 돈도 많이 벌고 배우기도 많이 하고. 그러나 더 하나님의 나라를 위해서 많이 사용되시기 바랍니다. 그것이 진정한 하나님 나라의 소망이 있는 축복된 성도의 삶입니다.

그렇기 때문에 우리가 세상에 살면서 하늘의 소망이 없다면 얼마나 허무한 인생입니까. 공부를 저렇게 수십 년을 배워가지고 얼마 못쓰다가 그 사람의 목숨을 하나님께서 부르면 아무 소용없습니다. 돈도 그렇게 벌고, 돌아가실 땐 빈손으로 가요. 영원한 소망을 위해서 살아가는 것이 참된 지혜입니다.

> 6-8절. '우리가 아직 연약할 때에 기약대로 그리스도께서 경건하지 않은 자를 위하여 죽으셨도다 의인을 위하여 죽는 자가 쉽지 않고 선인을 위하여 용감히 죽는 자가 혹 있거니와 우리가 아직 죄인 되었을 때에 그리스도께서 우리를 위하여 죽으심으로 하나님께서 우리에 대한 자기의 사랑을 확증하셨느니라.'

우리에게 가정을 주신 것도 하나님의 사랑입니다. 일할 수 있다는 것도 하나님의 사랑입니다. 건강도, 자녀도 다 사랑입니다. 모든 게 하나님으로부터 왔기 때문에 그렇습니다. 그러나 성경에는 그것 때문에 하나님의 증거라고 말하지 않습니다. 어떤 면에서는 일반 은총에 더 많이 속합니다. 불신자에게도 있는 것입니다.

성경에는 하나님의 사랑이라 증거라고 말하는 것은 예수 그리스도를 우리에게 주신 것입니다. 하나님이 세상을 이처럼 사랑하사 독생자를 주셨으니 이는 그를 믿는 자마다 멸망하지 않고 영생을 얻게 하려 하심이라.' 독생자를 주셨습니다.

요한일서 4장 10절, '하나님이 우리를 사랑하사 우리 죄를 속하기 위하여 화목 제물로 그 아들을 보내셨음이라.' 본문에도 우리가 아직 죄인 되었을 때라는 말은 자격 없고, 가치 없고, 하나님의 사랑받을 대상자가 아니에요. 그러니까 그 사랑이 더 크다는 것입니다. 대통령을 위해서 죽는 사람은 더러 있겠지만 살인자를 위해서 죽는 사람이 어디 있겠습니까? 우리가 아직 죄인 되었을 때에. 얼마만큼. 하나님이 자기 아들을 보내실 만큼. 십자가에 죽으실 만큼 우리를 사랑하신 줄 믿습니다. 제가 십 몇 년 전에 로마서를 강의했는데, 로마서 5장을 강의하러 들어가기 전에 기도했어요. "하나님, 하나님은 우리를 사랑하신다고 그러셨는데 그리스도를 주신 것이 하나님의 사랑의 확증이라고 하셨는데 그 사랑이 얼마나 큰 사랑입니까?" 저에게 이런 깨달음이 왔습니다. 하나님은 전능하셔서 천지를 만드실 때 말씀으로 만드셨어요. 빛이 있으라 하매 빛이 있었고, 전부 다 말씀으로 안 하는 게 없습니다. 우리에게는 복도 말씀으로 주시고 말씀으로 다 하셨습니다. 그런데 우리를 위해서 구원할 때는 말씀으로 하신 것이 아니라, 친히 사람으로 오셔서 피 흘리고 고난 받고 저주받아 죽기까지 하면서 우리를 구원하셨습니다. 하나님이 우리를 이렇게 사랑하시는구나.

전에, 조그만 교회를 목회했습니다. 오르막을 올라가는데, 하나님께서 나를 이 세상에서 최고로 사랑하신다는 거예요. 너무너무 행복했습니다.

그런데 남한테 말을 못해요. 온 세상 사람이 얼마나 많은데 나를 최고로 사랑하신다는 것입니다. 기쁘기는 기쁜데 사람한테 말을 못했어요. 제가 며칠을 다니면서 기도했어요. "내가 지금 하나님이 이 모든 사람보다 저를 사랑한다고는 느끼는데 제가 돌았습니까? 왜 이리 자꾸 느끼고 행복합니까?" 기도하는 중에 이런 깨달음이 왔어요. 하나님은 사람하고 같지 않다. 사람은 최고라면 한 사람밖에 없습니다. 하나님은 모든 사람 구원 받은 사람을 다 최고로 사랑할 수 있는 분이라는 걸 느꼈어요. 아 맞구나.

여러분, 한 사람이 천하보다 귀하다고 했어요. 저를 최고로 사랑하는 하나님은 여러분을 온 우주보다 최고로 한 사람, 한 사람을 사랑하는 사랑으로 우리를 사랑하십니다. 그 하나님의 은혜와 사랑을 느낀 후로는 어떤 어려움이 있더라도 사랑에 대해서 흔들림이 없었어요. 사랑에 흔들림이 없으니까 늘 하나님 은혜에 감사할 것 밖에 없었습니다.

하나님이 우리를 사랑하는 가장 중요한 증표는 손가락에 있는 가락지가 아니고, 월급봉투가 아니고, 건강이 아니라 우리 속에 계시는 예수 그리스도이십니다. '우리가 아직 죄인 되었을 때에 그리스도께서 우리를 위하여 죽으심으로 하나님께서 우리에 대한 자기의 사랑을 확증하셨느니라.' 하나님의 말씀과 성령을 통해서 여러분 안에 예수 그리스도께서 계신다면 하나님은 여러분을 최고로 끝까지 사랑하는 사랑으로 사랑한다는 것을 믿으시기 바랍니다.

어떤 환경 속에서도 하나님은 나를 사랑하신다는 것을 믿으시고, 그것에 대한 확실한 믿음이 있다면 여러분 마음 속에는 날마다 날마다 하나님의 은혜에 감사와 감격이 있을 것입니다. 하나님을 사랑하게 될 것입니다. 하나님 앞에서 구원받은 성도를 사랑하게 될 것입니다. 구원받지 못한 불신자도 사랑하게 될 것입니다. 내가 때로는 약해질 때마다 통회하며 하나님 앞에 나아가게 될 것입니다. 그의 삶은 하나님과의 화평의 삶이요 즐거움과 기쁨의 삶이 될 것을 믿습니다.

9절, '그러면 이제 우리가 그의 피로 말미암아 의롭다 하심을 받았으니 더욱 그로 말미암아 진노하심에서 구원을 받을 것이니 곧 우리가 원수 되었을 때에 그의 아들의 죽으심으로 말미암아 하나님과 화목하게 되었은즉 화목하게 된 자로서는 더욱 그의 살아나심으로 말미암아 구원을 받을 것이니라 그가 살으신 부활을 보니까 우리가 구원받는 게 확실하다. 그뿐 아니라 이제 우리로 화목하게 하신 우리 주 예수 그리스도로 말미암아 하나님 안에서 또한 즐거워하느니라.'

예수님 때문에 하나님과 화목하게 됐으니 우리에게는 즐거움이 있습니다.

9강 | 롬 5:12-20

　우리는 우리가 하나님의 자녀가 되고, 하나님의 시민권을 갖는데 목숨 걸지 않습니다. 누구든지 주의 이름을 부르는 자마다 구원을 얻으리라. 하나님의 크고 놀라운 일이지요. 왜 인간에게 고난이 오고, 죽음이 오고, 고통이 오고, 가난이 오고, 갈등이 오고, 괴로움이 오느냐? 성경은 모든 사람이 죄를 범하였으매 하나님의 영광에 이르지 못하매 그게 죄라고 했습니다.

　죄에는 많은 죄가 있지요. 여러 가지 죄가 있는데 성경에는 근본적인 죄가 아담을 통해서 모든 사람에게 죄가 왔다는 것입니다. 아담의 죄가 뭐냐? 하나님을 반역하고 거부한 죄라는 것입니다. 선악과를 따먹은 죄는 단순히 윤리적이고 탐욕적인 죄가 아니라 하나님을 반역한 죄라는 것입니다. 하나님과의 관계가 끊어진 죄입니다. 이 죄는 아담 한 사람이 지은 죄가 아니라는 것입니다. 우리는 때로 아담 때문에 우리가 이렇게 고생한다고 하는데 아담이 범죄할 때 모든 사람이 동참되었다고 성경은 말합니다. 그것을 보고 대표원리라고 해요.

　창세기 5장에서 보면 하나님이 아담을 지을 때는 하나님의 형상대로 지으셨어요. 하나님의 형상이란 말은 죄가 없는 거룩한 자로, 축복된 자로 만들었기 때문에 행복했습니다. 영원히 살았습니다. 하나님과 대화했습니다. 하나만 지키면 됩니다. 하나님을 하나님으로 믿기만 하면 됩니다. 인간이 지은 죄는 그게 싫다는 것입니다. 내가 하나님이 되겠다는 것입니다.

예수 믿는 사람이 왜 행복하지 않고 하나님의 응답을 받지 못하고, 하나님이 살아계심을 경험하지 못하고 사느냐면 하나입니다. 예수님을 구주로 믿는다고 고백은 해놓고 내가 하나님 자리에 가있기 때문에, 내가 하나님 자리에서 내가 계획하고 결정하고 판단하고 모든 것 하기 때문에, 하나님의 응답을 잘못 받고…이것을 죄라고 말하고 있습니다.

예수님을 믿는다는 것은 그가 나의 하나님 되심과 나의 주인 되심, 구주 되심을 믿는 것입니다. 모든 일에 예수님을 나의 구주로, 하나님으로 인정하면 살아계신 하나님을 날마다 경험하게 될 것입니다. 솔로몬은 잠언서에 '범사에 그를 인정하라 그리하면 너희를 지도하시리라.'

믿음이라는 건 내 편에서 그 분을 믿어주는 게 아니라, 예수님이 하나님의 아들 되심과 우리 구주되심과 그리스도 되심과 이 땅에 죄없이 오셨을 뿐 아니라, 우리를 위해서 죽으시고 죄 없기 때문에 다시 살아나셔서 우리 주가 되심을 고백하고 그 분을 영접하는 것입니다. 관계가 회복되는 거지요. '영접하는 자 곧 그 이름을 믿는 자에게는 하나님의 자녀가 되는 권세를 주셨으니.'

선악과는 궁금해서 따먹은 게 아니에요. 하나님 되고자하는 불신앙과 불순종과 반역의 마음이었습니다. 그것이 하나님께 죄에요. 자녀가 공부를 좀 못할 수도 있고 말 안 들을 수도 있습니다. 그러나 나를 낳아주신 아버지를 아빠라 그리고 어머니를 엄마라고 하면 가정에서는 자유입니다. 맘대로 잘 수 있고 먹을 수 있고 맘대로 할 수 있습니다.

아무리 공부를 잘 하고 착하고 훌륭해도 아버지에게 아저씨, 어머니에게 아줌마라고 불러 봐요? "집에서 나가라." 그러지요. 자녀가 부모에게 가장 큰 죄는 공부 못하는 게 아닙니다. 부모님을 부모로 부르지 않고 인정하지 않는 것이 죄듯이, 인간이 하나님께 지은 죄가 그것입니다. 그래서 아담 한 사람으로 말미암아 죄가 이 땅에, 모든 사람이 하나님을 떠난 죄에 동참한 것이십니다.

우리의 구원은 한 사람 예수 그리스도를 통해서 이 땅에 오신 것입니다. 그리스도는 아담의 육체를 입어야 합니다. 사람을 구원하기 위해서는 사람의 몸을 입고 오신 분이어야 되는 것입니다. 그래서 요한복음 1장 14절에 말씀이신 하나님이 사람의 몸을 입고 이 땅에 오셨다고 말씀하신 것입니다. 그러나 그 육체는 아담이 받은 죄인 된 사람으로 오시면 안 됩니다. 아담의 후손으로 오시면 안 됩니다. 그래서 창세기 3장 15절에 여자의 후손으로 오셔야 된다고 했습니다.

아담의 후손은 다 죄인이기 때문에 그렇습니다. 하나님이 아담을 만들 때는 하나님의 형상으로 만들었는데 아담이 범죄 한 이후에 아들을 낳았을 때는 아담의 형상, 죄인의 형상으로 낳았습니다. 그래서 하나님께서 하나님의 영인 성령으로 처녀의 몸에 동정녀에게서 태어나셔서 우리 구주가 되심을 믿습니다. 아담과 같이 육체를 가지고 있어야 되지만, 그러나 아담과 같은 죄는 없어야 됩니다.

그렇기 때문에 아담 이상이면 하나님 밖에 없습니다. 하나님은 천지만물을 만드실 때 사람을 하나님 형상대로 만드셨기 때문에 그 이상은 없습니다. 그래서 하나님이 이 땅에 오셔서 우리를 구원하여 주심을 믿습니다. 예수님을 통해서 믿는 의의 그 혈육과 세력은 놀랍고 엄청납니다. 죄는 아담을 통해서 왔지요. 하와가 먼저 따 먹었는데 왜 남자인 아담보고 죄인이라고 합니까? 아담이 대표이기 때문입니다. 피조물인 아담을 통해서 죄가 이 땅에 와서 모든 사람이 죄에 가둬졌어요. 죄는 피조물인 아담을 통해서 이 땅에 죄가 온 것입니다.

우리가 의롭게 되는 구원은 피조물인 아담이 아니라 하나님이신 예수님이 이 땅에 오셔서 죽으심을 통해서 우리에게 주신 구원입니다. 아담을 통해서 온 죄의 세력보다는 그리스도를 통해서 얻는 의의 세력은 비교할 수 없을만큼 크고 강한 것입니다. 누구든지 주의 이름을 부르는 자마다 구원을 얻으리라고 했습니다. 어떤 죄인도 얼마나 오랫동안 하나님을 거부한 죄인도 예수님을 구주로 믿기만 하면 그 시간에 해방 받고 용서받는 이유는 하나님의 아들인 예수 그리스도의 십자가의 보혈을 통한 세력은 세상에 어떤 세력보다 강한 세력이기 때문입니다.

아담인 피조물을 통해서 죄가 왔다면 의인은 하나님으로부터 온 것입니다. 예수님 한 편에는 강도가 살인 강도이지만 주의 나라갈 때 기억해 달라고 할 때 예수님께서 말씀하시기를, '너와 함께 오늘 낙원에 있으리라.' 고 하셨습니다. 우리가 믿는 예수님의 십자가의 보혈의 능력은 어떤 죄와 사망 권세에서도 우리를 이기고 넉넉히 구원할 수 있는 은혜인 줄 것입니다. 죄가 아담을 통해서 왕 노릇했지만 의인은 예수 그리스도의 의를 통해서 왕 노릇하게 되는 것입니다.

> "우리가 흙에 속한 자의 형상을 입은 것 같이 또한 하늘에 속한 이의 형상을 입으리라."(고전 15:49)

흙에 속한 자의 형상은 아담의 형상입니다. 피조물의 형상으로 우리가 태어났지만 하나님이 우리를 구원한 것은 피조물인 사람을 통해서 구원한 것이 아니라 하나님이 친히 이 땅에 오셔서 사람으로 오셨을 뿐만 아니라 죽으시고 죄 없기 때문에 다시 살아나셔서 구원한 은혜이기 때문에 우리의 구원은 하나님 나라의 형상을 입는 줄로 믿으시기 바랍니다.

우리의 구원이 얼마나 크고 놀라운지 하나님은 의로워서 그냥 죄인을 용서하면서 죄 없다 이렇게 못해요. 하나님도 할 수가 없습니다. 그래서 하나님이 친히 오셔서 인류의 죄를 위해서 대신 죽으시고 죄없기 때문에 다시 살아나셔서 하나님 우편에 계시면서 믿는 자에게 계셔서 하나님도 의롭고, 우리도 의롭게 하는 방법이 십자가와 부활의 진리입니다.

그러므로 진리는 반드시 십자가와 부활을 통해서만 구원받는 것입니다. 이 진리를 우리가 정말로 믿는다면 이 땅의 구주는 예수님 한 분 밖에 없다는 것을 알게 될 것입니다. 예수님을 하나님 아들 그리스도로 구주를 믿는 모든 사람들은 죽으면 죽었지 바뀔 수가 없었습니다.

이 복음을 전하기 위해서 사도들이 순교하고, 전도 다니다 순교당하고, 이것이 1년이 아닙니다. 수천년 동안 이를 위해서 순교했던 이유는 다른 길이 없기 때문에 그런 줄로 믿으시기 바랍니다.

구원받은 상태는 다시 죽고 지옥 같은 상태가 아니에요. 아담이 지음받을 때는 하나님 형상대로 행복하게 지음을 받았지만 그는 땅에 있는 자였습니다. 우리가 아담의 후손이기 때문에 땅에 있는 자의 형상을 입음같이 예수님은 하늘에 있는 자의 형상이십니다. 그 예수님을 믿는 자는 하나님 나라를 상속받는 하나님 자녀가 된 것입니다.

우리가 받은 구원은 세상에 어떠한 것도 비할 수 없는 가장 귀하고 값진 것입니다. 그보다 귀한 것은 이 땅에 아무것도 없습니다. 좋은 자리에 취직이 됐다고요. 자녀가 좋은 자녀가 되고 성공해서 집을 샀다고요. 비교할 수가 없습니다. 이것을 정말로 믿는 사람은 두 가지 현상이 일어납니다. 하나는 구원 받은 은혜 때문에 늘 기쁘고 감사합니다.

예수 믿는 것이 늘 기쁘고 감사하지 않다면 십자가의 능력이 없는 것이 아니라 우리의 믿음이 약한 것입니다. 더 믿으세요. 더 확실히 믿으세요. 사도 바울은 이 믿음과 확신을 가지고, 자기의 모든 기득권은 버리고 아는 지식을 버리고 물질을 버리고 배경을 버리고 때로는 매를 맞고 고난을 당하고 억울함을 당하고 죽음의 위기에 있었지만 바울 속에 있는 기쁨을 아무도 뺏어갈 수가 없었습니다.

이 은혜와 기쁨은 바울에게만 주신 것이 아니라 우리에게도 똑같은 그리스도를 주신 줄로 믿으시기 바랍니다. 당연히 기뻐하고 당연히 감사하고 당연히 즐거워해야 맞지요. 복음은 기쁜 소식입니다. 인류에게서 최고 기쁜 소식은 하나님 아들인 그리스도가 이 땅에 오신 것입니다. 그래서 하나님 아들인 예수님이 이 땅에 오실 때 하늘의 천군 천사가 찬양한 거에요 영광을 높인 것입니다. '하나님께 영광이요 땅에서는 하나님이 기뻐하신 사람들 중에 평화로다.'

하나님이 그렇게 우리를 사랑해서 고대하고 고대하던 수천년 동안 예언하고 기다린 그 사건이 일어난 사건이 성탄의 사건입니다. 그 예수님이 오셔서 십자가에서 죽으시고 부활하심으로 구원을 이루시고 완성하신 것입니다. 그래서 예수님이 다 이루었다. 누구든지 믿기만 하면 하나님의 자녀가 되는 놀랍고 큰 은혜, 우리 신분이 변해서. 사탄의 권세 아래 있고 사탄에 속한 자가 하나님의 자녀가 되었습니다.

피조물인 우리가 영원히 망할 수 없는 하나님 나라의 상속자가 된 것이 복음의 비밀입니다. 하나님께서 죄인 된 우리에게 주시는 놀랍고 큰 은혜가 바로 창조자인 하나님이 구원에 개입하신 것입니다. 그래서 피조물인 우리를 영원한 하나님의 자녀, 하나님 나라를 잇게 하는 그런 놀라운 은혜 주심을. 믿기를 주의 이름으로 축원합니다. 이것을 정말 믿으면 내가 어떻게 기쁘지 않을 수가 있습니까?

진짜 믿는 사람은 소원을 갖게 됩니다. 내 가정, 내 사랑하는 친구, 내 이웃, 내 민족, 이 사실을 알지 못하는 자에게 내가 힘을 다해서 수고하고, 기도하고, 사랑하고, 섬기고 알려주는 것이지요. 전도는 하란 말이 아니에요. 우리에게 구원의 은혜 감격이 있으면 나는 모든 사람에게 빚진 자라는 바울의 고백같이 "내가 전할지라도 자랑할 것이 하나도 없음은 전하지 않으면 내게 화가 미칠 것"이라고 했습니다.

내가 복음을 부끄러워하지 아니한다고 했습니다. 얼마나 예수님을 믿으셨습니까. 얼마나 예수님을 아십니까. 얼마나 예수님을 믿으십니까. 정말로 믿으시기 바랍니다. 기독교의 진리는 우리만 믿는 것도 아니고 1년 된 것도 아닙니다. 수천년 동안 많은 사람들이 믿고 예수님 앞에 나의 주, 나의 하나님이라고 고백했습니다.

우리의 불신앙과 악함과 부패된 마음과 우리 교만한 마음 때문에 우리는 전적으로 그분을 받아드리기를 거부하지 않습니까. 예수 믿는 것은 하나의 종교이고 악세서리가 아닙니다. 주님은 우리를 위해서 이 땅에 오셔서 피 흘리기까지 희생하신 우리의 주인이고, 사실이며, 역사적 사건이며 진리입니다. 믿는 자에게는 하나님께서 주시는 기쁨과 은혜가 넘침을 믿습니다.

12-13절, '그러므로 한 사람으로 말미암아 죄가 세상에 들어오고 죄로 말미암아 사망이 들어왔나니 이와 같이 모든 사람이 죄를 지었으므로 사망이 모든 사람에게 이르렀느니라 죄가 율법 있기 전에도 세상에 있었으나 율법이 없었을 때에는 죄를 죄로 여기지 아니하였느니라.'

이것이 대표원리입니다. 다시 말하면 모세가 오기 전에, 율법이 오기 전에도 죄인은 죄인이에요. 아담도 죄인이고 아브라함도 죄인이었습니다. 그러나 죄가 어떤 건지 확실히 알지 못했다 그 말이에요. 예를 들어 제 속에 암이 있다고 가정해 봐요. 암이 있습니다. 그런데 몰랐어요. 편안했어요. 병원에서 진찰을 해보니까 내가 암이라네. 불안해지기 시작했어요. 암을 알려준 의사 선생님이 나쁩니까? 암을 모를 때가 편안합니까, 알 때가 편안합니까? 모를 때가 편안하지요.

법이 있기 전에 모세의 율법이 오기 전에도 우리는 죄인이에요. 얼마나 큰 죄인인지 잘 몰랐어요. 법이 있으므로 아 내가 저주가운데 하나님 떠나 있구나 사탄의 권세 아래 있구나. 모든 게 죄구나, 이 죄를 알아야 됩니다. 그래야 우리가 구원의 길에 하나님 앞에 손을 들게 됩니다.

내 마음, 내 속에 암이 있다면 이걸 진찰해서 암을 알아야지 그래야 치료를 받든지 뭘 할 것 아닙니까? 죄가 율법 있기 전에도 세상에 있었으나 율법이 없었을 때에는 죄를 죄로 여기지 아니하였느니라. 병이 뭔지 병으로 여기지 않았다는 것입니다. 법이 있고 나니까 죄가 이제 드러난 것입니다.

14절, '그러나 아담으로부터 모세까지 아담의 범죄와 같은 죄를 짓지 아니한 자들까지도 사망이 왕 노릇 하였나니 아담은 오실 자의 모형이라.'

법이 있기 전에도 다 죄 가운데 있었어요. 사망이 왕 노릇 했어요. 아담이 오실 자의 모형이란 말에는 두 가지의 뜻이 있습니다. 첫째로는 대표 원리 아담이 대표됐듯이, 예수 그리스도는 구원자의 대표 원리가 됨을 믿으시기 바랍니다. 둘째 모형은 아담이 하나님의 형상으로 죄없이 지음 받은 것 같이 예수님도 하나님의 형상으로 죄가 없습니다.

'예수 그리스도는 하나님의 형상이니라.' (고후 4:4)

다른 게 있습니다. 아담은 하나님의 형상대로 죄 없이 지음 받았지만 그는 피조물이요 땅에서 낳고 산 영이 된 것입니다. 예수 그리스도는 하나님이시고 하늘에서 오셨고 살려주시는 영이 되신 줄 믿습니다. 모형이란 말은 똑같다는 것이 아닙니다. 예표한다는 것입니다. 그래서 아담이 죄 없음 같이 예수님만이 죄 없이 오실 분인 줄 예표된 것입니다.

15절, '그러나 이 은사는 그 범죄와 같지 아니하니 곧 한 사람의 범죄를 인하여 많은 사람이 죽었은즉 더욱 하나님의 은혜와 또한 한 사람 예수 그리스도의 은혜로 말미암은 선물은 많은 사람에게 넘쳤느니라.'

아담 한 사람으로 말미암아 거기 전부 다 동참해서 죄인이 됐습니다. 구원은 다르다는 것입니다. 구원은 하나님의 아들인 예수님이 오셔서 대표로 다 구원을 이루었어요. 십자가에 못 박힘으로 사탄의 머리를 깨뜨려놓으시고, 하나님 만나는 길을 열어놓으시고, 죄를 십자가에 못 박아 다 이루었다고 했지만, 누구만? 믿는 자만 구원받습니다.

모든 인류가 예수님이 십자가에 달렸다고 구원받는 게 아니에요. 달라요. 아담은 모든 사람이 죄에 동참했기 때문에 죄인이지만, 구원은 예수님이 십자가에서 구원하셨기 때문에 누구든지 믿는 자만 구원받을 줄 것입니다. 그러니까 감기약을 지어놓고 안 먹으면 효과가 없습니다. 밥이 많지만 내가 먹어야 배가 부르듯이. 그래서 누구든지 믿어야 됩니다. 남편이 믿는다고 아내가 구원받는 게 아니에요.

또한 다른 것은 아담은 하나님의 형상대로 지음 받았지만, 예수님 안에서 우리가 받은 구원은 아담 정도가 아니고 하나님 나라를 상속받는 하나님의 자녀 되는 놀라운 은혜를 받았습니다. 이 구원의 은혜가 얼마나 크고 놀라운지, 오늘 하나님의 성령과 말씀을 통해서 우리에게 주신 하나님의 사랑과 은혜가 얼마나 큰지 깨닫고 믿고 하나님 앞에서 기뻐하시기 바랍니다.

16절, '또 이 선물은 범죄 한 한 사람으로 말미암은 것과 같지 아니하니 심판은 한 사람으로 말미암아 정죄에 이르렀으나 은사는 많은 범죄로 말미암아 의롭다 하심에 이름이니라.'

수없이 많은 죄가 예수님 한 사람으로 말미암아 의롭게 되었습니다.

17절, '한 사람의 범죄로 말미암아 사망이 그 한 사람을 통하여 왕 노릇 하였은즉 더욱 은혜와 의의 선물을 넘치게 받는 자들은 한 분 예수 그리스도를 통하여 생명 안에서 왕 노릇 하리로다.'

왕을 이길 사람이 있습니까? 모든 사람이 죄를 범하니 죄가 왕 노릇했어요. 그것 때문에 인류의 모든 사람은 죽게 돼 있어요. 사망을 이길 사람은 아무도 없습니다. 사망이 왕 노릇 했듯이 예수 그리스도를 내가 구주로 영접해서 하나님의 자녀 되면 의가 나를 왕 노릇해요. 우리가 체질이 온전히 변하지 못해서 때로는 죄에 빠지고, 실수하고, 실패하기도 하지만 우리의 신분은 변하지 않습니다.

우리가 고백하고, 자백하고, 회개하고, 우리 속에 계시는 예수 그리스도의 성령이 우리를 다시 살려서 결국은 생명으로 승리하게 하는 은혜가 믿는 자에게 주시는 은혜입니다. 결국 의가 승리하고 나를 다스려서 왕 노릇하는 줄 믿습니다.

18-20절, '그런즉 한 범죄로 많은 사람이 정죄에 이른 것 같이 한 의로운 행위로 말미암아 많은 사람이 의롭다 하심을 받아 생명에 이르렀느니라 한 사람이 순종하지 아니함으로 많은 사람이 죄인 된 것 같이 한 사람이 순종하심으로 많은 사람이 의인이 되리라. 율법이 들어온 것은 범죄를 더하게 하려 함이라 그러나 죄가 더한 곳에 은혜가 더욱 넘쳤나니'

율법이 오면 죄를 더 많이 짓는다, 이 말씀이 아니에요. 법이 있기 때문에 내가 하나님께 얼마나 죄인임이 드러나게 되고, 죄인임을 많이 깨닫게 되는 것입니다. 은혜를 받으면 받을수록, 예수님을 알아 가면 알수록, 하나님을 알아 가면 알수록, 빛에 가까이 갈수록 내 죄가 깨달아집니다.

예수님을 믿지 않을 때는 하나님을 안 믿는 게 죄인지 몰라요. 예배 안 드리는 게 죄인지 몰라요. 사랑하지 않는 게 죄인지 몰라요. 기도하지 않는 게 죄인지 모르고, 전도하지 않는 게 죄인지 모르고, 하나님께 헌신하지 않는 게 죄인지 모르고 그게 뭐가 죄냐? 예수 안 믿는 게 뭐가 죄냐. 그런데 예수님을 믿고 나니까 아 이것이 죄구나 정말 큰 죄구나. 하나님을 경외 안 하는 게 죄구나. 사랑하지 못한 것도 죄구나. 죄를 자꾸 깨닫게 됩니다. 목사님 이렇게 죄가 많은 데 어떻게 살아갑니까?

우리가 구원받지 못하고 용서받지 못할 죄인인데 하나님의 은혜는 더 큰 것이지요. 이런 우리를 주님께서 사랑하셔서 십자가에 죽으심을 통해서 믿는 자에게 하나님 자녀 되는 은혜를 주시고, 주의 성령을 선물로 주셔서 우리 안에 계시며, 영원히 떠나지 않는 은혜를 주셨습니다.

법이 있기 때문에 자꾸 죄가 드러나는 것입니다. 우리가 주님 앞에 나올 때 하나님의 말씀을 들을 때 죄를 느끼게 되는 것입니다. 하나님의 성령으로 감화로 죄를 느끼게 되지요. 그때마다 죄를 자백하고. 예수님을 구주로 영접하지 않는 사람은 신분이 하나님 자녀가 아니에요. 소속이 아니에요.

예수 믿는 사람도 실수할 수 있는데 이 죄는 자녀로서의 잘못입니다. 내가 정말 내 죄 때문에 하나님의 아들이 이 땅에서 십자가에서 죽으시면서 피 흘리면서 나를 위해서 죽으셨다는 걸 정말로 믿으면 약해서 몰라서 실수할 수 있지만 내가 이제 자녀 되었으니 괜찮다, 이것은 될 수가 없습니다. 심리적으로 그게 안 되게 되었어요.

늘 "하나님, 나를 불쌍히 여겨주시옵소서. 나는 약합니다." 이런 은혜를 받았는데 내가 또 실수했습니다. 가슴을 치고 애통하면서 주님의 말씀을 지켜나가면서 수고하고 기도하고 노력함을 통해서 조금조금 나아져가는 것을 보고 성화의 과정이라고 합니다.

오년 전보다는 우리가 믿음도 나아지고 행동도 나아져야 됩니다. 이것이 정상적입니다. 일년 전보다 나아져야 합니다. 이십년 전이나 십년 전이나 지금이나 똑같다. 그걸 보고 기적이라고 합니다. 어떻게 나무가 살아있는데 똑같다. 말이나 됩니까? 생명의 특징은 성장과 변화입니다. 예수 그리스도의 생명이 우리 안에 있다면 당연히 변화되는 건 이상한 게 아니에요. 당연한 것입니다. 우리 자신이 예수님 때문에 변화되고 치료받고 성숙됐는데 은혜 받는 성도가 되시기 바랍니다.

나는 성장을 안 하고 다른 사람이 변화 받는 것에만 은혜만 받지 마시고, 내 자신의 신앙에 더 심각하게 고민하고, 기도하고, 말씀을 듣고, 변화받는 것이 지혜로운 사람입니다. 당연히 그래야 되지요. "이는 죄가 사망 안에서 왕 노릇 한 것 같이 은혜도 또한 의로 말미암아 왕 노릇 하여 우리 주 예수 그리스도로 말미암아 영생에 이르게 하려 함이라." 우리가 받은 복이 얼마나 큰 지 몰라요. 피조물로서 받은 것이 아니라 창조주가 이 땅에 오셔서 우리에게 주시는 창조주의 은혜. 죄의 세력보다 크지만 의의 세력은 비교할 수 없을 정도로 더 크기 때문에. 누구든지 예수 믿고 구원 못 받을 사람이 없습니다.

십자가의 능력은 놀라운 능력이고 하나님의 능력인줄로 믿습니다. 이것을 정말로 믿는 사람의 특징은 감사와 기쁨이에요. 때로는 핍박을 받으면서 손해를 보면서 매 맞으면서 죽으면서도 알려주는 것입니다. 이것이 전도입니다. 하나님을 기쁘시게 하는 교회와 성도되시기를 축복합니다.

10강 | 롬 6:1-14

요한복음 15장에 보면 예수님께서,

나는 포도나무요 너희는 가지니, 가지가 나무에 붙어있으면 열매는 절로 맺는 것이고, 가지가 붙어있지 않으면 열매를 맺을 수가 없다고 말씀하셨습니다. 이 말씀 속에는 굉장히 중요한 진리가 있습니다. 가지가 나무에 붙어있다는 것은 구원을 설명하는 것이고, 가지가 나무에 붙어있어야만 나무를 통해서 물과 진액과 영양분을 공급해서 아름다운 열매를 맺게 되는 줄 믿습니다. 허물과 죄 가운데 죽었던 우리가 예수 그리스도를 통해서 하나님의 자녀가 되었습니다.

두 가지로 인간의 문제가 있습니다. 어떻게 하면 구원을 받을 것이냐. 예수님으로 믿음으로 구원받습니다. 어떻게 살 것이냐. 그 말씀 속에서도 가지가 나무에 붙어있기만 하면 됩니다. 거기에는 열매가 있는 것이고 무성함이 있는 것이고 힘이 있는 것이고 창대함이 있는 줄 믿습니다.

1절, '그런즉 우리가 무슨 말을 하리요 은혜를 더하게 하려고 죄에 거하겠느냐.'

사도 바울의 무슨 반문이 무슨 뜻이냐면 5장 20절에 보면, "율법이 들어온 것은 범죄를 더하게 하려 함이라 그러나 죄가 더한 곳에 은혜가 더욱 넘쳤나니."라고 함으로써 죄가 많은 곳에 은혜가 넘쳤다, 그러면 우리가 은혜를 더하기 위해서 죄를 더할 수 있겠냐는 반문입니다. 더 풍성한 은혜를 체험하기 위해서는 죄를 많이 지어야겠다, 이런 논리로 생각할 수 있는 사람도 있을 수 있다는 것입니다.

그러나 그렇지 않다는 것입니다. 정말 틀린 논리입니다. 그런 이유는 '그럴 수 없느니라.' 강한 부정이에요. 절대로 그럴 수 없다. '죄에 대하여 죽은 우리가 어찌 그 가운데 더 살리요.' 우리가 예수 믿고 구원받았다는 것은 죄에 대해서 죽었다는 것입니다.

죽은 사람이 걸어 다니는 거 본 사람 있어요? 죽은 사람은 걸어 다닐 수가 없습니다. 호흡할 수도 없습니다. 소리칠 수도 없습니다. 육신의 죽음은 영혼과 육체의 분리입니다. 육신의 죽음의 특징은 육신의 감각이 없어져요. 땅에 묻어도 답답하지 않습니다. 화장을 해도 뜨겁지 않습니다. 먹을 수도 없습니다. 이것이 육신의 죽음이에요.

우리가 죄에 죽었는데 어떻게 죄에 더 거할 수가 있겠느냐. 이 말씀의 진정한 의미는 죄를 많이 지어야 은혜를 많이 받는다는 뜻이 아니라 죄를 많이 깨닫고 발견하는 자에게 하나님이 거저 주시는 은혜가 더 크게 많이 느껴진다는 것인 줄로 믿습니다. 신학적으로는 이 죄를 깨닫는 것도 우리 마음대로 깨달을 수 없다고 가르칩니다.

인간은 죄가 뭔지도 몰라요. 그래서 요한복음 16장에, "내가 떠나가지 아니하면 보혜사가 너희에게로 오시지 아니할 것이요 가면 내가 그를 너희에게로 보내리니 그가 와서 죄에 대하여, 의에 대하여, 심판에 대하여 세상을 책망하시리라." 그 전에는 우리가 죄라는 건 통상적인 죄입니다. 사기치고, 거짓말하고, 살인하고 이것이 죄라고만 생각하지요. 성경은 죄라 함은 너희가 나를 믿지 아니함이요 하나님 모르고 하나님 안 믿는 게 제일 근본 죄라고, 불신자들은 모르는 것입니다. 하나님의 성령이 조명해야 아 내가 죄인이구나. 성령 충만할수록 뭘 발견하느냐면 우리의 죄를 더 크게 깊게 깨닫고 절망하는 것입니다.

우리는 우리 자신이 죄에 대해서 철두철미하게 고통해보고, 절망해보고, 좌절해보고, 해 봐야 구원의 은혜가 얼마나 기쁘고 큰 걸 더 크게 느낍니다. 일부러 죄인인 척하고, 죽는 척 하지마세요. 하나님의 성령께서 우리를 조명하시면 정말 우리는 구원받을 수 없는 사람이구나. 자녀될 수가 없고 하나님의 사랑을 받을 수 없고 은혜를 받을 수도 없는 고통과 저주 가운데 있어야 마땅하다는 것입니다. 이것이 "허물과 죄로 죽었고 너희는 하나님을 떠나서 공중 권세 잡은 자를 따랐고 본질상 진노의 자녀였던 우리" (엡 2:1)라고 표현하고 있습니다.

예수님을 믿으면 믿을수록 저를 포함해서 사람이 어찌 그리 악한지요. 또 성령의 충만함을 받으면 받을수록 또 하나가 발견됩니다. 하나님의 놀라운 은혜가 발견됩니다. 하나님의 얼마나 큰 은혜냐. 하나님의 아들을 이 땅에 보내사 내가 죽고 저주받아야 될 장소에 대신 죽게 하시고, 하나님의 선물로 믿음을 통해서 하나님의 자녀가 되어 신분을 변화시키시고, 우리 속에 성령으로 영원히 떠나지 않고 기도의 응답을 주시고, 진리 가운데로 인도하시고, 감화 감동하시고, 하늘의 시민권을 주시고, 상속자가 되게 하시고, 믿지 않을 때 생각할 수도 없는 참 평안을 누리게 하십니다. 이것은 은과 금으로 얻을 수 있는 수준의 것이 아닙니다.

"누가 우리를 그리스도 예수의 사랑에서 끊으리요 칼이나 적신이나 환난이나 핍박이나 기근이나 어떤 피조물에게서도 우리를 끊을 수 없다."

왜요? 주님께서 우리를 사랑하는 사랑은 피조물의 사랑이 아니라 창조자의 사랑이십니다. 아가페 사랑. 그 하나님이 우리에게 사랑을 주시는 것입니다. 바울은 죄를 많이 지어서 은혜를 많이 받는 것이 아니라 죄를 많이 발견할수록 하나님의 은혜가 더 크다고 했습니다.

저는 죄를 너무 많이 지어서 예수 믿게 되었고, 신앙생활을 하면서 늘 죄 때문에 갈등과 고통이 많았어요. 죄를 안 지으려고 노력하고, 회개하고, 또 짓게 되고, 또 회개하고 "하나님 한 번만 용서해주세요 그럼 다시는 안 하겠습니다." 그래서 또 용서받은 느낌이 있어 가지고 "감사합니다." 이렇게 몇 번을 계속하고 나니까 힘이 확 빠지더라고요. 맨날 안 진다 그리고 또 짓고. 제가 예수 믿으면서도 하나님 은혜가 너무 큰 지 몰라서.

이런 과정 속에서 하나님이 우리를 사랑하시는 그 큰 사랑이 온 우주보다 비교할 수 없는 그의 아들을 통해서 우리를 구원하시고, 자녀로 삼으시고, 망할 수 없는 신분을 주셨다는 것을 하나님의 은혜로 확실히 믿게 됐어요. 확실히 믿고 나니까 하나님의 사랑에 의심이 없습니다. 제가 참 못된 인간이었다고 했지요. 목사가 되었는데도 성경을 읽으면서 하나님 뜻대로 이런 건 안 읽고 넘겼어요. 부담스러워서.

그러면서 마음속에 말은 못하지만 하나님은 맨날 자기 뜻대로 하라고 하고 내 뜻대로는 언제 하는 거야. 그런데도 하나님이 나보다 나를 더 사랑해서 최고인 그리스도를 주시고, 최고 좋은 것을 주시고, 최고 좋은 환경을 주시고, 이걸 알고 나니까 하나님이 좋아지더라고요. 그래서 하나님의 뜻이 좋아지고, 하나님의 말씀이 좋아지고, 하나님이 일을 하는 게 좋아지고, 순종이 좋아지고, 물론 100%라는 말은 아닙니다. 제가 편안해져요.

하나님이 우리에게 주신 큰 은혜와 놀라운 사랑을 발견하고, 깨닫고, 그 하나님께 우리의 삶을 맡겨드리면 최고의 삶을 사는 것입니다. 왜냐? 이 세상 임금은 사탄 마귀 원수에요. 우리 스스로가 이길 수 있는 대상자가 아니에요. 세상에는 공부 많이 하는 사람도 지고, 돈 많은 사람도 지고, 건강한 사람도 지고, 착한 사람도 지고, 어떤 사람도 마귀를 이길 수 있는 사람이 없습니다. 오히려 마귀의 종이 됩니다.

"우리의 씨름은 혈과 육을 상대하는 것이 아니요 통치자들과 권세들과 이 어둠의 세상 주관자들과 하늘에 있는 악의 영들을 상대함이라."(엡 6:12) 어떻게 우리가 마귀를 이길 수 있어요? 승리하신 우리 주 예수님 따라가면 승리합니다.

3-4절, '무릇 그리스도 예수와 합하여 세례를 받은 우리는 그의 죽으심과 합하여 세례를 받은 줄을 알지 못하느냐 그러므로 우리가 그의 죽으심과 합하여 세례를 받음으로 그와 함께 장사되었나니 이는 아버지의 영광으로 말미암아 그리스도를 죽은 자 가운데서 살리심과 같이 우리로 또한 새 생명 가운데서 행하게 하려 함이라.'

이 세례라는 말은 장례친다, 우리가 예수님을 믿고 세례를 받음으로 세례는 구원의 표입니다. 세례를 받으므로 구원받는 게 아니고 구원받은 자가 세례를 받는 것입니다. 혹시 예수님을 구주로 영접했는데 세례를 못 받아도 구원은 받은 것입니다. 필요 없는 것도 아닙니다. 하나님께서 세례와 성찬을 할 때 하나님의 신령한 은혜가 임함을 믿습니다.

바울의 논리가 뭐냐면 우리가 다시 죄에 거할 수 없는 이유는 예수님을 구주로 영접해서 연합했으면 우리 옛사람은 이미 예수님이 십자가에서 죽을 때 죽었다는 것입니다. 사탄의 권세 아래 있던 사람, 지옥 갈 사람, 죄의 사람. 그것은 죽었고 예수님이 부활하심같이 우리는 새로운 피조물로서 하나님의 자녀로서 태어났다고 말씀하시는 거지요. 우리는 전혀 다르게 했으니까.

공급을 누구로부터 받아요? 예수 그리스도를 통해서. 옛날에는 하나님의 은혜와 성령의 역사로 공급을 받을 수 있는 존재가 아니었어요. 이제는 예수님을 통해서 내 옛사람이 죽고 그리스도 안에서 새사람으로 살게 하셨어요. 이유는 새 생명으로 살게 하기 위해서.

로마서 11장 17절에 보면 바울이 이방인의 구원에 대해서 이렇게 말합니다. '돌감람나무인 네가 그들 중에 접붙임이 되어 참감람나무 뿌리의 진액을 함께 받는 자가 되었은즉' 세상에서는 안 좋은 나무에다가 좋은 나무를 잘라가지고 안 좋은 나무에 붙여요. 그럼 그 진액이 접붙인 데부터는 좋은 나무가 됩니다. 그래서 좋은 열매를 맺어요. 그런데 예수님은 좋은 나무는 유대인들을 비교했어요. 좋은 나무가 있는데 이방인은 돌감람나무에요. 이걸 잘라가지고 좋은 감람나무에 붙였어요. 그랬더니 이 돌감람나무가 좋은 감람나무가 된 열매를 맺는다는 것입니다. 유대인의 관습에는 올리브나무거든요. 감람나무가. 좋은 올리브나무에 돌감람나무를 갖다 붙이면 이것이 진액이 돼서 좋은 올리브나무가 된다고 그래요. 찾아보니까 그래요.

우리의 구원은 열심히 하고, 노력하고, 착하고, 공로가 많아서 점수가 되어서 받은 구원이 아니라, 하나님께 범죄하고 하나님을 떠난 인간이 예수 그리스도를 통해서 하나님과 화목 되어서 관계가 회복된 것을 설명하고 있습니다. 예수님을 구주로 영접했다는 것은 좀 수양해서 나아진 것이 아니라 근본적으로 바뀌어져 버린 것입니다. 가지가 나무에 붙어있어 바뀐 것입니다. 돌감람나무를 잘라서 참감람나무에 붙였듯이 죽은 영혼이 생명을 얻게 된 것입니다.

그러므로 이제는 좋은 감람나무 열매를 맺는 것이 마땅한 것입니다. 가지가 나무에 붙어있으면 열매를 맺는 것이 마땅한 것입니다. 그렇기 때문에 사도 바울은 죄에 죽은 우리가 어떻게 더 죄를 짓는다고 말하느냐? 그것은 말도 안 된다. 어불성설이다.

5절, '만일 우리가 그의 죽으심과 같은 모양으로 연합한 자가 되었으면 또한 그의 부활과 같은 모양으로 연합한 자도 되리라.'

저와 여러분이 예수님을 믿을 때 하나님이 성령을 주셔서 우리 속에 예수 그리스도께서 계시고 영원한 생명이 있다는 것은 예수님이 부활하심 같이 우리가 생명을 얻은 것이고, 선물로 받은 것이고, 우리도 주님 오는 그날 주님이 첫째 부활의 열매로 일어남같이 부활할 줄로 믿으시기 바랍니다.

예수님께서, "무릇 살아서 나를 믿는 자는 영원히 죽지 아니하리니 이것을 네가 믿느냐." 장례를 가면 사람이 자는 거구나, 주님 올 때는 이런 썩어질 몸으로 병든 몸으로 늙고 약하고 가난하고 괴로운 몸이 아니라 영광스러운 몸으로 늙지 않고 죽지 않는 강한 몸으로, 제한된 몸이 아니라 신령한 몸으로. 무엇 때문에? 예수 믿는 그 한 가지 사실 때문이지요. 참으로 우리에게 주신 하나님의 은혜는 측량할 수가 없습니다.

6-9절, '우리가 알거니와 우리의 옛 사람이 예수와 함께 십자가에 못 박힌 것은 죄의 몸이 죽어 다시는 우리가 죄에게 종 노릇 하지 아니하려 함이니 이는 죽은 자가 죄에서 벗어나 의롭다 하심을 얻었음이라 만일 우리가 그리스도와 함께 죽었으면 또한 그와 함께 살 줄을 믿노니 이는 그리스도께서 죽은 자 가운데서 살아나셨으매 다시 죽지 아니하시고 사망이 다시 그를 주장하지 못할 줄을 앎이로라.'

그가 죽으심은 죄에 대하여 단번에 죽으심이요 그가 살아 계심은 하나님께 대하여 살아 계심이니, 복음은 십자가와 부활. 왜 하나님은 영광스러운 보좌를 버리고 죄 없으신 분을 이 땅에서 죽게 하셨습니까? 하나님의 사랑과 공의 때문에. 왜 죽게 하시고 다시 살게 하셨습니까? 그 분은 죄가 없고 하나님의 아들이라는 증거. 사망권세를 깨뜨리고 지옥을 깨뜨리고 사탄을 깨뜨리고 영원한 우리에게 구주가 됨을 증거 하심을 믿습니다. 그뿐만 아니라 예수님의 십자가와 죽음은 우리 옛사람의 죽음을 예표한 것입니다. 그의 부활은 우리는 그리스도 안에 있는 새 생명을 얻는 구원 받음을 예표해줍니다.

그의 죽음은 단 번에. 구약시대의 제사는 단 번이 아니에요. 죄를 지을 때마다 양을 가져와서 또 죽이고 제사장이 바뀌고, 바뀌고. 그러나 주님의 제사는 단 번에. 한 번에 끝내났습니다. 한 방에. 구원을 다 끝내놓으셨다. 왜 완전하신 제물이시니까. 수천 년 동안 오신다, 오신다, 오신다고 한 그 실체이신 하나님의 아들이 오셨습니다. 짐승의 피가 아닙니다. 죄인 된 사람의 피가 아닙니다. 거룩하신 하나님의 아들의 피이기 때문에. 우리 구원은 아담 같은 정도가 아니라고 했잖아요.

아담은 하나님의 형상으로 축복되게 행복하게 지음 받았지만, 하나님께 범죄하고 떠날 수 있는 존재였지만, 우리의 구원은 그런 것이 아닙니다. 아담을 만드실 때는 흙으로 생기를 불어 넣어서 만드셨어요. 우리의 구원은 그렇게 하심같이 아니라 하나님이 친히 오셔서 창조자가 죽음으로 우리를 구원하신 은혜에요.

십자가의 보혈의 은혜는 측량할 수가 없는 놀라운 은혜입니다. 그 은혜 때문에 우리가 수고하지 않고 노력하지 않는 선물로 하나님의 자녀라는 어마어마한 신분을 받은 것입니다. 자녀니까 상속자가 된 것입니다. 아담의 후손으로 땅에 있는 형상을 입음같이 그리스도 안에서 이제는 하나님의 자녀로서, 하나님 나라에 우리 주 예수의 형상을 입게 되서 영원히 하나님 나라에 사는 존재가 된 것입니다.

세상에는 이런 정도의 은혜와 복을 받으려면 수천억을 줘도 안 됩니다. 수천억을 주고 구원받을 수 있는 사람 아무도 없습니다. 아무도 구원 못 받아요. 적게 해서 오억만 있으면 구원 받는다 해도 다 못 받습니다. 참 하나님의 은혜입니다.

11-14절. '이와 같이 너희도 너희 자신을 죄에 대하여는 죽은 자요 그리스도 예수 안에서 하나님께 대하여는 살아 있는 자로 여길지어다 그러므로 너희는 죄가 너희 죽을 몸을 지배하지 못하게 하여 몸의 사욕에 순종하지 말고 또한 너희 지체를 불의의 무기로 죄에게 내주지 말고 오직 너희 자신을 죽은 자 가운데서 다시 살아난 자 같이 하나님께 드리며 너희 지체를 의의 무기로 하나님께 드리라

죄가 너희를 주장하지 못하리니 이는 너희가 법 아래에 있지 아니하고 은혜 아래에 있음이라.'

갈라디아서 2장 20절에서 바울은 고백합니다.

'내가 그리스도와 함께 십자가에 못 박혔나니 그런즉 이제는 내가 사는 것이 아니요 오직 내 안에 그리스도께서 사시는 것이라 이제 내가 육체 가운데 사는 것은 나를 사랑하사 나를 위하여 자기 자신을 버리신 하나님의 아들을 믿는 믿음 안에서 사는 것이라.'

에녹이 300년 동안 하나님과 동행했더라. 하나님의 등에 업혀서 살았다, 우리가 예수님 믿고 구원 받아서 사는 것은 옛사람, 죄의 사람, 죽은 사람이 아니라 이제는 예수님 안에 있는 새 생명 가운데 사는 것입니다.

우리는 한 가지만 하면 됩니다. 우리 자신을 주님 앞에 부인하고 예수님이 나의 주인 되심을 항상 인정하고 고백하는 것입니다. 이러기 위해서는 우리 자신을 부인하고 하나님께 우리 자신을 던지기 위해서는 하나님이 어떤 분인가를 발견하셔야 됩니다.

하나님이 선한 분임을 믿으시기 바랍니다. 우리를 사랑하심을 믿으시기 바랍니다. 우리에게 은혜 베풀기를 원하심을 믿으시기 바랍니다. 우리의 구원을 위해 독생자까지 주시는 변함없는 완전하신 사랑을 주시고 가장 선하신 길로 인도하시는 좋으신 하나님이심을 확신하기 바랍니다.

그 하나님께 우리 인생을 맡길 수 있고, 내 삶을 맡길 수가 있고, 가정을 맡길 수가 있고, 내 직장을 맡기고, 사업장을 맡길 수 있습니다. 그렇게 사는 사람은 내가 사는 것 같지만 내 안에 그리스도께서 살아서 우리를 통해 많은 사람을 구원하게 하시고, 세상을 변화시키시고, 치료하시고, 귀신이 떠나가게 하시고, 제자 삼게 하시고, 말씀이 이루어집니다.

모세의 삶을 보면 가는 곳마다 하나님이 함께 하셔서 나일강이 피가 되게 하시고, 홍해가 갈라지고 반석에 물이 나게 하시고 광야에서 만나를 먹게 하셨습니다. 그러니까 유대인들이 예수님을 향하여 모세는 우리에게 만나를 주었는데 당신은 우리에게 무슨 표적을 주겠습니까? 예수님이 대답하시기를 "모세가 준 게 아니고 하나님이 주신 것이다. 모세가 준 만나는 먹고 죽었거니와 내가 주는 떡은 영원히 죽지 아니하리라." 언뜻 보면 모세가 한 것 같지만 사실은 모세 안에서 주님이 하신 것입니다.

다윗이 골리앗을 이김에서 사람들이 볼 때는 다윗이 싸운 것 같지만 실상은 주님이 싸우신 것입니다. 베드로가 성전 미문에 앉은 앉은뱅이를 향하여 은과 금은 내게 없거니와 곧 나사렛 예수의 이름으로 일어나 걸으라. 베드로보고 굉장한 저런 분이 계시냐, 앉은뱅이를 일으키시냐. 베드로는 왜 당신들이 나를 보느냐 우리의 모든 경건과 능력으로 이 앉은뱅이가 일어났다고 생각하느냐 나사렛 예수 이름으로 일어났느니라. 이것이 그리스도인의 삶입니다.

우리의 힘으로 의를 행하기 위해서 아무리 노력하고 노력할수록 더 절망에 빠집니다. 이것은 그리스도인이 사는 방법이 아닙니다. 예수 믿는 순간 우리 옛사람은 죽은 것입니다. 이제는 내 안에 예수님이 살아계십니다. 그 분이 우리 주인이십니다. 그 분은 의를 행하시기를 원하십니다. 우리를 지키고 인도하기를 원하심을 믿습니다. 바울의 삶도 마찬가지입니다. 나는 아무것 없어도 다 가졌고 사방으로 우겨쌈을 당하여도 싸이지 않는다고 했습니다.

하나님은 우리에게 이런 의의 삶, 승리의 삶, 축복의 삶 살기를 원하십니다. 불순종하면 이와 같이 어려운 게 없습니다. 너무 너무 힘들어요. 예수 안 믿을 때보다 믿고 나면 또 죄의식이 너무 힘들어요. 그러나 주님이 맡길 만한 분임을 알고, 우리를 사랑하고 축복함을 알고, 우리가 맡길 수 있을 때 이와 같이 쉬운 것은 없습니다. 예수님은 수고하고 무거운 짐 진 자들아 다 내게로 오라 내가 너희를 쉬게 하리라, 말씀하셨습니다. 저는 신앙생활 하면서 모든 것을 다 맡기고 그만큼 성숙되있지는 않습니다. 그러나 감사하게도 늘 하나님의 은혜와 평강가운데 감사함으로 살 수 있습니다.

저는 기도할 때, 목회를 잘하게 해달라고 요구해본 적이 없습니다. "주님, 주님은 교회의 머리이십니다. 머리되신 주님이 우리 교회를 다스려 주시옵소서. 저는 도구입니다. 종입니다. 주님의 도구로 사용하여 주시옵소서." 그 기도만 하는데 교회는 평안해요. 하나님이 구원의 역사를 이루십니다.

때로는 가끔 목사님들이 그럽니다. 목회 비결을 알려달라고. 가르쳐줄 것이 없습니다. 저는 하나도 아는 게 없습니다. 다만 기도합니다. 하나님, 하나님은 우리 교회의 주인이십니다. 주님은 우리 교회의 주인만 아니라 우리 가정의 주인이십니다. 생명의 주가 되십니다. 내 것이 아닙니다. 우리 자녀의, 직장, 사업장의 주인되십니다." 그분께 우리 자신을 맡겨드리면 주님은 우리를 의롭게 하십니다. 의의 병기로 사용하십니다.

사람들이 볼 때 내가 살아가는 것 같지만, 모세와 같이 저 사람 속에는 예수님이 계시구나, 이것이 기독교인의 삶입니다. 어려운 일이 아닙니다. 우리는 믿을만하지 않습니다. 우리의 결정은 완전하지 않습니다. 옳지도 않습니다. 악한 부패된 성품입니다. 믿을 수 없습니다. 우리 자신을 부인하고 예수님이 우리의 주가 되시고 그 분이 우리를 다스리게 우리 자신을 내놓으면 주님은 우리에게 승리를 주십니다. 의의 병기로 살아가며 항상 주님이 주신 은혜로 충만하게 됩니다.

11강 | 롬 6:15-23

로마서의 요절은 1장 17절입니다. '믿음으로 믿음에 이르게 하나니 기록된 바 오직 의인은 믿음으로 말미암아 살리라 함과 같으니라.' 사람이 의롭게 되는 길은 오직 믿음으로만 됩니다. 사람이 행함으로 노력하고 수고하면 좀 좋아질 수 있지만 아무리 착하게 살려고 노력해도 죄를 벗어날 수는 없습니다. 그래서 모든 사람이 죄를 범하였으매 하나님의 영광에 이르지 못하였으니.

로마서 6장에서 죄의 삯은 사망이라고 했어요. 어떤 사람이 죄를 안 짓고 살 수 있는 사람이 있겠습니까? 그렇기 때문에 행함으로는 구원을 받을 육체가 없다는 것이에요. 믿음으로만 의롭게 된다고 했는데, 믿음은 첫째로 하나님의 아들 예수님을 믿어야 된다, 왜 믿어야 되느냐면 인간이 하나님을 반역하고 떠났어요. 하나님을 반역하고 떠난 걸 보고 죄라고 합니다.

많은 사람들이 윤리적 개념으로만 죄를 이해하지만 성경에는 윤리적 개념도 있고 영적 개념이 더 근본적인 것입니다. 하나님을 떠나고 나니까 영적으로 죽게 되고, 사탄에게 잡혀 있고, 저주 가운데 있고, 인간이 갖고 있는 문제는 영적인 것입니다.

많은 사람들은 정치를 가지고 해결하려고 그래요. 정치 잘 하는 게 필요하지요. 백성을 위해서. 그러나 아무리 정치를 잘 해도 정치 가지고는 인간이 구원받을 수는 없습니다. 공부가 필요하지만 공부 가지고 안 되고, 착하게 살아야 하지요. 착한 거 가지고는 의로워질 육체는 없다고 하는 것입니다. 돈이 필요하지만 돈으로도 안 되는 것입니다. 돈 많은 사람도 여전히 어려움 있고 불행하고, 권력 있는 사람도 여전히 착한 사람도 여전히 문제가 있고, 정치 잘 하는 나라도 여전히 문제가 있고. 인간의 문제는 그 문제가 아니라 '모든 사람이 죄를 범하였으매 하나님의 영광에 이르지 못하였으니.'

죄가 문제입니다. 죄는 하나님을 믿지 않는 것입니다. 그 결과 모든 죄를 짓게 될 수밖에 없는 사람이 되었습니다. 이 영적인 문제는 노력으로 할 수 있는 것이 아니라 하나님이면서 사람이신 분이 이 땅에 오셔서 하나님의 법대로 죄에 대해서 죽음을 통해서 죄가 해결될 수 있다는 것입니다. 이것이 기독교의 진리입니다. 하나님의 아들이 이 땅에 오셔서 세상 죄를 지고 가는 하나님의 어린양으로 십자가를 지셔서 하나님을 만나는 길이 열렸어요. 지금도 누구든지 예수 믿는 사람은 하나님을 만나요.

여러분 속에 하나님의 성령이 계신다는 말은 구원받은 것이고 믿음으로 구원받았다는 증거입니다. 예수 이름으로 귀신에서 사탄에게서 해방 받고 떠나요. 예수 이름으로 저주가 떠나고 하나님의 은혜와 복이 있게 되었습니다. 예수님이란 분은 과연 죄가 없느냐. 죄 없다는 말은 원래부터 태어날 때부터 죄가 없다는 뜻과 이 땅에 살면서 죄를 안 지었다는 뜻입니다. 아담의 후손들은 다 죄 아래 있게 되어 있습니다.

창세기 5장에 보면 아담이 하나님께 지음 받을 때는 죄 없는 하나님의 형상으로 지음 받았는데, 죄를 짓고 나니까 아담이 자녀를 낳았어요. 아담의 형상으로 다 낳았어요. 아담의 모든 후손들은 우리와 같이 죄인으로 태어날 수 밖에 없습니다. 그러니 우리를 구원할 분은 아담의 후손으로 오시면 안 되고, 하나님의 영으로 동정녀에게 낳는 것을 보고 여자의 후손이라 그랬고 처녀의 몸에서 난다고 했어요.

예수 그리스도는 그렇게 해서 태어나신 분이기 때문에 원죄가 없으셔요. 또 이 땅에 살 동안 죄를 한 번도 안 지었다. 죄의 삯은 사망입니다. 예수님이 3일만에 다시 살아났다는 것은 죄가 없다는 증거입니다. 나사로가 죽어서 나흘만에 냄새나는데 예수님이 살리셨어요. 그걸 부활이라고 안합니다. 왜냐하면 그는 또 죽었습니다. 예수님이 다시는 죽음이 없는 부활의 첫 열매가 되셨다는 것은 원죄도 없고, 자범죄도 없고. 죽을 이유가 없는데 세상 죄를 지는 한 마리 어린양으로 십자가에서 죽으심을 믿으시기 바랍니다.

하나님께서 여호수아에게 너 가나안 땅에 들어가면 도피성을 만들어라. 도피성이란 건 강서 쪽에 동쪽에 3개씩 있는데, 나무를 하다가 도끼 자루가 빠져서 도끼가 앞에 있는 사람을 쳤어요. 죽었어요. 구약율법에는 눈에는 눈, 이에는 이, 도끼를 가지고 죽었기 때문에 그 아들들이 죽일 수 있어요. 도망을 갑니다. 도망을 가서 도피성 안에 들어가면 죽일 수 없습니다. 도피성 안에 들어가 따라가 죽이면 다 죽어요. 도피성 안에만 들어가면 됩니다. 거기서 사는 것입니다. 못나오고. 그런데 그 도피성 안에 있는 사람이 나와도 죽일 수 없는 때가 있습니다. 언제냐면 그 해의 대제사장이 죽으면 그 다음부터는 나와 살아도 못 죽여요. 그 해 대제사장은 오실 예수 그리스도를 예표하는 줄 것입니다. 이 사건이 예수님 오시기 전 1500년 전 사건들입니다.

예수님을 멜기세덱의 반차를 쫓은 영원한 제사장이요 양과 소가 아닌 친히 자기의 몸, 죄 없는 흠 없는 몸으로 죽으심을 통해서 인류의 모든 죄를 십자가에 못 박아놓고 구원을 이루신 분. 하나님의 성전에서 성소와 지성소가 있는데 휘장이 위에서 찢어졌다는 것은 하나님 만나는 길이 열렸다는 것입니다.

누구든지 예수님을 구주로 믿는다는 것은 하나님 자녀가 된다. 수 없는 인류가 그래서 다 구원받은 것입니다. 또 예수님을 영접하면 사탄의 머리를 깨놓으셨기 때문에 귀신이 물러간다. 왜 꼭 예수 그리스도의 이름으로만 그러느냐. 사탄을 이기신 분은 하나님의 아들이신 예수 그리스도밖에 없기 때문에 그럴 수 밖에 없는 것입니다. 우리는 죄와 저주에서 해방 받았기 때문에 어떤 죄인도 예수 안에서 용서받고 하나님의 은혜를 누리게 됨을 믿습니다.

믿음이라는 건 단순히 예수님을 믿는다는 것이 아니고 그 예수님이 하나님 아들 되심과 우리의 구주인 그리스도 되심을 믿는 것입니다. 그 분이 내 안에 계십니다. 교회에 다니는 게 중요합니다. 그러나 교회에 다니는 것이 믿음이 아니고 그 예수님을 내가 모셔야 한다, 관계를 맺어야 한다, 우리의 구원은 노력이나 공로나 열심이 아니고 믿음으로 구원받는다고 하는 것입니다. 구원받은 사람도 죄를 많이 느끼는 사람이 있고 적게 느끼는 사람이 있어요. 많이 느끼는 사람은 겸손하지요. 이것도 하나님의 은혜입니다.

성령이 조명하면 많이 느껴요. 죄를 많이 느끼는 사람은 이렇게 생각하겠지요. 나같은 사람은 지옥가야 마땅하다. 하나님께 버림받아야 마땅하고 쓰임받을 수 없는 사람이고, 지옥가야 되는데. 이런 내가 그냥 믿기만 했는데 내 수고가 아니고 예수님을 믿었는데 자녀가 되었고, 기도의 응답을 받게 되었고, 하나님 나라의 소망을 주시고, 늘 인도하시고, 지키시고, 생각할 때마다 너무 감사한 것입니다. 죄를 많이 느끼는 사람일수록 하나님 은혜를 많이 느끼지요.

그래서 바울은 로마서 5장 30절에서 죄가 더한 곳에 은혜가 더욱 넘쳤다고 했습니다. 죄를 많이 느낄수록 정말 나는 구원 받을 가치가 없는데 하나님 은혜를 더 많이 느끼는 것입니다. 사도 바울은 성경상으로는 허물을 많이 찾을 수 없지요. 그렇지만 그는 나는 죄인 중의 괴수로다. 누가 우리를 예수의 사랑에서 끊을 수 있겠느냐. 하나님께서 주신 사랑은 창조자의 사랑입니다. "그런즉 우리가 무슨 말을 하리요 은혜를 더하게 하려고 죄에 거하겠느냐 그럴 수 없느니라 죄에 대하여 죽은 우리가 어찌 그 가운데 더 살리요."(롬 6:1-2)

15절, '그런즉 어찌하리요 우리가 법 아래에 있지 아니하고 은혜 아래에 있으니 죄를 지으리요 그럴 수 없느니라.'

이 법 아래에 있다는 말은 율법 아래에 있다는 것이지요. 죄가 죄되는 것은 법이 있기 때문에 그래요 옛날에 우리가 휴지를 버리고 침을 뱉으면 경범죄로 안 잡아갔어요. 이제는 잡혀가요 법을 만들어서. 옛날에는 아파트에서 식당에서 담배를 피어도 괜찮았어요. 요즈음에는 잡혀가요, 법이 생겨서. 신호을등 안 지키면 벌금을 내요.

구약에는 하나님의 율법이 있으니까 살인하지말라, 이러면 법이 적용이 됩니다. 네 마음속에 형제를 미워하는 마음이 살인자다 법이 적용이 됩니다. 도둑질하지말라, 탐심하지말라, 적용이 됩니다. 우리는 예수님이 우리가 지킬 수 없으니까 대신 지키시고 십자가에서 죽으심을 통해서 우리가 믿음으로, 그 법 아래서 자유하고 죄 용서 받은 것입니다.

그라면 우리가 은혜 아래 있으니까 죄 지어도 되겠네? 이런 논리는 못된 논리지요. 은혜는, 성령의 카리스라는 말은 하나님이 우리에게 구원은 선물로 주셨는데 이제는 법 아래에 있지 않고 은혜 아래 있어요. 법은 모세로부터 왔고 은혜는 예수 그리스도를 통해서 오신 줄 믿습니다. 예수 그리스도 믿는 사람은 은혜 아래 있는 사람이에요. 은혜아래 있는 자는 틀림없지만 그것으로 하나님을 시험하는 것은 악한 것입니다. 사도 바울은 결코 그럴 수 없다.

16-17절, '너희 자신을 종으로 내주어 누구에게 순종하든지 그 순종함을 받는 자의 종이 되는 줄 너희가 알지 못하느냐 혹은 죄의 종으로 사망에 이르고 혹은 순종의 종으로 의에 이르느니라 하나님께 감사하리로다 너희가 본래 죄의 종이더니 너희에게 전하여 준 바 교훈의 본을 마음으로 순종하여 죄로부터 해방되어 의에게 종이 되었느니라.'

예수님을 믿기 전에는 우리가 의를 행할 수가 없었습니다. 행해도 안됩니다. 왜냐면 사탄의 권세 아래 있기 때문에 그 줄기가 사탄으로부터 계속 영향을 받기 때문에 하나님을 안 믿고 거부하고, 자기를 높이고 교만하고 죄악과 부패된 걸 좋아하는 사람이 되는 것입니다. 세상에서 아주 사람이 그럴 수 있냐 다 그럴 수 있는 것입니다. 의를 행할 수가 없는 신분이 되 버린 것입니다. 영적 줄기가 하나님이 아니고 사탄의 관계가 되니까 아무리 착하게 살라고 노력해도 실패하고. 그래서 하나님 믿지 않는 사람은 의를 행할 수가 전혀 없습니다. 윤리적으로 착하다고 할 수 있지요.

그런데 칼빈은 바이킹을 통해서 예화를 들었어요. 해적이 많은 배를 불사르고 강도짓을 해서 다이아몬드 반지를 훔치고, 돈을 훔치고, 다 훔쳐서 집에 아내에게 갖다 줍니다. 다이아몬드, 목걸이, 반지, 돈도 갖다 주고., 아내의 입장에는 너무나 훌륭한 남편이에요. 그런데 많이 갖다 줄수록 큰 죄를 지은 것이지요. 다시 말하면 하나님을 안 믿는 사람은 의를 행하는데 누구를 위해서. 자기를 위해서 사람을 위해서. 자기 명예와 권력과 행복을 위해서, 모든 게 자기를 위해서입니다.

인간이 범죄 한 것은 하나님의 말씀을 믿지 않고 불순종해서 자기가 하나님처럼 되기 위해서 죄에 빠진 것입니다. 어떤 의도 의가 되지 않는 이유가 여기에 있는 것입니다. 과거에 우리가 믿기 전에는 죄의 종이에요. 우리가 이제는 예수님 안에서 마음으로 순종하여. 예수님을 구주로 영접하는 것이 순종입니다.

마음으로 순종해서, 이제는 하나님의 종으로 그리스도의 종이 됐으니 의의 종이 된 것입니다. 우리에게는 부패적이며 약하고 습관적인 게 있어요. 예수님을 믿지만 예수님을 믿지 않을 때 하던 것을 가지고 온 사람들이 있습니다. 자꾸 죄를 지을 때가 있습니다. 우리 힘으로는 의를 행할 수가 없습니다. 우리는 의의 종이기 때문에, 의를 따라가야 되기 때문에, 우리 자신을 부인할 때만 의를 행할 수가 있습니다. 대장 예수님 믿고 따라갈 때만 행할 수 있습니다.

사도 바울은 '나는 날마다 죽노라, 날마다 나를 쳐 복종케 함은' 이라고 했습니다. 이런 자기 부인이 있기 때문에 일평생 동안 의를 행하고 주 앞에 살아갈 수 있는 자가 됩니다. 예수님을 믿는 것은 예수님을 닮아가는 것입니다. 처음에는 세상적으로 가도록 습관적으로 가다가 자꾸 버려지는 것입니다. 하나님의 말씀과 성령의 인도함을 받으면서 의의 열매를 맺어갑니다.

정상적인 그리스도인은 오래 믿을수록 예수님을 많이 닮아야 합니다. 비정상적인 그리스도인은 처음 믿을 때는 감사, 사랑, 기쁘고, 섬기고 잘하다가 믿을수록 교만해지고 불신자와 비슷하게 생활하고. 이것은 아니에요. 그리스도인이 살아가는 것은 성화의 과정이라고 합니다. 아무리 성화가 된다할지라도 완전하진 않기 때문에 하나님 나라 가서 성화된다. 영광스럽게. 우리는 우리 자신을 부인하는 것입니다.

예수님께서 말씀하셨습니다. '자기를 부인하고 나를 좇을 것이니라.' 우리가 가지고 있는 연약함, 부패함, 습관적인 것, 세상 육신적인 것을 좇아가면 자꾸만 악의 열매가 맺혀가는 것입니다. 우리 신앙의 삶이 예수 그리스도를 바라보고 가는 삶이십니다.

제가 청년 때 교사를 할 때, 여름 성경 학교 교사 수련회가 대단했어요. 그 때 서울에서 온 목사님 한 분이 예화를 들었는데 아직도 잊혀지지 않는 예화에요.

미국에 흑인이 노예로 있을 때 큰 부잣집에서 흑인 소년을 노예로 샀어요. 소년이 얼마나 성실한 지 몰라요. 주인이 보든 안 보든, 언제 보더라도 신실하고 성실해요. 주인이 감동을 받은 것입니다. 한 번은 흑인 노예를 불러서 그 앞에서 노예 문서를 찢었어요. 애야, 넌 이제 노예가 아니다. 내가 너를 아들로 삼겠다. 너는 내 아들이다. 너는 이제 이 일을 하지 않아도 된다. 네가 쉬고 싶을 때 쉬고, 먹고 싶을 때 먹고 마음대로 해라. 네. 감사합니다. 어디 갔다 오니까 얘가 또 일하고 있어요. 얘야 하지마라. 겁내지 마라 진짜다. 내 말 믿어. 넌 이제 내 아들이다. 어디에 갔다 오니까 또 일하고 있어요. 이제 좀 화가 나서, 너 내 말을 어떻게 듣는 거야. 내가 너를 아들로 삼았단 말이야. 다시는 일하지 말라고 화를 냈어요. 알겠습니다. 감사합니다. 갔다 오더니 또 일하고 있어요. 얼마나 화가 나는지 이제 대호통을 쳤어요. 너 그럼 노예를 또 할래? 내가 너를 얼마나 사랑하는데 아들로 삼았는데..

그 소년이 눈물을 뚝뚝 흘리며.. 아버지. 예전에는 노예로 일을 했지만 이제는 아버지의 아들로 일하고 있습니다. 이것이 신앙생활입니다. 과거에는 우리가 율법 아래에 있어서 죄의 종으로서 일했지만 이제는 예수님 아래서 의의 종으로 하나님의 자녀로 신분이 변했습니다. 이제는 내가 구원받으려고 노력하는 것이 아니라, 복받으려고 하는 것이 아니라, 잘 보이려고 하는 것이 아니라, 하나님의 사랑에 감사해서 하나님의 자녀로서 하나님의 일 하는 것입니다.

조화라는 말은 아름답다는 말입니다. 성경에는 이런 말씀이 많습니다. 그러므로 너희 옛사람을 벗어버리라. 육신을 벗어버리라. 위의 것을 찾으라. 세상 것을 벗어 버려라. 안 맞다. 너하고 안 맞다는 것입니다. 우리는 의의 종이 됐기 때문에 죄의 종이 된 믿지 않을 때 행동이 우리하고 안 맞습니다. 하나님 자녀에게는 의를 행하는 게 맞습니다.

주일에, 예배드리러 가는 게 성도에게는 어울립니다. 예배 안 드리고 골

프를 치러 가는 것이 안 어울립니다. 하나님께 찬양을 드리는게 어울리는 것입니다. 때로는 우리를 원망하고 불평하고 억울한 사람을 만나도 사랑하고 용서해 주는게 어울리지요. 성도는 하나님의 자녀로서 어울리게 살라고 하는 것입니다. 의의 종으로 살라고 말하는 것입니다. 우리는 과연 하나님 앞에서 하나님의 자녀로서 어울리는가? 우리의 신분으로서 어울리는가? 어울려야만 아름다운 것입니다.

세상에 많은 시끄러운 소리들이 들립니다. 장로님이 자살을 했느니, 권사님이 목사님이 집사님이 어떻게 했느니. 그런데 자세히 보면 예수님 안 믿는 사람들이 더 많이 해요. 안 믿는 사람도 예수믿는 사람에게 기대가 있어요. 당신들은 빛의 자녀이기 때문에 이러지는 않아야 될 것 아닌가 하는 기대가 있다고요. 당신들이 하는 거 보니까 어울리지 않는다는 이야기입니다.

우리는 빛의 자녀에요. 의의 종이에요. 기대치를 가지고 보는데.. 성경에는 우리의 신분을 끊임없이 말씀합니다. 아브라함아, 야곱아, 너는 내 것이다. 나는 너를 택했다. 우리는 하나님의 자녀 되었다. 하나님 나라의 시민권을 가졌다. 끊임없이 우리에게 말씀해주시는 이유는, 자녀로 살아라. 하나님의 자녀로 살라는 것입니다. 하늘에 소망 있는 자같이 살라는 것입니다. 이 세상에 모든 것을 다 추구하지 말고 그리스도인에게는 얼마나 많이 벌었느냐, 높은 자리 있느냐, 인기 있느냐가 목적이 아닙니다.

우리를 통해서 하나님이 얼마나 영광을 받으시느냐, 이것이 목적입니다. 사도 바울은 내가 죽어도 살아도 내 몸에서 그리스도가 존귀하게 되기를 원하노라. 예수님을 믿는다면서 모든 가치관이 불신자와 똑같아서 악하게 하고 남을 짓밟고 불복과 불의를 해서라도 높은 자리에 가면 성공이다, 이것이 불신자의 가치관입니다. 우리가 가질 수 있는 가치관이 아니에요. 죄의 종으로 있을 때의 가치관이에요. 천국은 가고 싶고 하나님의 사랑은 받고 싶고 하나님의 복은 받고 싶고 세상 것은 버리기 싫고 어쩌란 말입니까.

우리가 받은 복은 세상이 잠깐 있다 없어지는 그런 정도가 아닙니다. 우리는 하나님의 자녀입니다. 잠깐 살다가 없어지는 이 땅이 아니라 영원한 나라하나님 나라의 보장을 받았습니다. 이 땅에 살 동안도 우리 속에서 떠나지 않는다고 하십니다. 우리를 보호하고 지킨다고 하셨습니다. 그리스도를 아끼지 않으신 하나님께서 뭘 더 아끼시겠느냐. 우리에게 예수 그리스도를 주셔서 그 안에 지혜, 지식, 보화가 있다고 하셨고, 사도 바울은 최고 지식이라고 했는데 우리가 예수 믿는 가치를 잘 몰라서 그것이 우리에게 가장 큰 보물인 줄 몰라서 예수님께서 비유로 말씀하셨습니다.

어떤 사람이 길을 가다가 밭의 보화를 발견했어요. 다시 덮고 모른척하고 가서 주인에게 가서 밭을 팔라고 했어요. 자기 재산을 다 바쳐서 밭을 산겁니까, 보석을 산겁니까? 밭 때문이 아니에요. 보석 때문이에요. 복음은 이런 것이에요. 예수 그리스도를 믿음으로 의롭게 되어 지고 용서받고 하나님 자녀가 됩니다.

우리에게 성령을 선물로 주시고, 기도하면 응답받고, 하나님이 영원히 떠나지 않는 그런 신분을 주셨는데 이걸 가치 없다고 아무것도 아니라고. 죄의 종 아래 있는 사람같이 늘 바라보는 것이 세상적이고 돈이고.. 싸우고 지지고 볶고 … 이것은 그리스도인에게 맞지 않습니다. 조화스럽지 않습니다. 그래서 너희는 하나님 앞에서 의의 종이 되었다는 것입니다.

20-23절, '너희가 죄의 종이 되었을 때에는 의에 대하여 자유로웠느니라 너희가 그 때에 무슨 열매를 얻었느냐 이제는 너희가 그 일을 부끄러워하나니 이는 그 마지막이 사망임이라 그러나 이제는 너희가 죄로부터 해방되고 하나님께 종이 되어 거룩함에 이르는 열매를 맺었으니 그 마지막은 영생이라 죄의 삯은 사망이요 하나님의 은사는 그리스도 예수 우리 주 안에 있는 영생이니라.'

하나님이 우리 안에 계시고 영원히 망할 수 없는 자가 됩니다.

'내가 그들에게 영생을 주노니 영원히 멸망하지 아니할 것이요 또 그들을 내 손에서 빼앗을 자가 없느니라.' (요10:28)

우리는 이런 하나님의 사랑을 받았어요. 하나님의 것이 되었어요. 아무도 못 건드려요. 아멘. '죄의 삯은 사망이요 하나님의 은사는 그리스도 예수 우리 주 안에 있는 영생이니라.' 의의 종으로 살라는 것입니다. 우리는 은혜 아래 있는 자이기 때문에 의의 종으로 살아가는 것이 마땅합니다.

12강 | 롬 7:1-25

　나는 왜 이렇게 생겼을까. 왜 직장은 잘 되지 않을까. 이것은 왜 못할까. 결혼하면 또 갈등합니다. 아내와의 갈등, 자식과의 갈등, 직장 생활의 갈등. 그 갈등 중에 가장 심각한 갈등은 죄에 대한 갈등입니다.
　나는 왜 이렇게 죄를 짓지 않으면 안 될까? 죄를 안 지으려고 수고하고 노력할수록 더 절망에 빠지는 우리의 모습을 발견하게 됩니다. 그래서 죄를 안 짓기 위해서 노력하면 할수록 우리는 할 수 없는 자구나. 악한 자구나, 또한 죽음의 문턱에서는 죽음과 지옥의 두려움을 엄청나게 느낍니다. 이것을 많이 느끼는 사람일수록 구원받은 은혜의 기쁨이 넘침을 믿습니다.

　죄 용서함을 받은 그 은혜가 얼마나 큰지요. 지옥에 가지 않고 천국을 보장받은 우리의 신분이 얼마나 은혜 되는지 모릅니다. 그래서 예수 믿는 사람의 특징은 기쁨이고 평안이십니다. 예수 믿는 사람에게는 아무 갈등이 없느냐면 또 다른 갈등이 우리에게 있습니다.
　내가 예수님 믿고 하나님의 자녀가 되고 죄를 짓지 말아야 되는데 또 죄를 짓게 되는 갈등입니다. 그리고 죄를 자꾸 지으면 과연 구원받았을까? 또 이렇게 죄지음으로써 용서를 받을 수 있을까? 이런 내가 기도하면 하나님이 응답을 해주실까? 하나님이 나와 함께하고 떠나시지 않을까? 정말 내가 하나님 나라에 갈 수 있을까? 이런 갈등을 또 다르게 하게 됩니다.

저도 이런 갈등을 많이 했고 앞으로도 할 거라고 생각합니다. 제 청년 시절에 이 갈등 때문에 굉장히 괴로워했습니다. 어떤 죄를 짓게 됐는데 하나님께 간절한 마음으로 기도했습니다. "하나님, 한 번만 용서해주세요 다시는 죄를 짓지 않겠습니다." 왜 한 번 만이라고 했는지 아세요? 몇 번만 용서해달라고 하면 용서를 안 해주실 것 같아서 간절하게 기도했던 것입니다. 그때, 저의 신앙은 하나님의 말씀에 근거한 신앙이 아니라 제 느낌의 신앙이었습니다.

기도를 하고 또 고난을 받고 이러면서 용서받았다는 마음이 들어왔어요. 너무 너무 기뻤어요. "하나님은 내 죄를 용서해주셨구나. 이제는 절대로 죄를 짓지 말아야지." 이러면서 죄를 안 지으려고 노력하면서 사는데 또 다른 죄를 지어요. 또 짓고 나면 처음보다도 더 많은 어려움과 갈등을 느낍니다. 왜냐면 죄 플러스 거짓말.

너무 괴로워하면서 더 많은 기도를 해야 용서받겠다는 느낌을 받고 기도를 많이 합니다. 더 많은 기도 속에 용서 받은 마음이 듭니다. 또 기뻐하고, 이제는 다시 죄를 안 지어야지 하면 또 죄를 지어요. 이렇게 몇 번을 가다보면 무슨 생각이 드냐면 벼룩이도 낯짝이 있지. 어떻게 너는 용서해 달라하고 죄짓고. 네가 무슨 예배를 드릴 자격이 있고 하나님의 자녀가 되고 기도할 자격이 있냐, 네가 무슨 밥 먹을 자격이 있냐? 이래서 집을 나갔었습니다.

부끄럽고, 죽을 수는 없고, 갈등이 되고, 힘들어서 집을 나가서 닭을 먹이는 집에 취직을 했습니다. 몇 개월 동안 취직해 살면서 어느 날, 몇 개월 지난 내 마음속에 "하나님이 의롭다한 자를 누가 정죄하리요." 하는 말씀이 생각났어요. 죄인이지만 하나님이 나를 의롭게 하셨구나.

다른 생각이, "그래도 너 죄인 맞잖아." 갈등하기 시작합니다. "너는 의롭게 됐어. 너는 죄인이야." 갈등하면서 하나님의 말씀을 믿는 확신을 갖게 되었습니다. 나는 죄인이지만 하나님의 아들 예수님이 십자가에서 죽어서 피를 흘림으로 내 죄가 사함 받았지 않았느냐.

그런데도 죄를 짓게 될 때마다 이제 무엇을 느끼게 된 것은 이런 자격 없는 나에게 구원을 주시고 이렇게 쓸모없고 연약한 나에게 예배드리게 하시고 기도드리게 하시고 하나님 일 하게 하신 일에 대해 감사가 자꾸 많아지게 되더라고요. 내가 약할수록 하나님의 은혜가 자꾸 크게 느껴져서 모든 게 주님의 은혜구나.

로마서 5장 20절에 보면, 죄가 더한 곳에 은혜가 더욱 넘쳤나니, 사도 바울은 이렇게 고백하면서 은혜를 더하게 하려고 죄에 거하겠느냐 절대로 그럴 수 없다는 것입니다. 죄를 많이 지으므로 은혜가 많다는게 아니라 하나님의 은혜를 많이 발견해 갈수록 하나님의 은혜가 더 큼을 발견해 간다는 것입니다.

우리는 죄에서 죽은 자다. 우리는 의에서 산 자가 됐고 죄를 짓는 자마다 죄의 종이고, 우리는 의의 종이 됐기 때문에 절대 그럴 수 없다. 보충적으로 설명을 하면서 왜 우리가 구원받았지만 다시 죄악에 빠지고 다시 죄악에 빠지느냐? 그럼 어떻게 해야 이 문제를 해결할 것인가? 이런 말씀을 질문을 하면서 자세하게 우리에게 말씀하고 있는 것이 7장입니다.

1-4절, '형제들아 내가 법 아는 자들에게 말하노니 너희는 그 법이 사람이 살 동안만 그를 주관하는 줄 알지 못하느냐 남편 있는 여인이 그 남편 생전에는 법으로 그에게 매인 바 되나 만일 그 남편이 죽으면 남편의 법에서 벗어나느니라 그러므로 만일 그 남편 생전에 다른 남자에게 가면 음녀라 그러나 만일 남편이 죽으면 그 법에서 자유롭게 되나니 다른 남자에게 갈지라도 음녀가 되지 아니하느니라 그러므로 내 형제들아 너희도 그리스도의 몸으로 말미암아 율법에 대하여 죽임을 당하였으니 이는 다른 이 곧 죽은 자 가운데서 살아나신 이에게 가서 우리가 하나님을 위하여 열매를 맺게 하려 함이라.'

'남편이 있다가 남편이 죽으면 다른 남자에게 가도 자유하다. 남편이 있으면서 다른 남자에게 시집가는 것은 음녀라고 하는 것이다.' 이와 같이 우리에게는 전 남편이 있었다는 것입니다. 전 남편은 율법을 가리킵니다. 율법의 남편은 까칠했어요. 뭐만 하면 죄를 지었어요. 뭐만 하면 실족했어요. 쉽게 말하면 아침에 좀 늦게 일어나면 율법의 남편은 여자가 돼가지고 어떻게 늦게 일어나느냐. 청소 안 하면 집에서 뭐했냐 청소 안하고. 왜 이거 안했냐~ 자꾸 우리에게 연약함을 지적하고 죄를 지적했어요. 율법의 남편은 안 좋아요.

그러다가 율법의 남편이 죽었어요. 죽고 나니까 또 다른 남편이 있어서 결혼했는데 그게 은혜의 남편이에요. 은혜의 남편은 말하기를, '나는 당신을 사랑해. 조금 늦게 일어나면 피곤하니까 그럴 수 있지.' 이해해주고 배려해줘요. 은혜의 남편이 좋아요.

그런데 이런 여자는 이상한 여자에요. 결혼 한 번 했다가 율법의 남편이 죽었는데, 또 결혼해보니까 너무 남편이 좋아요. 좋다고 늘 늦게 일어나고, 밥도 안 해주고 돌아다니고, 잔소리 안 한다고 설거지도 안하고, 돈만 있으면 쇼핑하고 춤추러 다니면 이런 여자는 이상하지요.

남편이 잘해주고 배려해주면 내가 남편을 위해서 일찍 일어나야지. 밥을 지어야지. 돈도 아껴 써야지. 남편의 자식을 잘 키워야지. 남편이 기뻐하는 게 뭘까. 이것이 정상적인 아내지요. 율법의 남편이 죽임을 당하였으니, 이는 다른 이 곧 예수 그리스도의 남편을 만난 것입니다.

그 남편이 우리 과거의 모든 죄를 용서해주시고, 은혜를 베풀어주시고, 사랑해 주시고, 지켜주시고, 은혜도 풍성히 주셨습니다. 그 은혜의 남편을 우리에게 주신 분이 하나님이십니다. 그 하나님께 아름다운 열매를 맺는 것은 마땅한 것입니다. 우리가 과거에 율법 아래 있을 때는 내 힘으로 구원받으려고, 복 받으려고 노력하고 애쓰고, 내가 인정받기 위해서 했던 것이 피곤하고 인생이 너무 어려웠어요.

이제는 은혜의 남편인 예수님 남편을 만나니까 우리의 모든 과거의 죄를 용서하시고, 미래도 보장받고, 사랑해주고, 지켜주시고, 보호하고, 은혜를 주시니 이제는 주를 위해서 내가 하나님을 기쁘게 하기 위해서 예배를 드려야지. 하나님을 기쁘게 하기 위해서 말씀을 순종해서 살아야지. 하나님을 기쁘게 하기 위해서 복음을 전해야지. 하나님을 기쁘게 하기 위해서 서로 사랑해야지. 하나님을 기쁘게 하기 위해서 주의 일에 내가 열심을 다해야지. 이것이 은혜의 남편을 만난 자의 아름다운 신앙이십니다. 그 말을 바울이 하고 있습니다.

4절 하, '우리가 하나님을 위하여 열매를 맺게 하려 함이라.'

우리가 육신에 있을 때에는 율법으로 말미암는 죄의 정욕이 우리 지체 중에 역사하여 우리로 사망을 위하여 열매를 맺게 하였더니 육체의 부패와 죄악 가운데 하나님을 알지 못하고 원수가 되었을 때는 우리가 짓는 것마다 죄의 열매를 지었다는 것입니다.

예수님을 안 믿을 때는 그 아비가 마귀일 뿐만 아니고, 하나님이 밖에 있을 때는 자기를 위해서 결국 마귀를 위한 것입니다. 사람을 위해서 하는 것 같지만 하나님과 아무 관계가 없는 것입니다. 선한 일을 하더라도 하나님께는 죄의 열매일 수밖에 없기 때문에 그렇게 말하는 것입니다.

6절. '이제는 우리가 얽매였던 것에 대하여 죽었으므로 율법에서 벗어났으니 이러므로 우리가 영의 새로운 것으로 섬길 것이요 율법 조문의 묵은 것으로 아니할지니라.'

이제는 새로운 남편인 예수님을 통해서 하나님의 자녀가 되었어요. 성령이 우리에게 오신 것입니다. 새로운 남편인 예수 그리스도가 얼마나 좋은 남편이냐면 우리의 과거의 모든 죄를 위해서 우리 대신 죽어주시고 우리를 자기의 신부로 맞이해 주셨습니다. 그러므로 최고의 선물을 주셨습니다. 하나님의 성령을 우리에게 주셨으니, 그 성령을 따라서 이제는 내 힘으로 율법을 지키기 위해 사는 것이 아니라 하나님의 은혜 가운데 율법이 지켜질 수밖에 없는 은혜로 살아가는 것이 은혜의 법인 줄로 믿습니다.

7-9절. '그런즉 우리가 무슨 말을 하리요 율법이 죄냐 그럴 수 없느니라 율법으로 말미암지 않고는 내가 죄를 알지 못하였으니 곧 율법이 탐내지 말라 하지 아니하였더라면 내가 탐심을 알지 못하였으리라 그러나 죄가 기회를 타서 계명으로 말미암아 내 속에서 온갖 탐심을 이루었나니 이는 율법이 없으면 죄가 죽은 것임이라 전에 율법을 깨닫지 못했을 때에는 내가 살았더니 계명이 이르매 죄는 살아나고 나는 죽었도다.'

율법 때문에 죄를 짓게 되었으니까 율법이 나쁜 거냐, 아니라는 것입니다. 율법은 죄를 깨닫게 한다는 것입니다. 우리가 살다가 어느 날 병원에 가보니까 의사가 말하기를, "당신 중한 병에 걸렸습니다. 당신의 생은 1년 밖에 살지 못합니다." 그럼 의사에게, "야 이 새끼야, 나보고 왜 병이 있다고 그래?" 이럴 사람 있어요? 의사가 병이 있다고 하는 것은 알려주니까 좋은 것입니다. 의사는 나쁜 게 아니에요. 어떤 의사에게 갔더니 중한 병에 걸렸는데도 "당신, 괜찮아요. 소화제만 먹으면 됩니다." 오래 있다가 돌아가셨습니다. 그럼 좋은 의사입니까? 아니지요.

율법이 있어서 우리의 죄를 알게 되는 것입니다. 의사가 있어서 병을 알게 되니까 치료를 받을 수 있지요. 인간은 죄를 죄 되게 알아야 하나님 앞에 구원받는 길을 찾게 된다는 것입니다. 그 구원의 은혜를 알게 된다는 것입니다. 그 구원에 감사하면서 살게 된다는 것입니다.

죄가 있다고 말하는 율법이 잘못되었다는 것이 아니라는 것입니다. 율법의 기능은 우리의 죄를 깨닫고 알게 하는 것입니다. 다시 말씀드리면 의사가 우리를 진단했더니 병이 있다고 하면 의사가 잘못했다는 게 아니라는 것입니다. 나쁜 게 아니라는 것입니다. 이것을 알려야 되는 것이니까요.

9절. '전에 율법을 깨닫지 못했을 때에는 내가 살았더니 계명이 이르매 죄는 살아나고 나는 죽었도다.'

법이 있기 때문에 예수 믿기 전에는 죄인 줄 몰라요. 하나님의 법에 맞춰보니까 '아 내가 죄인이구나.' 예수님께서 살인하지 말라. 사람을 죽인 것만 살인이 아니라 형제를 미워하는 것도 살인함이니라. 도둑질하지 말라.

남의 물건을 훔쳐서 내 집에 가져오지 않으면 도둑질 하지 않는 것이 아니라 탐심이 도둑질함이라고 했어요. 간음해서 나쁜 일을 한다고 간음이 아니라 음욕을 품는 것도 간음이라. 예수님 믿기 전에는 물건만 안 가지고 사람만 안 죽이고 음욕을 아무리 품어도 나쁜 짓의 행동을 안 하면 죄가 아닌 줄 알았습니다.

하나님의 법에 맞춰보니까 이것이 죄로 드러나는것입니다. 그러니까 율법을 알고 나니까 죄는 살아나고 우리는 죽은 거가 되었습니다. 우리는 그 죄에 사형선고를 받은 것이십니다.

10-12절, '생명에 이르게 할 그 계명이 내게 대하여 도리어 사망에 이르게 하는 것이 되었도다 죄가 기회를 타서 계명으로 말미암아 나를 속이고 그것으로 나를 죽였는지라 이로 보건대 율법은 거룩하고 계명도 거룩하고 의로우며 선하도다.'

그러면 계명 율법의 기능이 뭐냐. 하나는 죄를 깨닫게 하는 것이고, 또 하나는 우리가 하나님께 자신이 죄인이고, 부패된 성품인 것을 알게 한다는 것입니다.

13절, '그런즉 선한 것이 내게 사망이 되었느냐 그럴 수 없느니라 오직 죄가 죄로 드러나기 위하여 선한 그것으로 말미암아 나를 죽게 만들었으니 이는 계명으로 말미암아 죄로 심히 죄 되게 하려 함이라.'

죄가 죄인 줄로 깨달아야만 주님께로 나오게 됩니다. 예수님께서 "내가 의인을 부르러 온 것이 아니라 죄인을 불러 회개시키러 왔노라." 우리가 하나님께 죄인인 것을 깨닫는 것도 은혜입니다. 하나님을 알지 못하면 이것을 못 깨달아요. 하나님의 성령이 우리에게 비추니까 "아 내가 죄인이

구나."라고 회개하고 예수님을 구주로 영접해서 의롭게 되고 의로운 자가 되어 주님의 은혜가 감사해서 주님을 닮아가도록 살아가는 것이 신앙생활입니다. 신앙생활은 천국에 가는 연습이고, 훈련입니다. 우리가 그 은혜에 살아갈수록 자꾸 예수님을 닮아가도록 살도록 하는 것이 하나님의 뜻입니다.

14-15절, '우리가 율법은 신령한 줄 알거니와 나는 육신에 속하여 죄 아래에 팔렸도다 내가 행하는 것을 내가 알지 못하노니 곧 내가 원하는 것은 행하지 아니하고 도리어 미워하는 것을 행함이라.'

우리가 예수 믿고 구원받았는데 죄 생각이 안 납니까? 내가 예배드리고, 기도하고, 은혜 충만하고, 성령 충만할 때는 "하나님의 영광을 위하여 살아야지, 성도를 사랑해야지, 복음을 전해야지, 어디든지 소금과 빛이 되어야지," 이런 마음도 우리 속에 있어요. 또 다른 법이 내게 오기를 육신의 법에 좇아서 육체가 되어서 죄악을 생각하고 악한 것을 생각하고, 부패된 것을 생각하고, 자꾸 갈등을 하게 된다는 것입니다.

17절, '이제는 그것을 행하는 자가 내가 아니요 내 속에 거하는 죄니라.'

우리가 예수 믿고 구원받아서 하나님의 자녀가 되었지만 우리는 악함과 부패를 그대로 갖고 있음을 깨닫는다는 것입니다. 갖고 있으면서 우리가 예수 믿고 말씀과 기도와 영적 공동체 셀 교회의 하나님의 역사를 통해서 이제는 자꾸만 죄악을 버리고 주님을 닮아갑니다. 처음 믿을 때보다 1년, 2년, 10년 믿을 때 예수님을 더욱 닮아가는 은혜가 있기를 바랍니다. 예수님을 오래 믿을수록 예수님을 닮아가는 것이 마땅합니다. 하늘에 소망을 두고, 겸손하고, 온유하고, 사랑하고, 양보하고, 용납하고, 감사하는 자가 되고 내 힘이 아니라 하나님이 주시는 힘으로 살아갈 때만 이런 열매가 있게 됩니다.

18절, '내 속 곧 내 육신에 선한 것이 거하지 아니하는 줄을 아노니 원함은 내게 있으나 선을 행하는 것은 없노라 내가 원하는 바 선은 행하지 아니하고 도리어 원하지 아니하는 바 악을 행하는도다 만일 내가 원하지 아니하는 그것을 하면 이를 행하는 자는 내가 아니요 내 속에 거하는 죄니라.'

나는 아니고 죄니까 나는 상관없다, 이 말이 아니라 이 죄가 내 속에 또 다른 나라는 말입니다.

21-24절, '그러므로 내가 한 법을 깨달았노니 곧 선을 행하기 원하는 나에게 악이 함께 있는 것이로다 내 속사람으로는 하나님의 법을 즐거워하되 내 지체 속에서 한 다른 법이 내 마음의 법과 싸워 내 지체 속에 있는 죄의 법으로 나를 사로잡는 것을 보는도다 오호라 나는 곤고한 사람이로다 이 사망의 몸에서 누가 나를 건져내랴.'

사도 바울 같은 성숙된 신앙에도 탄식을 합니다. '오호라 나는 곤고한 사람이로다.' 우리가 주님의 나라를 갈 때까지 갈등을 하는 것입니다. 갈등을 하는데 하나님의 법을 따라서 많이 살수록 갈등이 적어지고 평안이 많아지고 기쁨이 많아지고 열매가 많아지고 응답과 축복이 많아짐을 믿으시기 바랍니다.

예수님을 믿기 전에는 이런 갈등, 고통도 없습니다. 죄와 저주와 사탄의 올무에서 하나님도 알지 못하는 멸망 가운데 있었는데 이제는 우리가 생명을 얻은 자로서 갈등은 멸망의 갈등과는 전혀 다릅니다. 우리에게 평안이 있고 기쁨이 있지만 이렇게 살지 못하는 갈등이 있고, 예수님 믿지 않을 때는 저주와 사망과 지옥에 대한 갈등이고, 그 갈등이 다른 것을 아셔야 됩니다. 우리에게는 이런 갈등이 있는데, 이 갈등을 어떻게 해결할 것이냐.

바울은 이렇게 말합니다.

25절. '우리 주 예수 그리스도로 말미암아 하나님께 감사하리로다 그런즉 내 자신이 마음으로는 하나님의 법을 육신으로는 죄의 법을 섬기노라.'

이 말씀은 자신이 마음으로는 하나님의 법을 섬기고 육신으로는 죄의 법을 섬기면서 산다, 이런 게 아니고, 우리의 정체성이 이런 가운데 살고 있는데, 이것을 이겨나가는 길이 뭐냐. '예수 그리스도로 감사하리로다.' 우리가 예수님을 믿고 구원받았지만 이런 부패성과 죄를 가지고 있기 때문에 우리의 수고나 노력이나 열심이나 공로를 가지고는 이 갈등에서 이길 수 없다 육신의 법으로는 죄에 더욱 빠질 뿐이다, 오직 예수님. 우리가 죄와 저주에서 사탄에서 구원받는 길도 예수 그리스도를 믿음으로 입니다.

다른 이름으로는 구원받을 수 없는 이유는 하나님이 이 땅에 오셔서 사람일뿐만 아니라 우릴 위해서 죽으셨어요. 십자가의 죽으심을 통해서 하나님 만나는 길이 되시고 사탄의 머리를 깨뜨리시고, 죄를 십자가에 못 박히시고, 그리스도라는 증거, 하나님이시라는 증거, 사망 권세를 깨뜨리시고 죄를 이겼다는 증거로 부활하신 예수님은 우리의 구주가 되십니다. 이런 분은 예수님 밖에 없습니다. 구원할 이름도 예수 그리스도이십니다.

우리가 이 세상에서 승리해나가는 방법도 내 노력과 방법 열심이 아니라 예수 이름으로 승리하는 것입니다. 예수로 충만하고, 주의 말씀에 순종하고, 주님의 은혜를 받아서 주님 주시는 이름으로 주의 이름으로 기도하고 나아갈 때만 이 사망의 법에서 죄에서 육신의 법에서 자꾸만 우리를 붙잡아오는 그 부패와 죄에서 승리해나가는 줄로 믿습니다.

그래서 우리가 하는 방법이 뭐냐. 노력이 아니라 은혜 받는 일이고 성령 충만 받는 일이고 주의 말씀에 순종하며 살아가는 길이십니다. 요한일서 5장, "무릇 하나님께로부터 난 자마다 세상을 이기느니라 세상을 이기는 승리는 이것이니 우리의 믿음이니라 예수께서 하나님의 아들이심을 믿는 자가 아니면 세상을 이기는 자가 누구냐."

예수 그리스도께서만 사탄의 머리를 깨뜨리고 승리하시고, 예수 그리스도께서만 죄악을 이기고, 승리하시고, 하나님을 만나는 임마누엘이 되심을 믿습니다. 그렇기 때문에 구원도 예수 이름으로, 우리가 살아가는 것도 내 힘이 아니라 예수 그리스도의 이름으로 살아가는 것입니다. 모든 일에 예수님이 주인 되심을 고백하시기 바랍니다.

사도 바울이 예수님이 나의 주인이다, 나는 내 것이 아니요 핏값으로 그리스도의 것이 되었다고 말하는 이유가 여기 있습니다. 이제는 내가 사는 것이요 내 안에 그리스도께서 사셨다고 하는 것은 그래야만 우리가 세상을 이기는 길이기 때문에 오직 예수라고 합니다. 교회의 주인도 예수 그리스도, 가정의 주인도 예수 그리스도, 사업의 주인도 예수 그리스도, 삶의 주인도 예수 그리스도일 때만 우리는 승리를 누려가게 됩니다. 하나님의 법을 좇아가는 성도가 되시기를 주 예수 이름으로 축복합니다.

13강 | 롬 8:1-17

　사람은 급하게 살아가면서 늘 부딪히는 문제가 무엇을 먹을까 무엇을 입을까 하는 문제입니다. 그런데 사실 따지고 보면 얼마나 많이 먹을 것이냐, 얼마나 비싼 옷을 입고 다니냐, 얼마나 좋은 집에 살 것이냐 문제보다 정말 고민하는 문제는 우리가 하나님께 의롭게 되었느냐, 하는 것입니다.
　수천 년 동안 오는 문제, 인간은 무엇을 먹을까 입을까 그 문제가 아니라, 역시 죄를 어떻게 해결할 것인가 하는 문제다. 또 죄를 해결하면 앞으로는 어떻게 살 것인가? 이것이 인간의 가장 중요한 문제인데, 결론적으로 우리는 우리 힘으로는 죄에서 벗어날 수가 없습니다.
　우리의 노력이나 수고나 어떤 헌신을 통해서도 하나님의 법인 율법을 이길 수는 없고, 죄에서 벗어날 수 없고, 오직 예수 그리스도를 믿음으로만 벗어날 수가 있고, 또 구원받은 사람도 이 세상에 살아가면서 그리스도인이라고 하는데, 그리스도인이 이 땅에 살아가는 방법이 무엇이겠느냐? 많은 사람들이 예수님을 믿는다고 구주로 영접했다고 하면서 삶의 패턴은 또 불신자하고 똑같이 살아요. 그러다보니까 더 많은 갈등을 하게 될 수 있습니다. 그것도 역시 우리 힘이 아니라, 예수를 믿는 믿음으로 이긴다고 하나님의 말씀은 선포하고 있습니다.
　7장까지의 내용은 사람이 자기의 노력이나 공로나 열심이나 육체를 가지고는 의롭게 될 수가 없다, 근본 이유는 하나님을 배반하고 반역했기 때문에 영적으로 죽어있는 상태이며 하나님 앞에 의로울 수도 없고 하나님 뜻에 합당하게 살 수도 없고, 살지도 않는다는 것입니다.

"육신의 생각은 하나님과 원수가 되나니 이는 하나님의 법에 굴복하지 아니할 뿐 아니라 할 수도 없음이라" (롬 8:7)

하나님께 범죄하고 반역하고 떠난 인간의 존재, 인간의 상태는 인간 스스로는 의롭게 될 수도 없고, 하나님을 찾을 수도 없고 찾지도 않습니다. 그래서 예수님께서는 보혜사 성령을 너희에게 보내겠다 하시면서 성령이 오면 세상 사람들은 알 수도 없고 알지도 못함이니라, 하셨습니다. 하나님께 의롭게 되는 것은 윤리적인 차원이 아니고, 근본의 차원, 영적 차원입니다.

모든 종교는 윤리적 차원을 갖고 다룹니다. 착하게 살아라. 그렇게 열심히 살면 좋은 데 가고, 복 받고, 그러나 우리의 문제는 윤리적 차원도 있지만 그보다 더 근본 문제는 하나님과 관계가 파괴된 영적 문제입니다. 그러므로 구원이라는 것은 하나님과의 관계의 회복입니다. 그래서 예수 그리스도는 화목제물이 되셔서 하나님과 우리를 화목케 하시는 중보자라고 말씀하십니다. 세상의 모든 종교에는 중보자의 개념이 없습니다. 스스로 자신이 자꾸 의를 행함으로 하는 것인데, 예수 믿는 사람에게만 중보자의 개념이 있습니다.

1-2절, '그러므로 이제 그리스도 예수 안에 있는 자에게는 결코 정죄함이 없나니 이는 그리스도 예수 안에 있는 생명의 성령의 법이 죄와 사망의 법에서 너를 해방하였음이라.'

엄청난 선포를 합니다. 바울이 1장부터 지금까지 쓰면서 어떤 것으로도 하나님께 의롭게 될 수 없는데 되는 길이 하나 있다. 그것은 하나님의 아들이 이 땅에 오셔서 우리의 죄를 대신 담당하시고, 십자가의 죽으심을 통해서 하나님의 공의 앞에 죗값을 지불하시고, 그는 의롭기 때문에 하나님의 성령이 그를 살리셔서 하나님 우편에 계시고 믿는 자 속에 하나님의 영인 성령으로 계시면서 우리를 살리는 길 밖에 없다고 선포를 하는 것입니다.

그 내용들은 지금 자세히 설명을 하고 있는 것입니다. 정죄함이 없다는 것은 법적 용어입니다. 재판관이 땅땅땅 두드리면 끝입니다. 변경이 되지 않습니다. 마귀는 검사와 같은 자에요. 하나님 앞에 죄를 고발합니다. 이 죄는 지옥에 해당합니다. 죄의 삯은 사망이에요. 지옥에 처한다고 판결하려는데, 변호사가 잠깐만. 변호인 말씀하세요. 변호인이 예수님이에요. 그 죄 맞습니다. 지옥 끝에 가야 마땅합니다. 그러나 그 죗값을 내 죄 없는 내가 다 하나님의 공의 앞에 지불했습니다. 이 손을 보세요. 옆에 있는 허리창 자국을 보세요. 그 죄 값을 다 지불해서 이제는 없게 됐기 때문에 무죄입니다. 재판관이 보니까 맞거든. 무죄임을 선포한다, 땅땅땅. 이것이 정죄함이 없다는 것입니다.

이것은 공로나 노력이나 선행이 아니라 예수님을 믿음으로 하나님과의 관계 회복을 통해서 의롭게 선포된 것으로 정죄함이 없나니. 결코. 어떤 일로도 우린 정죄 받지 않게 되었습니다. 여기에서 오해하는 사람들이 있습니다.

목사님, 그러면 우리가 예수님을 믿음으로 정죄함이 없기 때문에 이제는 어떻게 살아도 되고, 죄짓고 살아도 지옥에 안갑니까? 이제는 내 마음대로 살고 천국 따났으니까 그래도 되겠네요?

이런 사람은 안 믿는 사람인지도 모릅니다. 논리적으로는 말이 맞아 보입니다. 그러나 실제로는 맞지 않습니다. 내가 내 죄 때문에 영광스러운 보좌를 버리고 이 땅에 오셔서 사람과 같이 되셨고, 여러분, 예수님이 사람과 같이 된 사건은 어떤 사건이에요.

요한복음에는 영원한 하나님이 역사 속에, 시간 속에, 제한 속에 오신 사건입니다. 거룩하신 분이 죄인의 모습으로 온 사건입니다. 초월하신 분이 인간의 제한 속에 들어오셔서 우리를 위해서 죽으신 사건입니다. 그는 죄가 없기 때문에 하나님의 성령이 다시 살리셨습니다. 그리고 승천이란 말은 원래 모습으로 가신 것입니다.

하나님도 의롭고 우리도 의롭게 하시는 방법인데, 얼마나 하나님의 지혜가 오묘하시냐면 하나님의 우편에 계실 뿐만 아니라, 하나님의 영, 성령을 통해서 영원하신 분이 우리 속에 계시는 것이 구원입니다. 우리 속에 계시는 것이 하나님의 자녀 되는 것이고, 용서받고 의롭게 된 것입니다.

그 영원한 분이 우리 안에 계시기 때문에 바울은 고린도 교회에 편지하면서 우리가 땅에 있는 아담의 형상을 입은 것 같이 하늘에 있는 예수 그리스도의 형상을 입어서 영원한 하나님의 자녀가 되었다고 말합니다.

17절, '자녀이면 또한 상속자 곧 하나님의 상속자요 그리스도와 함께 한 상속자니 우리가 그와 함께 영광을 받기 위하여 고난도 함께 받아야 할 것이니라.'

우리는 피조물이었습니다. 죄인이었습니다. 구원받을 자격도 없고 가치도 없고 행복하게 살 자격도 없었어요. 하나님의 복을 받을 자격도 없었는데, 하나님의 은혜입니다. 우리가 믿는 예수 그리스도는 우리보다 조금 뛰어난 그런 분이 아니고, 하나님이, 거룩하신 주님께서 이 땅에 우리를 사랑하셔서 사람으로 오셔서 죽으신 그 놀라운 주님의 공로를 통해서 이제는 피조물의 단계를 넘어서 하나님 나라의 상속자가 되는 측량할 수 없는 놀라운 은혜와 복을 받은 자가 우리입니다.

이 은혜와 복을 받은 사람은, 이제 우리가 때로는 하나님 나라에 가기 전이기 때문에 육신을 가지고 약하기도 하고, 부패된 성품이 있어서 때로는 죄도 짓고 실수하고, 실패하기도 하지만 그때마다 마음에 하나님께 죄를 느끼고 잘못했습니다. 자백하며 하나님 나를 도와주셔서 주의 뜻대로 주님을 기쁘게 하기 위해서 살기 원합니다. 이런 마음을 가진 것이 믿음의 비밀을 가진 사람입니다.

다시 말합니다. 내가 이제 예수 믿고 구원받았으니까 천국은 따놨으니까 내가 무슨 죄를 짓더라도 이제는 천국 가게 되니까 괜찮다. 한다면 여러분 믿음이 진짜 믿음인가 점검하셔야 합니다. 정말로 내가 예수 믿으면 그럴 수가 없다고 하는 것을 아셔야 합니다. 약해서 할 수 있지만 그럴 수는 없는 것입니다.

우리가 예배드리는 것도 복을 받기 위해서 예배드리고 헌금하고 봉사하고, 복을 받기 위해서 전도하는 것이 아닙니다. 그것은 신앙이 아닙니다. 종교입니다. 많은 그리스도인들이 하나님의 은혜로 구원받았지만 종교인으로 돌아간 사람이 얼마나 많은지 몰라요. 신앙은 예수님 안에서 은혜를 받았으니까 이제는 너무 감사하고 기쁘고 천국 백성이 됐으니까 하나님께 영광을 돌리고 기쁘게 해드리기 위해서 예배드리는 것입니다.

모든 것이 다 주님의 것인데 너무 감사해서 십일조를 드리는 거고, 우리가 주의 일을 기쁘게 하고 이 기쁜 소식을 사랑하는 사람에게 전해주는 것이고, 여기에 하나님의 약속의 복을 누리게 되는 줄 믿습니다. 복은 뭡니까. 우리는 이미 구원받은 복을 받았고 이 땅에 물질 같은 복의 것도...

우선순위를 아세요? 하나님은 안 주는 것이 아니고, "너희는 먼저 그의 나라와 의를 구하라 그리하면 이 모든 것을 너희에게 더하시리라." 내가 하나님 앞에 복을 받기 위해서 예배를 드리는 것은 진정한 예배가 아닙니다. 나의 목적을 이루기 위해서 온 종교생활입니다. 내가 봉사하고 헌금을 드리는 것도 부자가 되기 위해서 봉사하고 헌금 드리는 것은 진정한 예배가 아니고 하나님께 드리는 예물이 아니고 나를 위해서 드리는 종교생활일 뿐입니다. 주님께 진정으로 순전하고 진실된 마음으로 하나님께 영광을 드리고 감사해서 드릴 때 거기에 주님의 약속된 말씀이 이루어지는 것입니다.

정말로 영육의 복을 받으라고 말씀드립니다. 하나님은 속지 않으십니다. 신앙이란 건 정말 겸손하고 진실해야만 하나님을 만나게 됩니다. 하나님의 말씀과 하나님을 믿는 것도 믿음을 가져야 하나님의 임재를 경험하게 되고, 응답을 경험하게 되고, 사랑을 경험하게 되는 것입니다. 그런 사람이 정말 그리스도인으로 살아가게 됩니다.

우리는 예수님 안에서 결코 정죄함이 없는, 하나님 앞에 의롭게 되는 은혜를 받았습니다. 이것은 우리 힘이 아니라 하나님의 성령이 주시는 복을 통해서 죄와 사망에서 우리를 해방하신 하나님의 은혜와 공로이십니다.

3절, '율법이 육신으로 말미암아 연약하여 할 수 없는 그것을 하나님은 하시나니 곧 죄로 말미암아 자기 아들을 죄 있는 육신의 모양으로 보내어 육신에 죄를 정하사'

우리가 하나님께 의롭게 되는 건 율법이 아니라 사람은 할 수가 없었다는 것입니다. 하나님은 할 수 있는데 하나님의 법이 뭐냐면, 죄 없는 자기 아들을 율법 아래 보내사 율법을 이루시고 죽으심을 통해서 율법을 다 성취하셨기 때문에 그분과 연합하면 우리는 할 수 없지만 예수님이 이루신 것이 우리에게 이루어지기 때문에 율법에서 우리가 의롭게 된다고 말씀하는 것입니다.

4절, '육신을 따르지 않고 그 영을 따라 행하는 우리에게 율법의 요구가 이루어지게 하려 하심이니라.'

육신을 따르지 않고 영을 따른다는 말은 육신이라는 말은 하나님을 떠나서 영적으로 사탄 아래 있고, 죄 아래 있기 때문에 그 육신과 죄로서는 율법을 이룰 수가 없습니다. 하나님의 자녀된 우리에게 성령이 오셔야만 우리가 성령의 사람이 되는 줄 믿습니다.

9절, '만일 너희 속에 하나님의 영이 거하시면 너희가 육신에 있지 아니하고 영에 있나니 누구든지 그리스도의 영이 없으면 그리스도의 사람이 아니라.'

때로는 우리가 연약해서 죄를 짓고 잘못할 수 있지만 이 때 우리가 속을 수 있습니다. 내가 육신의 사람이 아닌가? 성경에 하나님의 성령이 계시면 영에 속한 사람이고, 성령이 없으면 육에 속한 사람이라고 말씀하고 있습니다. 예수님을 하나님의 아들로 믿고 내가 주인이 아니고 죄인임을 고백하고 그 분을 마음에 영접해서 예수님께서 내 마음에 계시면 영에 속한 사람입니다.

오늘, 교회의 예배에 온 것은 성령의 인도를 받은 것입니다. 누가 예수 안 믿는 사람이 여기 와서 예배드릴 사람 있겠습니까? 누가 예수 안 믿는 사람이 하나님을 아바 아버지라고 부르겠습니까? 우리가 때로는 부족하지만 연약하지만 우리 속에 예수의 영이 계시기 때문에 우리는 하나님의 성령으로 인도받는 자가 되었습니다.

육신을 따르는 자는 육신의 일을, 영을 따르는 자는 영의 일을 생각하나니. 그래서 우리가 하나님 앞에서 예수 믿고 나니까 예배드리기를 좋아하고 기도하기를 좋아하고 찬양하기를 좋아하고. 우리 육신적인 생각이 아니라 하나님의 영이 우리에게 주시는 생각과 마음이십니다.

6절, '육신의 생각은 사망이요 영의 생각은 생명과 평안이니라.'

하나님을 떠나있는 자의 생각은 언뜻 보면 선을 행해 보이는 것 같고 착한 일을 하는 것 같지만 사실 결국은 사망입니다. 아무리 예수 안 믿는 사람이 선을 해도 그것은 하나님께 영광 돌리는 것이 아니고 자기를 위한 것이고 자기를 위한 것은 결국은 사탄을 위한 것인 줄 간파해야 됩니다.

7절, '육신의 생각은 하나님과 원수가 되나니 이는 하나님의 법에 굴복하지 아니할 뿐 아니라 할 수도 없음이라 육신에 있는 자들은 하나님을 기쁘시게 할 수 없느니라.'

다시 말하면 예수님 믿지 않고 하나님을 떠나있으면 어떤 것도 하나님을 기쁘게 할 수 없다는 것입니다. 히브리서 11장 6절에, "믿음이 없이는 하나님을 기쁘시게 하지 못하나니 하나님께 나아가는 자는 반드시 그가 계신 것과 또한 그가 자기를 찾는 자들에게 상 주시는 이심을 믿어야 할지니라."라고 했습니다.

하나님을 기쁘시게 하는 것은 예수님을 내가 믿고 구원받아야 하나님이 기뻐합니다. 하나님은 모든 사람들이 다 구원받기를 기뻐하는데 본인이 거부하고 하나님 말씀을 믿지 아니하고 마귀 말을 믿고 따라가면 하나님이 기뻐하지 않으십니다. 우리는 부족하지만 하나님을 기쁘게 하는 자가 되었습니다.

'우리가 알거니와 하나님을 사랑하는 자 곧 그의 뜻대로 부르심을 입은 자들에게는 모든 것이 합력하여 선을 이루느니라.' (롬 8:28)

때로는 내가 하나님을 기쁘시게 하겠나 이런 생각이 들지만, 하나님께 부름을 받고 구원받은 사람은 하나님 사랑하는 줄 것입니다. 하나님을 기쁘게 하면서 사는 줄로 믿으시기 바랍니다. 하나님이 사랑이 많아서 그러셔요.

내 자녀는 공부를 못해도 때로는 말을 안 들어도 일초만 착하면 기뻐요. 왜 그렇습니까. 부모님의 기쁨이 됩니다. 왜요? 부모님 사랑 때문에 그래요. 우리가 때로는 부족하고 모자라지만, 예수 믿는 그것 때문에 자녀된 것 때문에 우리는 하나님을 사랑하는 자가 됐고 하나님을 기쁘게 하는 자가 되었습니다.

그래서 기뻐하는 자이지만 우리가 더 기쁨으로 하나님께 예배에 열심히 모이고 말씀에 순종해 살고, 가정, 직장, 사회생활 가운데 주님께 영광을 돌리고 살면 하나님은 더 큰 영광을 받으십니다. 그런 성도가 되기를 주님의 이름으로 축복합니다.

10절, '또 그리스도께서 너희 안에 계시면 몸은 죄로 말미암아 죽은 것이나 영은 의로 말미암아 살아 있는 것이니라.'

예수님 안에 있으면 우리 옛사람은 죽었다는 것입니다. 이제, 그리스도 안에서 새로운 사람으로 하나님의 자녀로 의로운 사람으로 살아나게 되었습니다.

11절, '예수를 죽은 자 가운데서 살리신 이의 영이 너희 안에 거하시면 그리스도 예수를 죽은 자 가운데서 살리신 이가 너희 안에 거하시는 그의 영으로 말미암아 너희 죽을 몸도 살리시리라.'

죄 없으신 예수님께서 십자가에서 돌아가셨어요. 이 예수님이 죄가 없기 때문에 하나님의 성령이 그를 부활케 하셨습니다. 다시 살리셨습니다. 우리 안에 계신 분은 부활케 하시는 그 성령이 우리 안에 거하시기 때문에 예수님을 다시 살리심과 같이 우리 안에 계신 성령이 영광스러운 몸으로 우리를 살릴 줄 확신하는 것입니다.

예수님이 다시 살아나는 것을 보니까 다시 살게 하신 성령이 우리를 다시 살게 하십니다. 얼마나 기쁘고 놀라운 사실입니까! 세상 사람은 이해할 수 없는 하나님의 영으로만 알 수 있는 비밀입니다.

12절, '그러므로 형제들아 우리가 빚진 자로되 육신에게 져서 육신대로 살 것이 아니니라.'

이제는 육신대로 살 것이 아니라 하나님의 성령으로 인도받아서 살아가는 자가 되었어요. 과거에는 성령의 인도를 받을 수 없기 때문에 의를 행할 수도 없고 하나님을 기쁘시게 할 수도 없었어요. 이제는 우리가 변화 받았어요. 하나님의 영으로 변화 받은 것입니다.

새가족이 오면 제가 가끔 이런 비유를 듭니다. 윤리와 도덕은 보이는 것을 말하는 것입니다. 아이가 50점 밖에 안 받아오면 미련한 엄마는 애비 닮아가지고.. 머리가 나빠가지고.. 너 다음달에 90점 안 받아오면 죽어~. 그럼 아이는 다음 달에 받겠다해요. 또 50점 받아요.. 어디 거짓말 하나. 다음 달에 안 받으면 너 진짜 죽어. 이렇게 몇 달 가면 아이는 거짓말하게 되고. 이런 엄마는 진짜 나쁜 엄마입니다. 아이가 할 수 없는 걸 시켜서. 아이가 할 수 있도록 마음을 변화시켜줘야 됩니다. 너는 할 수 있어! 너는 내 아들이야 조금만해 올라가. 조금 올라가요. 하니까 되잖아~ 엄마는 널 사랑하고 널 기대해. 넌 정말 훌륭한 아들이야. 마음을 변화시켜줘야 됩니다.

마음 스스로 변화할 수 있는 사람은 아무도 없습니다. 모든 종교는 마음을 얘기합니다. 착한 마음을 갖자. 착한 말을 하자. 착하게 살자. 좋은 말이지만 할 수가 없습니다. 착하게 살고 싶지만 나쁜 맘이 들고, 죄 안 짓고 싶지만 죄 짓게 되네. 어쩔 수 없잖아요. 이 마음의 변화는 영적 변화에요. 악한 세력에서 해방 되어서 성령이 우리에게 오셔야 됩니다. 이것이 기독교의 변화입니다. 예수님을 구주로 영접할 때, 하나님의 성령이 내게 들어오심을 통해서 거룩한 영이 충만하면 내 마음과 생각이 변화 받아지는 것입니다. 우리가 믿음 떨어지면 세상이 커 보이고 육신이 커 보이고 성령이 충만하면 믿음이 성장하면 예수님이 커 보입니다. 그래서 신앙생활의 방법은 뭐 하란 말이 아니고 "오직 성령이 너희에게 임하시면 너희가 권능을 받고."

성령 충만 받으면 세상을 이기고, 성령 충만 받으면 생각이 변화되고, 마음이 변화되고, 그렇기 때문에 하나님의 영으로 인도받을 수 있는 자가 됩니다. 요한복음 3장에는 거듭났다고 했고, 고린도후서 5장 17절에는 새로운 피조물이라 했습니다. 새롭게 예수 믿음으로 성령을 통해서 창조함 받은 것이 이것이 거듭남이고 구원이고 이런 자에게 하나님의 인도를 받아야 선을 행할 수 있다고 말하는 것입니다.

13절, '너희가 육신대로 살면 반드시 죽을 것이로되 영으로써 몸의 행실을 죽이면 살리니 무릇 하나님의 영으로 인도함을 받는 사람은 곧 하나님의 아들이라 너희는 다시 무서워하는 종의 영을 받지 아니하고 양자의 영을 받았으므로 우리가 아빠 아버지라고 부르짖느니라.'

예수를 믿으면 하나님께 아버지, 예수 믿기 전에는 하나님 보고 아저씨,~ 우상 보고 하나님 아버지~. 이렇게 했는데 예수를 믿고 나니까 하나님보고 아버지, 이렇게 됩니다. 왜냐하면 우리 영이 변화됐어요. 가장 어린 아이가 전적 의지하는 마음으로 아빠 아버지라고 해요.

16절, '성령이 친히 우리의 영과 더불어 우리가 하나님의 자녀인 것을 증언하시나니'

우리의 구원은 내 안에 계신 성령이, "너 하나님의 자녀야" 하고 증거 하십니다. 성령이 우리에게 의롭게 됐다고 선언하시는 것입니다. 생명의 성령의 법이 우리를 하나님 앞에서 죄와 사망의 법에서 해방했다고 선언한 줄로 믿습니다.

17절 상, '자녀이면 또한 상속자 곧 하나님의 상속자요'

우리는 자녀이기 때문에 하나님 나라의 상속자입니다. 우리는 피조물이었고 죄인이었고 자격이 없는데 예수님의 십자가의 보혈이 얼마나 놀라운지 그분을 믿기만 하는데, 영접하기만 했는데, 하나님의 나라의 상속자가 되었습니다. 이제는 영원한 하나님 나라의 형상을 입게되었습니다. 이것이 진리입니다. 이것이 복음입니다.

17절, '자녀이면 또한 상속자 곧 하나님의 상속자요 그리스도와 함께 한 상속자니 우리가 그와 함께 영광을 받기 위하여 고난도 함께 받아야 할 것이니라.'

이 세상에는 아직도 마귀는 머리는 졌지만 활동해요. 마귀에게 잡혀 있는 사람도 있어요. 예수 믿고 하나님의 인도함을 받는 사람을 싫어해요. 예배하고 전도하고 말씀대로 사는 걸 싫어해요. 그러니까 어려움이 와요. 불이익을 당할 수 있어요. 고난을 두려워하지 마시고 끝까지 우리는 성경을 진리로 믿고 하나님을 믿고 구원받은 자로서 이 땅을 살아가는 성도가 되시기를 예수님의 이름으로 축복합니다.

14강 | 롬 8:17-30

요한일서 4장 10절에 "하나님은 사랑이시니라." 하나님 자신이 사랑의 본질이십니다. 하나님이 창조하시거나 일을 하시며 행하시는 모든 것은 사랑을 배경으로 하고 있습니다. 창세기에 보면 '하나님이 지으신 모든 만물들이 보기 좋았더라.' 라고 했습니다. 사랑스럽다는 말씀이고, 선하다는 말씀이고, 아름답다는 것입니다.

그 중에 사람은 특별히 더 사랑스럽게 만드셨어요. 얼마나 우리를 사랑스럽게 만드셨나요? 하나님의 형상으로. 하나님을 닮도록 하나님의 모양으로 만드셨어요. 흙으로 만드시고, 하나님의 영을 코에 불어 넣어서 생령 살아있는 영혼의 사람 하나님과 교통하도록 하나님과 함께하는 자로 하나님의 축복을 누리도록 하셨습니다. 그래서 복을 주셔서 너는 창대하라, 다스리라, 이렇게 주님이 약속하셨습니다.

창조의 질서를 보면 식물은 땅에 뿌리를 박고 살고, 짐승은 머리가 옆으로 되어 있는데, 사람에게 주셨습니다. 하나님이 짐승의 이름을 붙인 게 아니고. 하나님이 지은 사람이 그 이름을 다 붙였어요. 그래서 짐승은 사람을 위하여 살도록 그렇게 지어졌습니다. 사람은 머리가 위로 있어요. 안드로포스라는 말은 하나님을 향하여 있는 존재에요. 하나님을 경외하도록 만드신 줄 믿습니다.

 이렇게 하나님은 우리를 피조물로 만들 때 가장 영광스럽게 하나님을 닮도록 만들었을 뿐 아니라 복을 주셨어요. 하나님만 경외하기만 하면 영원하고 다스리고 편만하고 행복하도록 이런 복을 받은 인간이 하나님을 반역했어요. 거부하고, 불신앙하고 하나님 싫다는 것입니다. 스스로 하나님 되기를 원하고, 악한 사탄의 미혹을 받아서 하나님께 범죄하게 됩니다. 하나님을 떠나게 되었어요. 이것을 죄라고 하는 것입니다.

 하나님을 반역하고 죄지은 인간에게는 하나님의 말씀대로 정녕 죽으리라는 말씀대로 그때부터 영적 죽음이 오고 육신적인 죽음이 오고 영원한 죽음인 지옥이 오고. 그런데 하나님은 이런 인간을 사랑하셔서 구원하기를 원하셔요. 그래서 하나님이 약속을 주십니다. 이것을 복음이라고 합니다.

 "여자의 후손과 원수가 되게 하리니 여자의 후손은 네 머리를 상하게 할 것이요 너는 그의 발꿈치를 상하게 할 것이니라."(창 3:15)라고 하시고. 부패되고 타락된 인간을 위하여 구원의 소식을 전해주셨습니다. 그 약속의 말씀대로 예수님은 이천 년 전에 오셨습니다. 성령으로 잉태되어 동정녀에게 낳으시고, 성경대로 살아나셨습니다.

 그리스도께서 오시면 앉은뱅이가 일어나고 귀머거리가 듣고 벙어리가 말을 하고 장님이 눈을 뜨고 하듯이 주님은 그 일을 행하셨고, 성경대로 죽으셨다가 다시 살아나셨습니다. 주님이 약속하셨습니다. 내가 가면 보혜사 성령을 너희에게 다시 보내리니 그 약속대로 마가의 다락방에 성령이 충만하게 임하셨습니다. 누구든지 믿는 자에게 성령을 주신다고 말씀하심

같이 믿는 저와 여러분에게 하나님의 성령을 주셔서 우리 속에 성령이 계심을 믿습니다.

하나님의 자녀라는 것은 교회에 다니고, 직분을 가지고, 헌금을 하고, 찬양을 하고, 그것이 아닙니다. 우리 속에 하나님의 성령이 계시는 것입니다. 성령이 계셔서 하나님의 자녀가 되어서 하늘의 소망이 있기 때문에 감사해서 하나님을 경외하기 위해서 예배드리고, 이 예배를 주님이 받으시고 예배드리는 자에게 은혜와 복을 주심을 믿습니다. 하나님의 은혜에 감사해서 찬송하고, 순종해 살고, 세상의 빛으로 주의 일에 기쁨과 감사로 헌신하고, 봉사하며 살아가는 것이 신앙생활입니다.

우리는 이 땅에 있지만 우리의 궁극적인 시민권은 하늘나라에 있습니다. 하나님이 우리를 얼마나 사랑하셨습니까? 첫째로, 하나님 형상으로 지었고, 둘째로, 이 형상으로 지음 받은 인간이 범죄하고 나니까 세상의 것이 아니라 하나님의 아들을 대신 보내서 죽기까지 하시면서 우리를 구원하시는 구원의 은혜를 주셨어요. 세 번째, 하나님의 놀라운 사랑은 우리에게 성령으로 계시면서 영원히 떠나지 않고 우리와 함께 계시겠다고 약속하셨습니다. 떠나지 않습니다. 네 번째, 우리는 피조물이에요. 우리는 죄인이에요. 근데 하나님이 우리에게 주시는 신분은 하나님의 자녀라는 신분을 주셨어요.

고린도전서 15장에 보면 우리가 흙(아담)에 속한 자의 형상을 입은 것 같이 또한 하늘에 속한 이의 형상을 입으리라 하셨어요. 우리가 하나님의 자녀이면 또한 상속자 곧 하나님의 상속자요 그리스도와 함께 한 상속자니. 하나님의 자녀로서 영원히 하나님 나라의 상속자로 살 수 있는 도무지 상상할 수 없고 계산할 수 없으며 측량할 수 없는 놀라운 은혜와 복을 주심을 믿습니다. 우리가 하나님의 자녀로 이 땅에 살아가는 동안 하나님이 함께 하십니다.

그러나 이 땅에는 마귀가 있습니다. 예수님께서 십자가에 돌아가실 때 마귀를 완전히 없앤 것이 아니고, 마귀의 머리를 깨뜨리셨습니다. 그래서 예수님을 믿고 권세를 아는 자들마다 마귀를 이기고, 세상을 이길 수 있는 은혜를 주심을 믿습니다. 아직도 예수님을 알지 못한 사람은 역시 사탄의 권세 아래 마귀의 종이 되어 있습니다.

마귀의 다른 이름은 세상 임금이고, 세상 신입니다. 모든 불신자를 다 장악하고 있기 때문에 불신자는 마귀를 이길 수가 없습니다. 그래서 여러 가지 마귀와 마귀를 추종하는 사람들이 있기 때문에 예수 믿는 사람들은 하나님이 함께 하지만 때로는 세상적으로는 어려움을 당하고 핍박을 당합니다. 고난 받을 때도 있습니다. 그래서 기독교 역사에서 때로는 핍박을 받고 감옥에 가기도 하고 매 맞기도 하고 순교하기도 하는 것이 이상한 일이 아닙니다. 우리는 이 세상의 시민권을 가진 자들이 아니고, 하나님 나라의 시민권을 가졌기 때문에 그렇습니다.

고난을 받지만 우리의 소망은 여기가 아니고 영원한 하나님 나라입니다. 때로는 억울하게 고난도 당하고, 핍박도 당하고, 어려움을 당할 때 이것이 왜 이러냐 하지 마시고 아 당연히 당하는구나. 우리 주님이 이 땅에 오셔서 사탄의 권세 아래서 때로는 힘들고 어렵고 고통을 당했지만 죽으심을 통해서 사탄을 이기고 승리함 같이, 우리에게 하나님 나라의 시민권을 주고 상속자가 된 것 같이, 하나님의 자녀가 되어서 세상에서 고난 받는 것은 어떤 면에서 당연한 것입니다.

17절. '자녀이면 또한 상속자 곧 하나님의 상속자요 그리스도와 함께 한 상속자니 우리가 그와 함께 영광을 받기 위하여 고난도 함께 받아야 할 것이니라.'

예수 믿는다고 불이익을 당하고, 어려움을 당하고, 욕먹는 것을 이상하게 생각하지 마시고 고난 받는 것을 당연히 기쁨으로 승리하기를 주의 이름으로 축복합니다.

18절. '생각하건대 현재의 고난은 장차 우리에게 나타날 영광과 비교할 수 없도다.'

우리가 이 세상에서 고난을 당하고 심하면 죽임을 당하지만, 그러나 그 고난이 하나님 나라의 그 영광과는 비교할 수가 없다는 것입니다. 칼빈이라는 아주 유명한 일꾼은 죽음을 앞에 두고 늘 이 말씀을 묵상했다고 합니다. 우리가 예수 믿고 구원받는 게 하나님의 복이에요. 이것보다 더 큰 복은 예수 이름으로 핍박과 고난 받는 게 더 큰 복인 줄 것입니다. 이것보다 더 큰 복은 주를 위해서 순교하는 자가 최고의 영광과 복이십니다.

예수 믿고 우리가 편안하게 사는 것도 감사하고 기쁜 일이지만, 주를 위해서 고난을 당하며 사는 것은 더 큰 은혜와 복이에요. 저는 예수님 믿으면서 예수님 때문에 하나님 앞에 사랑받고, 성도에게 사랑받고, 배불리 먹을 수 있고, 어디에 가서도 대접을 받음을 가끔 생각할 때, "하나님, 이래서 무슨 상급이나 있겠습니까. 예수님 때문에 이렇게 많은 대접을 받고 무슨 상급이 있습니까." 이렇게 갈등하고 고민한 적이 있어요.

중국의 어떤 지역에 교회 지도자를 한 50명 모아놓고 성경공부를 할 때 그 때 잡혔어요. 잡혀서 감옥에 안 가고 경찰서만 간 적이 있어요. 그런데 참 신기한게요. 얼마나 기쁜지 몰랐어요. "주님! 주님 때문에 잡혀온다는 게 너무나도 기쁩니다." 모르겠어요. 저도 사람이니까. 극악한 고통을 당하면 마음이 변할지 모르지만 그 때 제가 느낀 게 예수 믿고 예수를 위해서 고난을 받는다는 게 이렇게 기쁜 것이구나. 아직까지 더 큰 고난은 저에게 안 주시네요. '주를 위하여 핍박을 받는 자는 복이 있나니 천국이 저희 것임이라'고 하셨습니다.

하나님의 계산법은 우리하고 많이 다릅니다. 보세요. 하나님의 형상대로 만든 피조물을, 하나님을 반역하고 떠난 우리를 하나님의 독생하신 아들을 죽기까지하고 우리를 구원하셨고 또 하나님 나라의 상급을 주시는데 예수 믿는 자에게는 과거에 있던 모든 죄를 다 용서해주고 묻지 않겠다는 것입니다. 그런데 냉수 한 그릇도 잊지 않고 하나님이 기억해서 상급을 주시겠다는 것입니다. 우리의 잘못은 기억하지 않고 눈꼽만큼도 주를 위한 건 기억하고 상급을 주신다는 것입니다. 이것이 하나님의 계산법입니다.

사랑의 계산법. 자녀를 사랑하죠? 자녀를 위해서 부모님이 모든 희생과 헌신을 하는데 애를 먹일 때도 많은데 한 번 부모님에게 잘하면 너무 좋아서 못한 거 다 잊어먹고 너무너무 행복해요. 늘 용돈을 부모가 주면서 용돈 중에 100분의 1만 어버이날 선물하면 너무너무 행복해요. 왜 그래요? 사랑하기 때문에 그래요. 사랑하기 때문에 내가 수고하고 헌신하고 희생한 건 기억함이 없고 그가 나를 위해서 한 것은 다 기억하는 것이 사랑의 계산법입니다. 우리 하나님은 우리의 허물을 그리스도 안에서 정죄함이 없다고 하셨고, 우리 모든 잘못을 주님의 십자가의 보혈의 능력으로 용서해주실 뿐만 아니라, 주를 위한 예배, 주를 위한 헌금, 주를 위한 봉사, 주를 위한 희생, 주를 위한 고난을 낱낱이 기록하고 하나님께서 기억하셔서 우리에게 영광스러운 상급을 주신다는 것입니다.

주님께서 우리에게 주시는 그 영광은 이 땅의 고난과 비교할 수 없습니다. 예수님 때문에 가정으로나 직장에서나 사회에서나 앞으로의 고난도 많이 일어날 것입니다. 그런 일이 있다고 해서, 하나님 왜 이러십니까? 나는 잘 믿는데 왜 이렇게 하십니까? 이러지 마시고, "주를 위한 고난이 너무 기쁩니다. 주를 위한 고난이 내게는 상급이고 복임을 믿습니다"라고 하세요. 그런 믿음과 신앙을 가지기를 예수님의 이름으로 축복합니다.

19-22절, '피조물이 고대하는 바는 하나님의 아들들이 나타나는 것이니 피조물이 허무한 데 굴복하는 것은 자기 뜻이 아니요 오직 굴복하게 하시는 이로 말미암음이라 그 바라는 것은 피조물도 썩어짐의 종 노릇 한 데서 해방되어 하나님의 자녀들의 영광의 자유에 이르는 것이니라 피조물이 다 이제까지 함께 탄식하며 함께 고통을 겪고 있는 것을 우리가 아느니라.'

우리가 지음 받을 때 그 하나님이 창조하는 중심이 사람이에요. 사람을 위해서 다른 피조물도 다 만드셨어요. 그런데 사람이 하나님께 범죄하고 나니까 가시덤불과 엉겅퀴가 나고, 사자가 풀을 뜯어 먹다 이빨이 나서 다른 짐승을 잡고 피를 내야 먹고 살게 만들고, 이 세상이 어렵고 힘들고 각박하게 됐어요.

복음의 능력은 사람만 구원하는 것이 아니라 피조물도 탄식하면서 그것을 기다린다고 하는 것입니다. 인간이 범죄하고, 부패하고, 타락해서 우리에게 죽음과 가난과 고통과 병과 지옥이 왔을 뿐만 아니라, 피조물도 저주 아래 있게 되었다는 것입니다. 꽃이 참 아름답지요. 산이 아름답고 물이 아름답고 날아가는 새가 너무 보기 좋고. 그런데 그게 다 저주 아래 있는 게 그 정도입니다.

이제 꽃을 보고 나무를 보거든 죄송한 마음으로 다니시기 바랍니다. "내가 죄 지어서 너희들이 고생하는구나, 미안하다." 나무 그늘 밑에서 시원하다고 말할 게 아니라, "미안하다." 왜냐하면 우리 때문에 피조물도 고통한다는 것입니다. 그런데 복음의 회복을 통해서 탄식하면서 기다립니다. 이제, 하나님의 아들의 영광을 위해서 살고 싶다는 것입니다.

21절, '그 바라는 것은 피조물도 썩어짐의 종노릇 한 데서 해방되어 하나님의 자녀들의 영광의 자유에 이르는 것이니라.'

주님의 십자가의 보혈의 능력은 범죄한 인간만 구원하는 데 그치지 않고 모든 만물의 회복까지 주님의 십자가를 통하여 회복하는 은혜이십니다. '예수 그리스도를 통해서 만물이 통일되게 함이니라.' 모든 만물이 예수님께 무릎 꿇고 하나님께 영광 돌리는 것이 하나님의 뜻이십니다. 복음은 얼마나 놀라운 것인지. 하나님은 예수 안에서 우리를 얼마나 놀랍게 사랑하시는지. 이 사랑을 믿으시기 바랍니다.

세상에서 좀 인정받지 못해도. 좀 업신여김을 당하고 억울한 일을 당하고, 말할 수 없는 위로받을 수 없는 아픈 가슴이 있다 할지라도 그것을 부여안고 살지 마시고 하나님이 우리를 사랑하시는 그 사랑을 받는 자인 줄 알고 확신하면서 기쁨으로 승리하는 성도가 되기를 예수님의 이름으로 축복합니다.

23-25절, '그뿐 아니라 또한 우리 곧 성령의 처음 익은 열매를 받은 우리까지도

속으로 탄식하여 양자 될 것 곧 우리 몸의 속량을 기다리느니라 우리가 소망으로 구원을 얻었으매 보이는 소망이 소망이 아니니 보는 것을 누가 바라리요 만일 우리가 보지 못하는 것을 바라면 참음으로 기다릴지니라.'

예수 믿고 구원받아서 하나님의 자녀가 되었지만 이 육신은 아직 이 세상에 속해있고, 제한되어 있고, 부패되어 있고, 약하고 병들고, 이런 육체를 갖고 삽니다. 이것을 좀 더 영광스럽게 신령한 육체로, 영광스런 육체로, 죽지 않는 육체, 늙지 않는 육체로 있고 싶지 않습니까? 이 방법이 두 가지에요. 예수님이 다시 올 때, 홀연히 변화되어서 영광스러운 몸을 입는다고 하는 것입니다. 또 하나는 이 썩어질 육체를 벗어버리는 것입니다. 이것을 보고 우리는 육체의 죽음이라고 말합니다. 이 육체의 죽음이 필요한 이유는 이것 가지고는 영원한 아버지 나라에 합당하지 않기 때문에. 그래서 이것을 벗어버리고 주님 오는 날 영광스러운 몸을 입게 됨을 믿습니다.

그리스도 안에서 육신적으로 죽은 자들은 죽었다 하지 않고 잠자는 자들이다. 다시 우리가 영광스러운 완전한 하나님의 은혜와 구원에 이르는 하나의 과정인 것입니다. 누에가 나방이 되기 위해서 허물을 벗고 나방이 되고 날아서 자유함 같이.

우리가 이 썩어질 육체를 벗어버리는 과정이기 때문에. 혹시 여러분 주위에 슬픔을 당하고 아픔을 당하고 육신의 이별을 당한다 할지라도 너무 슬퍼하지 마시고 소망을 바라보면서 다시 힘을 얻어서 우리가 하나님의 소망을 가져야 될 줄 믿습니다.

23절, '그뿐 아니라 또한 우리 곧 성령의 처음 익은 열매를 받은 우리까지도 속

으로 탄식하여 양자 될 것 곧 우리 몸의 속량을 기다리느니라.'

예수 믿고 성령이 우리에게 오신 걸 처음 익은 열매라고 했어요. 우리의 진정한 소원은 땅의 소망이 아니라, 땅의 꿈이나 비전이 아니라, 하나님의 나라입니다. 이 땅에 보이는 것은 완전한 소망이 아닙니다. 여러분이 평생 수십 년 동안 돈 벌어도 갈 때는 놓고 갑니다. 수십 년 간 배운 지식도 그냥 두고 갑니다. 소망이 아니기 때문에. 내가 가진 많은 업적도 두고 갑니다.

우리의 진정한 소망은 하나님 나라에 있는 것입니다. 그것이 소원이고 영원히 변하지 않고 흔들리지 않는 것이기 때문에 사도 바울은 내가 달려갈 길 다 달려가며 내가 싸움을 다 싸웠으니, 이제는 나를 위해서 의의 면류관이 예비되었다 하였습니다.

사도 바울은 면류관 주실 것을 알고 산 줄로 믿습니다. 우리는 천국 갈 줄 알고 삽니다. '목사님, 천국 봤습니까?' 제가 천국을 본 들 여러분이 믿겠습니까? 확신하겠습니까? 여러분, 저는 천국을 못 봤지만 확실히 믿습니다.

하나님의 말씀대로 수천 년 동안 그리스도께서 오신다고 약속하시고 성경대로 오셨습니다. 하나님의 성령으로 동정녀 마리아에게서 낳으시고, 이 땅에 오셔서 성경대로 행하시고, 성경대로 죽으시고, 성경대로 다시 살아나시고, 예수님께서 내가 가면 보혜사 성령을 보내겠다 약속대로 마가다락방에 성령이 충만하게 임했습니다. 믿는 자에게 성령을 주시겠다는 약속대로 성령을 우리에게 선물로 주셔서 우리 마음속에 하나님의 성령이 계십니다.

그렇다면 예수님은 하나님 나라에 가서 처소를 예비하고 다시 오신다는 말씀대로 하나님 나라는 분명히 있습니다. 지금까지 약속이 다 이루어졌는데 하필 천국만 안 믿을 이유가 있습니까. 믿는 것이 더 자연스럽고 확실한 사실이십니다.

저희 아버지를 못 보셨잖아요. 여러분, 그런데 아버지가 계셨어요. 저를 보면요. 여러분 속에 하나님의 성령이 계셔서 하나님이 계시면 하나님 나라는 있는 것입니다. 하나님의 나라는 이 땅과 같지 않습니다. 어떤 사람은 귀신 들렸어요. 귀신이 있다는 것은 지옥이 있는 것이고, 지옥은 가게 되어 있는 것입니다.

천국이 있다는 걸 확실히 믿으시고 천국의 소망과 비전과 천국의 상급이 있다는 것을 확실히 믿는 사람은 예배 생활이 달라집니다. 기도생활이, 삶이, 목적이, 소원이, 가치관이 달라지고, 우리는 달라져야 하는 것입니다. 그래야만 그리스도인으로서 바르게 사는 것입니다. 그래서 사도 바울은 우리의 몸의 속량을 바란다고 하였습니다.

26절. 이와 같이 성령도 우리의 연약함을 도우시나니 우리는 마땅히 기도할 바를 알지 못하나 오직 성령이 말할 수 없는 탄식으로 우리를 위하여 친히 간구하시느니라 마음을 살피시는 이가 성령의 생각을 아시나니 이는 성령이 하나님의 뜻대로 성도를 위하여 간구하심이니라.'

저와 여러분은 행복한 사람입니다.

히브리서 7장 25절, "그러므로 자기를 힘입어 하나님께 나아가는 자들을 온전히 구원하실 수 있으니 이는 그가 (영원한 대제사장이신 예수님이) 항상 살아 계셔서 그들을 위하여 간구하심이라." 우리를 위하여 기도하시는 예수님은 하나님 우편에 계십니다. 또 땅에서는 하나님의 성령이 우리 속에서 무엇을 기도해야 할지 알지 못하지만 말할 수 없는 탄식으로 우리를 위해서 계속 하나님께 간구하고 계신다고 합니다.

예수님도 기도하고 성령님도 기도하니까 우리는 안 해도 되겠네요? 잔머리 굴리지 마세요. 하나님은 우리가 주님 앞에 기도하고 간구하기를 원하시고, 응답하기를 원하십니다. 땅에 살아있는 동안 하나님과 우리가 교통하기를 원하십니다. 교제하기를 원하십니다. 사랑하기 때문에.

가족을 사랑하죠? 그런데 말하지 않고 밥만 먹고 직장 갔다가 와서 자면 재미있어요? 살아가면서 가족이 대화하고 도움을 받기도 하고 도와주기도 하고 사랑을 표현하기도 하고 이렇게 사는 것이 행복인 것입니다. 우리가 하나님의 자녀로 이 땅에 우리를 위해서 간구하는 예수 그리스도께서 계시고 성령도 계시지만 우리를 위해 모든 것을 간구하고 우리를 인도하고 은혜와 복을 주시지만 하나님은 우리와 교제하기를 원하십니다. 이것이 기도입니다.

아무리 하나님과 교제하고 기도하기를 원해도 우리 속에 성령이 계시지 않으면 하나님과 교통할 수가 없습니다. 예수 믿는 자에게 주시는 최고의 선물인 성령을 주신 것이십니다. 이것이 구원이에요. 교회 다니고 직분을 가지고 일하고 아니에요. 우리에게 성령이 계신 것이 하나님의 자녀인 증거이십니다.

우리가 얼마나 행복한 사람입니까. 예수 그리스도의 십자가의 보혈을 통해서 우리를 하나님의 자녀 되게 하셔서 하나님 나라의 상속자가 되게 하시고, 우리를 위해 피 흘려 구원하시고 예수님께서 하나님 우편에서 우리를 위해 기도하시고 우리 안에 계신 성령은 우리를 위해서 말할 수 없는 탄식으로 기도하시고, 우리는 이처럼 하나님께 사랑받고 존귀한 자가 되었습니다. 세상의 어떤 사람이 이런 은혜와 복을 누리겠습니까? 예수 믿는 저희들이 이런 복을 누립니다.

28절. '우리가 알거니와 하나님을 사랑하는 자 곧 그의 뜻대로 부르심을 입은 자들에게는 모든 것이 합력하여 선을 이루느니라.'

하나님께 부름을 입은 사람은 하나님의 은혜를 알기 때문에 하나님을 사랑합니다. 우리가 하나님의 부름을 받아서 우리의 노력과 판단이 아니라 은혜로 부름을 받아서 하나님을 알게 되고, 예수 믿고 나니까 이 크고 놀라운 사랑을 알게 되니까 하나님을 사랑하게 되었습니다. 이런 사람에게는 어떤 것도 합력하여 선을 이룹니다.

하나님께 부름 받지 않고는 하나님을 사랑할 수가 없습니다. 때로 우리 신앙생활을 할 때 이해가 안 될 때가 있습니다. '하나님, 왜 이러십니까? 이것은 너무 어렵습니다. 불신자는 잘 되는데 우리는 왜 이렇습니까?' 바꿔야 됩니다. 하나님 이것도 합력하여 선을 이루십니다. 감사합니다. 우리의 분별력과 판단력은 정확하지 않습니다. 우리 스스로 우리 자신을 위하는 것 같지만 완전하지 않습니다. 하나님이 하시는 일은 이 땅과 주님의 나라를 향하여서 우리에게 합력하여 선을 이루시는 줄 믿습니다.

사도 바울은 우리하고 비교되지 않는 사람입니다. 그는 정말 하나님의 사람이었습니다. 예수의 사람이었습니다. 밤낮으로 기도하고 먹든지 마시든지 하나님의 영광을 위해서 살면서 때를 얻든지 못 얻든지 복음 전하며 결국 고난받아 순교했습니다. 얼마나 하나님을 향하여 말할 게 많겠습니

까. '하나님 왜 이러십니까? 이것이 무슨 유익이 있겠습니까?'

그러나 그는 그러하지 않았습니다. 사도 바울은 더 주님께 충성스러운 자가 되고 순교하는 최고의 은혜와 복을 받은 줄로 믿습니다. 우리 인간적인 계산으로 하지 마시고 꼭 어떤 일을 당하든지, '하나님, 왜 이러십니까가 아니라 하나님, 이것도 합력하여 선을 이루시는 줄 믿습니다. 나는 이해할 수가 없고, 나는 도무지 그 부분에 대해서 알지 못하지만, 하나님은 그의 아들을 이 땅에 보내사 죽기까지 하셔서 구원하신 하나님께서 이것도 합력하여 선이 되고 복이 되게 하는 줄 믿습니다. 감사합니다.'

이런 믿음으로 우리가 주님을 바라보고 믿을 때, 세상도 승리하고, 하나님 나라를 위하여 살며 승리하게 됩니다. 어떤 것도 합력하여 선을 이룹니다. 요셉이 팔려갔습니다. 억울하게 감옥에 갔습니다. 감옥 생활합니다. 이해가 안되지요. 합력하여 선을 이뤄서 주의 큰 일을 한 줄 것입니다. 다윗도 말할 수 없는 고난을 받았습니다. 이해가 안되지요. 바울도 제자들도 사도들도 우리는 머리로 이해할 수 없지만 하나님의 말씀대로 합력하여 선을 이루심을 우리가 믿습니다.

29-30절, '하나님이 미리 아신 자들을 또한 그 아들의 형상을 본받게 하기 위하여 미리 정하셨으니 이는 그로 많은 형제 중에서 맏아들이 되게 하려 하심이니라 또 미리 정하신 그들을 또한 부르시고 부르신 그들을 또한 의롭다 하시고 의롭다 하신 그들을 또한 영화롭게 하셨느니라.'

미리 아셨다는 말은 미리 우리를 사랑하셔서 하나님이 우리를 부르셨어요. 불러서 말씀을 듣게 하시고, 예수 믿고 우리를 의롭게 하셨어요. 의롭게 하시고 또한 하나님 나라에서 영화롭게 하실 분도 하나님이에요. 모든 것이 하나님의 은혜입니다. 우리가 주님이 우리를 사랑하지 않고 부르시지 않으셨다면 하나님 앞에 올 수 있는 사람 아무도 없습니다. 하나님께서 불러서 왔다 할지라도 하나님의 말씀을 듣고 우리에게 믿음의 은혜를 주셨기 때문에 예수님을 하나님의 아들 그리스도로 믿고, 구주로 영접해서 하나님의 자녀로 의롭게 되었습니다. 의롭게 된 우리를 또한 영화롭게 하실 분도 주님이십니다.

여러분 속에 예수 그리스도께서 계신다면 염려하지 마시고 담대하시기 바랍니다. 때로는 우리가 부족하고 넘어진다 할지라도 다시 일어나 주님을 바라보고 걸어가시기 바랍니다. 영화롭게 하실 분도 우리 하나님이시기 때문에 그런 줄 믿습니다. 하나님은 놀라운 은혜를 우리에게 주셨습니다. 세상에 어떤 것과도 바꿀 수 없는 우리를 사랑하셔서 최고의 은혜와 복을 주신 분이 하나님입니다.

우리는 하나님을 영화롭게 하기 위해서, 하나님을 기쁘게 하기 위해서, 주의 일을 위해서, 수고하고 열심히 하고 때로는 의를 위해서 핍박을 받고 고난 받고 어려움을 당한다고 할지라도, 염려하지 마시고 기뻐하면서 고난 받는 것은 당연한 것인 줄 알고 합력하여 선을 이룸을 믿으시고, 끝까지 승리하는 주의 백성들 되기를 예수님 이름으로 축복합니다.

15강 | 롬 8:31-38

우리는 행복한 사람입니다. 맞습니까? 우리가 행복한 사람이란 것은 돈이 많다든가 또 무슨 직위를 가졌다든가, 다른 사람보다 많이 가진 것 때문이 아니라, 그것도 행복의 조건일 수 있지만, 우리는 창조자의 사랑받는 자입니다. 하나님의 사랑받는 자가 되니 얼마나 행복합니까. 우리는 하나님의 은혜를 받은 자입니다.

그 하나님의 사랑은 변하지 않는 사랑이고, 영원한 사랑이기 때문에 그 사랑을 받은 우리는 늘 기쁘고 행복합니다. 그 사랑이 우리에게 어떻게 나타났느냐면 우리가 죄인 되었을 때, 하나님이 우리를 먼저 택하셨어요. 택하시고 우리를 구원받게 하시고 의롭게 하시고 영화롭게 하실 분도 주님이십니다.

31절 상, '그런즉 이 일에 대하여 우리가 무슨 말 하리요.'

이 일은 택하신 분도 하나님이시고, 부르신 분도 하나님이시고, 믿게 하신 분도 하나님이시고, 우리를 변화시켜서 영화롭게 하실 분도 하나님이시고, 모든 것이 하나님의 은혜이십니다. 택함을 받는다는 것도 어떤 분은 하나님이 어떤 사람은 구원 못 받도록 버리고 어떤 사람은 택했다 이렇게 이해해요. 그렇지 않습니다. '모든 사람이 죄를 범하였으매 하나님의 영광

에 이르지 못하더니.'

인간이 하나님의 형상대로 복되게 사랑받도록, 영원하도록, 행복하게 지음 받았는데 인간이 하나님을 배반했어요. 반역하고 하나님을 떠났어요. 그 사람을 하나님이 사랑하신 줄 믿습니다. 사랑 받을만하고 의로운데 하나님이 지옥 보내고, 이것이 아니에요.

창세기 5장에 보면 하나님의 형상대로 지음 받은 인간이 하나님을 반역한 후에 범죄 한 이후에 아이를 낳으니까 하나님의 형상이 아니라 아담의 형상, 죄인의 형상으로 낳았어요. 하나님이 우리를 구원하기 위해서 하나님의 형상을 가진 분이 오셔야 되기 때문에 하나님의 아들 예수님을 동정녀에게 성령으로 잉태되어서 낳게 하신 줄 믿습니다.

고린도후서 4장 4절에, '예수 그리스도는 하나님의 형상이니라.' 고 했습니다. 모든 사람이 구원받을 수 있는 자격이 하나도 없을 때 하나님이 우리를 택하신 것입니다. 왜 택하셨느냐? 그냥 사랑해서. 제일 무서운 사랑이 그냥 사랑하는 것입니다. 하나님이 그냥 사랑하셔서. 그래서 우리가 택함을 받았다는 건 하나님의 은혜라는 것입니다.

이 세상의 모든 사람이 구원받기를 하나님은 원하지만, 성경에는 모든 사람이 다 구원받는 건 아니라고 하십니다. 절대적으로 하나님을 안 믿고 거부하는 사람을 하나님은 그냥 내버려 뒀다는 것입니다.

로마서 1장에, '그 정욕대로 버려두사' 라고 했습니다. 하나님이 택해서 우리에게 은혜 주시니까 구원이지 우리도 가만 버려두면 지옥이에요. 하나님이 지옥 보내는 게 아니고 그 죄로 말미암아 하나님의 공의의 심판 아래서 선고받은 것이 멸망인 것입니다. 하나님이 우리를 택하셨다는 것은 얼마나 은혜로운가요? 예수님 당시에도 예수님 말씀을 듣고 표적과 기사를 보고 죽은 자가 살아나고 귀신 떠나는 걸 봤지만 끝까지 예수님을 하나님의 아들인 그리스도를 믿지 않고 오히려 죽이려는 사람도 있습니다.

요즘에도 우리 가운데 우리가 전도하다 보면 말씀을 듣고 믿는 사람도 있고, 안 믿는 사람도 있어요. 안 믿는 사람도 그 때 안 믿는다고 해서 너 안 되겠구나, 생각 할 필요는 없습니다. 언제 또 하나님께로 돌아올지도 모릅니다. 그러나 끝까지 하나님을 거부한다고 할 때, 그는 택함을 받지 못한 사람이라고 아는 것이지요.

우리가 누군지 모르기 때문에 예수님을 전합니다. 전하면 반응을 하게 되는 것입니다. 어떤 사람을 찾아요? 구원받는 사람을 찾는 게 전도입니다. 우리의 말로나 능력으로 힘으로 구원하는 게 아니고 구원받을 사람을 찾는 방법이 복음을 전하는 일이십니다. 이 일을 위해서 택하시고 부르셨어요. 친구를 통해서든지 가족을 통해서든지 직장을 통해서든지 부르셔서 말씀을 듣게 하시므로 믿게 하시고 우리를 의롭게 하셨어요.

우리는 구원 받은 의인이지만, 하나님께 용서받았지만, 그래도 우리는 부패되고 약해있기 때문에 실수하고 죄를 짓잖아요. 이러면서 통회하고 회개함을 통해서 다시 주님께로 가까이 가면서 자꾸만 예수님을 닮아가는 걸 성화라고 합니다. 생명이 있는 사람, 예수 그리스도를 정말 믿고 구원받은 사람은 천천히든지 빨리든지 변화되고 신앙이 성숙되는 것이 맞습니다. 말도 변하고 행동도 변하는 것이 맞습니다. 죽을 때까지 안 변한다.. 할 말이 없습니다. 그럴 수는 없습니다. 천천히라도 우리가 변해가는 게 생명의 특징입니다.

반드시 생명은 변하고 성숙되고. 그렇기 때문에 오래 믿고 중직이고 열심히 할수록 예수님을 더 닮아가는 것이 바른 신앙입니다. 혹간에는 오래 신앙생활하고 오래 믿은 사람들이 예수님하고 안 닮았어요. 겸손하지도, 사랑하지도, 하나되지도, 용납하지도 않고. 교회 덕을 세우려고도 하지 않고… 그것은 아니지요. 신앙을 잘못 알고 있는 것입니다.

우리가 예수님을 만나고, 하나님을 경외하는 신앙, 하나님을 믿는 신앙은 우리가 성숙되는 것이 맞는 것이십니다. 그래서 우리가 아무리 성숙되도 영광스럽지는 않습니다. 하나님 나라에 가면 영광스럽게 되는 것입니다. 이런 모든 일을 우리에게 주신 분이 하나님이십니다.

31절. '그런즉 이 일에 대하여 우리가 무슨 말 하리요 만일 하나님이 우리를 위하시면 누가 우리를 대적하리요.'

이렇게 하나님이 우리를 사랑하셔서 의롭게 하셨는데 누가 대적해서 죄 있겠다고 할 수 있겠느냐. 우리를 의롭다 하신 분은 하나님이시기 때문에. 사람이 사람을 의롭다고 할 수 없고, 정죄할 수 없잖아요. 다 죄인인데 누굴 정죄해요. 오직 정죄하실 분도 하나님이시고, 우리를 의롭게 하실 분도 오직 하나님 한 분 밖에는 계시지 않습니다. 자기 아들을 아끼지 아니하시고 우리 모든 사람을 위하여 내주신 이가 어찌 그 아들과 함께 모든 것을 우리에게 주시지 아니하겠느냐?

우리에게는 세상이 대단하게 보입니다. 돈 많이 가진 사람, 권력 많은 사람, 땅을 많이 가진 사람, 지식 많은 사람, 업적 많은 사람이 대단해 보입니다. 하나님께서 볼 때는 아무 것도 아니에요. 하나님은 온 하늘을 하나님 보좌 삼으신다고 했어요. 이 지구 땅덩어리가 하나님 발등상이라고 했어요. 우리가 볼 때는 아무것도 아닙니다.

그러나 하나님 앞에서 대단한 것이 있습니다. 그것은 하나님의 아들을 이 땅에 보내사 우리 죄를 대신해서 죽고, 하나님의 공의 앞에 죄값을 지불하고 우리를 하나님의 자녀로 삼으신 사건이 하나님께는 최고 중요한 사건입니다. 때로는 우리가 하나님의 사랑을 가정 속에서 물질, 건강 속에서 느낄 수 있습니다. 하나님의 사랑의 절정 최고봉은 하나님이 우리에게 아들을 주신 것입니다. 그것이 하나님의 사랑의 최고의 정상입니다. 하나님이 세상을 이처럼 사랑하사 독생자를 주셨습니다.

'우리가 아직 죄인이었을 때 그리스도께서 우리를 위해서 죽으심으로 하나님이 우리에 대한 자기의 사랑을 확증하셨느니라.' 여기에도 하나님의 사랑을 아들을 주신 것이라고 합니다. 요한일서 4장 10절에도. '우리가 하나님을 사랑한 것이 아니요 하나님이 우리를 사랑하사 독생자를 주신 것이다.'

여러분, 하나님이 우리를 사랑한 그 사랑이 최고의 사랑입니다. 더 이상의 사랑은 없습니다. 그래서 하나님이 아들을 아끼지 아니한 하나님께서 우리에게 무엇을 더 아끼겠느냐. 아들과 함께 모든 것을 주시지 않겠느냐? 하나님이 우리에게 주신 은혜가 얼마나 큰데 때로는 알지 못하는 이유는 우리가 악하고 영적으로 둔하여서 느끼지 못할 때가 많이 있어요. 하나님이 우리에게 주시는 은혜를 깨닫고 발견하는 은혜와 복이 있기를 예수님의 이름으로 축복합니다.

사람은 참 악하고 부패되어 있어요. 자녀를 키워보셨죠? 자녀가 요구하는 대로 모든 것을 다해주면 그 자녀는 거의 효자가 안 됩니다. 부모를 몰라요. 당연히 부모는 그렇게 해야지 라고 생각합니다. 감사하지 않습니다. 부모님의 고생과 어려움을 함께 느끼고 깨닫는 사람은 거의 효자가 됩니다. 아 나를 이렇게 사랑하셨구나, 힘들게 키워주셨구나, 우리가 늘 건강할 때는 하나님의 은혜를 별로 못 느낍니다. 반쯤 죽다가 살아나면 눈물 흘리고 감사하다고. 우리는 왜 이런지 모르겠어요.

늘 예배 잘 드리면 예배드리는 게 은혜인 줄 모릅니다. 예배드릴 수 없는 어려움과 핍박을 당하면 눈물을 흘리면서 감사하다고 합니다. 늘 먹을 것이 있으면요. 밥 한 그릇 놓고 가슴에 넘치는 감사하면서 식사하십니까. 대강합니다. 하나님의 은혜가 얼마나 큰지요. 우리는 늘 은혜를 주시옵소서, 복을 주시옵소서, 기도를 많이 하는데 그것도 중요하지만 더 귀한 것은 우리에게 주신 은혜를 알게 하시옵소서. 은총을 알게 하시옵소서, 라고 간구하는 것입니다.

무디라는 사람은 구두 수선공으로서 무식한 사람이었습니다. 그러나 한때는 온 미국을 변화시킬 만큼 대단한 역사가 무디를 통해서 일어났습니다. 그는 마차를 타고 가다가, 이렇게 기도합니다. "하나님이여, 그만 성령을 주시옵소서. 내가 뜨거워서 견딜 수가 없습니다." 마차에서 뛰어내려서 전봇대를 붙들고 기도했습니다. 그만 달라고. 우린 더 달라고 더 달라고 맨날 맨날.. 주신 은혜를 잊어버려서. 주신 복을 잊어버려서. 주신 사랑을 잊어버려서. 하나님이 우리에게 주신 크고 놀라운 은혜와 사랑을 늘 기억하고 발견하여 기도하기를 주님의 이름으로 축복합니다.

저는 하나님이 저를 사랑한다는 걸 믿습니다. 하나님의 은혜입니다. 예수님이 하나님이시고, 이 땅에 성경대로 오셨고, 성경대로 죽으시고, 성경대로 살아나시고, 성경대로 성령으로 오시고, 하나님 우편에 계시고, 저희 속에 계심을 정말로 믿고. 하나님이 그 아들을 주신 것이 정말 주님의 사랑인 걸 제가 믿고 나니까 늘 마음속에 제가 어려움을 당하거나 힘든 일이 있거나 어떤 사람의 말을 들어도 전혀 개의치 않아요. 제 마음속에 하나님이 저를 사랑한다는 그 사랑은 아무도 흔들 수가 없습니다. 어떤 말을 들어도 제 마음속에 깊이 들어오지 않아요. 알아주지 않아도 괜찮고, 욕해도 괜찮아요. 별 문제가 아니에요.

좋은 말을 듣고 살면 좋겠지만, 세상 사람들은 하고 싶은 대로 험한 말 다합니다. 그 말 들을 때마다 내가 아프다고 상처받았다고 힘들다고 시험 들었다고 하면 어떻게 살 것입니까? 세상 사람들의 어떤 말보다도 하나님이 우리를 사랑하는 그 사랑은 더 크고 견고한 것입니다. 하나님의 사랑이기 때문입니다.

요한복음 10장 28절에, '내가 그들에게 영생을 주노니 영원히 멸망하지 아니할 것이요 또 그들을 내 손에서 빼앗을 자가 없느니라.' 라고 하였습니다. 그 이유는 '아버지는 만유보다 크시며 아무도 아버지 손에서 뺏을 수가 없느니라 아버지와 나는 하나이니라.' 우리는 그 사랑을 받은 자들입니다. 우리는 잘 믿지 않기 때문에 하나님 사랑을 잘 모를 뿐이고, 영적으로 우둔하기 때문에 안 믿기 때문에 잘 모를 뿐입니다. 하나님의 사랑은 우리의 발걸음마다 우리 모든 삶 속에 가득한 줄 믿기를 주의 이름으로 축복합니다.

33절, '누가 능히 하나님께서 택하신 자들을 고발하리요 의롭다 하신 이는 하나님이시니.'

우리를 의롭다하신 분은 하나님이신데 누가 우리를 하나님 앞에 정죄 받았다고 고발할 수 있겠느냐는 것입니다. 아무도 우리를 정죄할 수 없을 만큼 확실한 것입니다.

34절, '누가 정죄하리요 죽으실 뿐 아니라 다시 살아나신 이는 그리스도 예수시니 그는 하나님 우편에 계신 자요 우리를 위하여 간구하시는 자시니라.'

하나님이 우리를 위해서 그의 아들을 보내사 죽고 살게 하신 사랑으로 우리를 사랑하신 것입니다. 세상에 친구를 위하여 목숨을 버리면 이 보다 큰 사랑이 없다고 했는데, 최고의 사랑으로 우리가 구원받은 것입니다. 그리고 그는 하나님 우편에 계신 권세 가지신 분입니다. 만약 사랑만 있고 권세가 없다면 우리를 구원하지 못할 것입니다.

또한 권세는 있는데 사랑이 없다면 우리를 구원 못 하십니다. 우리 구주는 사랑으로 우리를 위해서 죽으실 뿐만 아니라 하늘과 땅의 권세를 가지신 분입니다. 그리고 그 예수님은 하나님 우편에서 지금도 우리를 위하여 기도하고 계시는 분입니다. 그 큰 그리스도의 사랑에서 누가 과연 끊을 수가 있겠느냐는 것입니다. 우리는 그만큼 견고한 하나님의 구원과 사랑을 받은 행복한 사람입니다.

이것을 아는 사람들은 때로는 핍박 속에서도 기뻐하고 가난 속에서도 굶주림 속에서도 어려움 속에서도 그 안에 있는 기쁨을 아무도 뺏어갈 수가 없었습니다. 이것이 그리스도의 신앙입니다. 그래서 바울은 데살로니가에 편지하면서 항상 기뻐하라고 하였습니다. 세상에 살면서 어려움도 많이 겪지요. 그런 것 때문에 여러분 속에 있는 기쁨을 빼앗기지 마시기 바랍니다. 하나님이 우리를 사랑하시는 그 사랑으로 우리는 기뻐하는 것입니다.

35절, '누가 우리를 그리스도의 사랑에서 끊으리요 환난이나 곤고나 박해나 기근이나 적신이나 위험이나 칼이랴.'

환난은 어려움의 모든 것을 통칭하는 것입니다. 곤고는 막을 수 없는 재난입니다. 때로는 우리가 살면서 우리 힘으로 막을 수 없는 어려움이 오고 막을 수 없는 고통이 오고 막을 수 없는 힘든 일이 오고, 그러나 그것 가지고는 하나님의 사랑을 막을 수 없다는 것입니다. 때로는 기근, 배고픔이나, 헐벗음이나 위험이나 칼이나. 사실은 우리가 예수님을 믿는다고 이런 걸 당합니까.

사도 바울은 실제로 이런 일을 당하면서도 기록했다는 것을 아셔야 합니다. 때로는 배고픔을 당하기도하고 환난을 당하기도 하고 곤고하기도 하고 매를 맞기도 하고 감옥에 들어가기도 하고 위험한 일을 수없이도 많이 하고 그런 일을 하루만 겪은 게 아니라 날마다 겪으면서도 하나님이 사랑하는 그리스도 안에 있는 사랑을 아무도 빼앗을 수 없다고 해서 바울은 기뻐하고 기뻐하였습니다. 하나님이 우리에게 주신 기쁨은 환경이나 사람의 제한을 받는 기쁨이 아닙니다. 변하지 않는 주의 약속을 믿기를 주의 이름으로 축복합니다.

36절, '기록된 바 우리가 종일 주를 위하여 죽임을 당하게 되며 도살 당할 양 같이 여김을 받았나이다 함과 같으니라.'

종일이라는 말은 항상이라는 말입니다. 항상 그런 어려움과 죽임을 당할 위기 속에서도 사도 바울은 아무도 하나님의 사랑에서 끊을 수가 없다 했습니다. 우리가 너무 편해서, 너무 복을 많이 받아서, 너무 행복해서 행복을 모를 수 있습니다. 우리 자신을 하나님께 내려놓고, "하나님이여, 정말 내가 하나님이 주신 은혜를 알고 사랑을 알고 받은 복을 알고 우리가 행복한 삶을 살기를 원합니다." 이것이 우리의 기도입니다.

모든 성도는 예수님 때문에 행복해야 합니다. 주님의 명령입니다. 항상 기뻐하라는 것은 명령입니다. 쉬지 말고 기도하고, 범사에 감사하라는 말씀도 명령입니다. 하나님이 명령을 할 수 밖에 없을 만큼 우리에게 복을 주신 것이고, 기쁨을 주신 것입니다. 하나님의 크고 놀라운 은혜는 도무지 상상할 수가 없습니다. 측량할 수가 없습니다.

우리는 피조물이요 우리는 죄인입니다. 무슨 우리가 하나님의 사랑을 받을 가치나 자격이 있습니까? 아무 사랑받을 가치가 없는 우리에게, 창조주이신 하나님이 이 땅에 사람으로 오셔서 우리를 위해 대신 죽으시고, 하나님의 공의 앞에 피값을 지불하시고 우리를 그리스도 안에서 사신 것입니다. 사도 바울은 나는 내 것이 아니요 그리스도의 것이라고 고백했습니다.

그리고 우리를 그냥 두지 않고 하나님의 자녀가 되며, 하나님 나라의 상속자가 되게 하시고, 우리 속에 계셔서 우리를 위해서 말할 수 없는 탄식으로 기도하시고, 하나님 우편에서 기도하시고, 영원히 떠나지 않으시고. 더 이상 무슨 사랑을 해주셔야 됩니까. 더 이상 무슨 복을 주셔야 됩니까. 하나님이 우리를 사랑하고 복도 주실 것도 없이 다 주셨어요. 하나님의 아들을 주신 것처럼 놀라운 것입니다. 사람들에게 조그만 아픈 말을 듣고 상처 받는 말을 듣고 힘든 말을 듣고 묶여서 원망하고 불평하고 못 살겠다 못 믿겠다고 그렇게 하지 마시기 바랍니다.

주님은 죄 없으시지만 채찍에 맞으시고, 조롱을 당하시고, 침 뱉음 당하시고, 마귀에게 맞으시고 십자가에 달려 피 흘리시면서 아무 말씀하지 않으셨어요. 오히려 찌른 자들과 죽이려는 자들을 보시면서 '아버지, 저들을 용서해주시옵소서 저들이 하는 일을 알지 못 합니다.' 라고 기도하셨습니다.

우리는 때로는 너무 나 위주인 줄 모릅니다. 받은 그거 하나 때문에 하나님이 우리에게 주신 사랑을 다 잊어버리고, 하나도 안 받음 같이 아프고 힘들고 못살겠다고 그것보다 더 큰 사랑을 우리는 받았습니다. 믿는 자는 복이 있습니다. 우리는 얼마나 놀라운 하나님의 은혜와 사랑을 받은 자인 줄 모릅니다. 이 은혜와 사랑 받은 자. 바울은 누가 우리를 그리스도의 사랑에서 끊을 수가 있겠냐는 것입니다. 아무 것도 끊을 수 없는 사랑으로 우리는 사랑받은 복된 자들입니다.

37절, '그러나 이 모든 일에 우리를 사랑하시는 이로 말미암아 우리가 넉넉히 이기느니라 내가 확신하노니 사망이나 생명이나 천사들이나 권세자들이나 현재 일이나 장래 일이나 능력이나 높음이나 깊음이나 다른 어떤 피조물이라도 우리를 우리 주 그리스도 예수 안에 있는 하나님의 사랑에서 끊을 수 없으리라.'

성도는 지금 두 군데에서 존재합니다. 예수 믿다가 구원 받은 사람은 하나님 나라에 가 있고요. 예수 믿고 구원 받은 자로 이 땅에 살아있는 사람이 있습니다. 우리도 언젠가는 다 가겠지요. 같은 점은 하나님의 자녀가 됐다는 것입니다. 다른 점은 하나님 나라에 먼저 가 계신 분은 우리보다 더 평화롭습니다. 먹고 사는 문제, 죄 문제.. 문제가 없습니다. 그러니 우리보다 평화롭지요.

우리는 예수 안 믿을 때보다는 기쁘지만 때로는 믿음이 떨어지고 죄악에 속한다든가 사람들 때문에 여러 가지 어려움이 있어요. 같은 점이 있습니다. 하나님 나라에 먼저 가 계신 분의 구원은 확실합니다. 이 땅에 있는 우리도 똑같이 확실합니다. 이유는 같은 분이 구원하셨고 같은 분이 계시기 때문이며, 같은 하나님이 우리에게 구원을 주신 것이기 때문입니다.

38절. '내가 확신하노니 사망이나 생명이나 천사들이나 권세자들이나 현재 일이나 장래 일이나 능력이나 높음이나 깊음이나 다른 어떤 피조물이라도 우리를 우리 주 그리스도 예수 안에 있는 하나님의 사랑에서 끊을 수 없으리라.'

하늘에 있는 천사들도 죽음도 장래 일도 사망도 끊을 수가 없습니다. 그만큼 하나님이 우리를 사랑하는 사랑은 확실하고 강한 것입니다. 하나님이 우리를 사랑하는 사랑을 확실히 믿으시기 바랍니다. 의심하지 마시고, 어떤 환경 속에서도 흔들리지 마시기 바랍니다.

때로는 우리가 예수 믿고 구원받아서 실수하고 잘못할 때도 있습니다. 그렇다고 해서 하나님이 우리에게 주신 사랑을 끊지는 않습니다. 예수 믿기 전부터 사랑하셨습니다. 예수 믿기 전에 죄악 가운데서도 사랑해서 건지신 분이, 그만하면 사랑하십니다. 다윗도 실수하고 베드로도 예수님을 부인했지만 그들의 구원은 견고했습니다.

내가 예수 그리스도의 사랑을 알고, 구원의 은혜를 알고, 하나님의 사랑과 은혜를 정말로 믿으면 약하고 실수해서 쓰러지고 넘어지고 죄 지을 수 있지만, 내 마음속에 힘듦과 어려움과 고통이 오게 되어 있습니다. 예수님이 네 눈이 범죄하거든 빼버리라고 손이 범죄하거든 잘라버리라고. 그런 아픔을 통회하고 나아감을 통해서 조금 더 주님을 닮아가게 되어 있어요.

내가 예수 믿고 구원받았으니 이제는 죄지어도 회개하면 되지 괜찮아, 아무 감각도 없고 힘든 것도 어려움도 없다면 그 사람이 구원을 안 받았는지 모릅니다. 신앙이라는 건 내가 정말 예수님을 나의 구주로 진실히 믿고 하나님 은혜로 구원받은 걸 믿으면 약해서 실수할 수 있지만 통회하고 회개하게 되어있어요. 이것이 습관이 아니라 가슴을 찢으면서 회개해서 이걸 통회하고 회개하고 아픔을 느껴야만 우리가 거기서 조금씩 벗어나게 되어있어요. 이걸 성화의 과정이라고 해요. 물론 빨리 벗어날 수 있는 사람, 늦게 벗어날 수 있는 사람이 있어요. 빨리 벗어날수록 더 복 받은 사람입니다.

요한일서 1장에, '만일 우리가 죄가 없다고 말하면 스스로 속이고 또 진리가 우리 속에 있지 아니할 것이요 만일 우리가 우리 죄를 자백하면 그는 미쁘시고 의로우사 우리 죄를 사하시며 우리를 모든 불의에서 깨끗하게 하실 것이요 만일 우리가 범죄하지 아니하였다 하면 하나님을 거짓말하는 이로 만드는 것이니 또한 그의 말씀이 우리 속에 있지 아니하니라.' 는 말씀이에요

내가 진심으로 통회하고 회개하고 자백하면 이 자백하는 것 때문에 우리 구원이 견고하게 흔들리는 것이 아니라는 것입니다. 자백하는 자는 하나님이 우리를 건져서 이길 수 있는 힘을 주십니다. 그러나 회개하면 돼지 그런 사람, 내 마음속에 진짜 통회가 없는 사람은 하나님을 거짓말하는 자로 만드는 것이요 그 마음속에 정말 마음이 있겠냐는 것입니다. 신앙은 진실해야 합니다. 하나님 앞에 진실해야 합니다. 거짓말로 믿을 수 없는 것입니다.

저는 전도하면서 많은 사람을 봤어요. 정말로 예수 영접하면 틀림없이 하나님의 성령이 역사해서 우리의 노력이 아니라 하나님이 우리에게 기쁨을 주시고, 변화를 주시고, 힘을 주시고, 은혜주시고, 하나님이 하셔요. 저는 예수믿는 그 순간부터 그렇게 인생의 고뇌와 절망과 좌절 가운데 있다가 일순간에 기쁨이 오고, 감사가 있고, 늘 그 기쁨 때문에 모든 괴로움과 어려움은 물러가더라고요. 도대체 이것이 뭐냐? 바울은, '내가 복음을 부끄러워하지 아니하노니 이 복음은 우리에게 구원을 주시는 하나님의 능력이 됨이라.'고 했습니다. 능력이라는 말은 듀나미스라고 하는데 복음 자체에요. 우리가 노력이 아니라 예수님이 우리 안에 계셔서 우리를 위해서 은혜를 주시고 승리를 주시는 복음 자체의 능력이에요. 그 분이 예수님이에요.

하나님은 이 예수님을 우리에게 주셨어요. 우리는 정말 행복한 사람입니다. 아무도 찡그리고 살지 마세요. 어떤 어려움과 힘듦과 고난 속에 있다 할지라도 하나만 기억하세요. 하나님은 나를 이만큼 사랑하시구나. 독생자를 주실 만큼 사랑하시구나. 일평생 기억하시면서 하나님께 영광이 되고 기쁨의 삶이 되기를 예수님의 이름으로 축복합니다.

16강 | 롬 9:1-33

본문에 아주 중요한 진리가 있습니다. 하나님이 우리를 구원하신 것은 우리의 노력이나 열심이 아니고 하나님의 택하심을 통해서 구원받았다고 말합니다. 구원받지 못한 사람은 하나님의 택하심을 받지 못했다고 말씀하십니다.

언뜻 보면 이 말씀이 굉장히 우리에게 의문을 가져올 수가 있습니다. 그러면 하나님께서 어떤 사람은 택해서 구원받게 하시고 어떤 사람은 안 택해서 구원받지 못하게 하시면 하나님의 책임이지 않느냐, 하나님이 불의하시지 않느냐, 이런 질문입니다. 그래서 바울은 그럴 수 없다고 말합니다.

또 하나의 의문을 가질 수 있는 질문은 만약 하나님이 택해서 구원을 하셨고 하나님이 택하지 않아서 구원을 하지 않았다면 그 구원받지 못한 책임도 사람에게 있는 것이 아니라 하나님에게 있지 않겠느냐 만약 그렇다면 하나님이 구원받지 못한 사람에게 그런 심문을 할 수 있겠느냐 그것도 그렇지 않다고 본문을 통해 말씀하십니다.

결론적인 말씀은 하나님의 택하심은 하나님의 사랑의 절정이요 하나님이 우리에게 주신 은혜와 복의 절정입니다. 하나님의 택하심이 아니면 절대로 우리는 구원받을 수 없는 자들이었습니다.

바울은 자기 의사와 관계없이 예수님을 믿게 되었고, 자기가 계획하지 않은 일에 사도가 되었습니다. 나중에 바울이 알고 보니까 하나님의 예정하심이다. 택정하심이다. 모태에서부터. 창세전부터. 바울은 태어나기 전에 이미 로마 시민권을 가졌고, 다소라는 지역에 살면서 이방의 많은 문화를 배웠습니다. 하나님이 이미 다 준비하셨습니다. 이방의 사도로. 그것은 하나님의 택하심이고 은혜라고 바울은 고백합니다. 그 택하심의 근거는 하나님의 사랑 안에서인 줄로 믿습니다.

"찬송하리로다 하나님 곧 우리 주 예수 그리스도의 아버지께서 그리스도 안에서 하늘에 속한 모든 신령한 복을 우리에게 주시되 곧 창세전에 그리스도 안에서 우리를 택하사 우리로 사랑 안에서 그 앞에 거룩하고 흠이 없게 하시려고"(엡 1:3) 라고 하면서 하나님이 우리를 택하신 것은 우리에게 은혜와 복을 주시기 위해서 택하신 것이고 하나님의 사랑 안에서 택했다고 바울이 고백을 합니다.

"그 기쁘신 뜻대로 우리를 예정하사 예수 그리스도로 말미암아 자기의 아들들이 되게 하셨으니 이는 그가 사랑하시는 자 안에서 우리에게 거저 주시는 바 그의 은혜의 영광을 찬송하게 하려는 것이라."(엡 1:5) 우리가 진실로 하나님의 택하심의 진리를 알면 우리는 평생 동안 그 은혜에 감사하고 찬송하고 살 수 밖에 없습니다. 이것이 하나님의 뜻이라고 말씀하는 것입니다.

1-3절. '내가 그리스도 안에서 참말을 하고 거짓말을 아니하노라 나에게 큰 근심이 있는 것과 마음에 그치지 않는 고통이 있는 것을 내 양심이 성령 안에서 나와 더불어 증언하노니 나의 형제 곧 골육의 친척을 위하여 내 자신이 저주를 받아 그리스도에게서 끊어질지라도 원하는 바로라.'

바울은 택정에 대한 진리를 말씀하면서 먼저 자기의 육신의 동족에 대한 말을 합니다. 바울은 예수 믿기 전에 바리새인이고, 예수 믿는 사람을 잡아가고, 예수님을 이단이라고 했습니다. 예수님을 만나고 나니까 예수님은 하나님의 아들인 그리스도구나. 성경대로 이 땅에 오셨을 뿐 아니라, 성경대로 죽으시고, 성경대로 살아나셔서 지금 성령으로 자기 안에 계신 걸 알고 나니까 예수님을 전하는 사람이 된 것입니다.

예수님을 안 믿는 유대인들을 볼 때, 바울은 마음이 근심이 있고 고통스럽다는 것입니다. 나만 구원받고 또 소수의 유대인만 구원받고 구원받지 못한 사람 보니까 마음 아프다는 것입니다. 육신의 민족과 나라를 위해서 구원받지 못한 사람을 위해서 그렇게 고민해보고 고통해보셨습니까. 그렇게 마음 아파하고 눈물을 흘려보셨습니까?

저는 바울과 같은 느낌과 마음을 가지지는 못했지만, 이 나라와 한국교회와 민족을 위해서 기도하게 됩니다. 이 민족과 나라를 위해서 더 나아가서는 믿지 않는 세계의 사람들을 위해서 고민하고 아파하고 기도하는 이것이 그리스도인의 정상적인 마음입니다.

사도 바울이 왜 이렇게 민족을 사랑한다고 말하냐면 자기 민족, 동족 중에서 구원받지 못하는 사람이 있다는 걸 말하고 싶은 것입니다. 유대인이면 다 구원받는 것이 아니고 그 중에 하나님이 택하시면 구원받고 이방인 중에도 택하심을 받은 사람만 구원받는데, 이 택하심에 대한 오해를 본문을 통해서 풀려고 하는 것입니다.

이 말씀을 쓰기 전에 로마서 8장에 "누가 우리를 그리스도 예수의 사랑 안에서 끊으리요. 다른 어떤 피조물이라도 우리를 우리 주 그리스도 예수 안에 있는 하나님의 사랑에서 끊을 수 없으리라." 라고 선언하는 것을 우리가 들었습니다.

4-5절, '그들은 이스라엘 사람이라 그들에게는 양자됨과 영광과 언약들과 율법을 세우신 것과 예배와 약속들이 있고 조상들도 그들의 것이요 육신으로 하면 그리스도가 그들에게서 나셨으니 그는 만물 위에 계셔서 세세에 찬양을 받으실 하나님이시니라. 아멘.'

육신적으로 유대인을 보니까 유대인은 이방인과 다르게 좋은 점이 많고 복 받은 게 많다는 것입니다. 이스라엘이라는 나라가 하나님 앞에 구원 받은 자로 지칭될 때도 있었지요. 영광과 언약들과 율법을 세우신 것과 예배와 약속들이 있고. 우리도 예배드린다는 건 큰 은혜와 복인줄 것입니다. 그리고 더 중요한 것은 그리스도께서 유대인에게서 나셨습니다. 하나님의 아들인 예수님이 인류의 구원자로 유대인에게서 나셨다는 것은 유대인에게는 복인 것입니다.

6-8절, '그러나 하나님의 말씀이 폐하여진 것 같지 않도다 이스라엘에게서 난 그들이 다 이스라엘이 아니요 또한 아브라함의 씨가 다 그의 자녀가 아니라 오직 이삭으로부터 난 자라야 네 씨라 불리리라 하셨으니 곧 육신의 자녀가 하나님의 자녀가 아니요 오직 약속의 자녀가 씨로 여기심을 받느니라.'

바울이 유대인으로 바리새인으로 있을 때는 이방인은 다 멸망 받는 사람이고 유대인은 무조건 다 하나님의 자녀다, 이렇게 알고 있었다는 것입니다. 그런데 예수님을 믿고 성경을 보니까 성경이 원래부터 그렇게 되어 있지 않다는 것입니다. 아브라함에게 자녀가 많습니다. 아브라함의 자녀가 다 아브라함의 자녀가 아니라 영적인 아브라함의 자녀는 약속의 자녀인

이삭만 아브라함의 자녀라고 성경은 말하고 있습니다.

유대인이 다 하나님의 자녀가 아니고, 유대인 중에서 약속의 자녀 그리스도의 언약 안에서 예수 믿고 오는 사람만 하나님의 자녀라고 알게 된 것입니다. 유대인으로 있을 때, 바리새인으로 있을 때는 그것을 몰랐어요. 성경을 그렇게 안 봤는데 예수님을 믿고 나니까 원래부터 이렇게 말씀하고 있었구나, 그것을 발견하게 되었습니다.

10-13절, '그뿐 아니라 또한 리브가가 우리 조상 이삭 한 사람으로 말미암아 임신하였는데 그 자식들이 아직 나지도 아니하고 무슨 선이나 악을 행하지 아니한 때에 택하심을 따라 되는 하나님의 뜻이 행위로 말미암지 않고 오직 부르시는 이로 말미암아 서게 하려 하사 리브가에게 이르시되 큰 자가 어린 자를 섬기리라 하셨나니 기록된 바 내가 야곱은 사랑하고 에서는 미워하였다 하심과 같으니라.'

이 말씀을 볼 때에 우리의 논리로는 안 맞는 말씀입니다. 우리의 논리로는 야곱이 태어나서 부모님 말씀 잘 듣고 공부도 잘하고 착해서 야곱을 택하고, 에서는 나쁜 짓만 하니까 버렸다, 미워했다, 이래야 말이 되는 거 아니에요? 그런데 성경은 이 야곱과 에서가 이미 어머니 뱃속에 있을 때부터 하나님이 "나는 야곱을 택했고 에서를 버렸고, 큰 자가 작은 자를 섬기고, 나는 야곱을 사랑하고 에서를 미워했다." 이래요. 그렇다면 무슨 문제가 생기느냐. 그러면 어떻게 하나님께서 그 버린 사람을 하나님이 그렇게 할 수 있느냐. 하나님이 불의하지 않느냐. 이런 말이에요.

14절, '그런즉 우리가 무슨 말을 하리요 하나님께 불의가 있느냐 그럴 수 없느니라.'

그런 마음에 의심이나 궁금증을 갖고 계신 적이 있으시죠? 모세에게 이르시되, "내가 긍휼히 여길 자를 긍휼히 여기고 불쌍히 여길 자를 불쌍히 여기리라 하셨으니 그런즉 원하는 자로 말미암음도 아니요 달음박질하는 자로 말미암음도 아니요 오직 긍휼히 여기시는 하나님으로 말미암음이니라." 하나님께서 어떤 사람을 택했고 택하지 않았다는 말을 오해한다는 것입니다. 어떤 사람을 택해서 구원받게 하고 어떤 사람은 택해서 지옥가게 하고 이것이 아니라는 것입니다. 우리가 뭘 알아야 되냐면 모든 사람이 죄를 범하였으며 하나님의 영광에 이르지 못하더니. 모든 사람은 하나님을 배반하고 떠나서 원수가 돼서 멸망 가운데 있는 사람들 가운데 하나님께서 택하심을 믿으시기 바랍니다.

원래부터 인간이 죄도 안 짓고 누군 택해서 천국 보내고 누군 택해서 지옥 보내고 이것이 아니에요. 우리 자신의 모습이 모든 사람이 다 하나님의 저주 아래 공중 권세 잡은 자 아래 하나님을 떠나 원수된 자 아래 있었다는 것입니다. 그 중에 하나님의 택함 받은 사람이 구원의 은혜를 입은 것이고. 또 하나 문제는 하나님께서 그럼 모든 사람을 택하지 어떤 사람은 안 택했냐? 그 문제도 하나님이 안 택한 것이 아니고 하나님은 모든 사람이 구원 얻기를 원하심을 믿습니다. 그런데 이 사람들이 하나님이 은혜를 베풀고자 하는데 거부하고 끝까지 마귀를 따라가는 자를 그냥 뒀습니다. 그 정욕대로 버려두사. 그대로 두면 멸망이요. 이걸 보고 버린거라는 것입니다. 그대로 두면 멸망이에요. 그럼 왜 그만 뒀느냐, 하나님을 믿지 않으니까.

예수님 당시에 죽은 나사로를 살리셨어요. 성경에는 나흘이 되어 냄새

나는 나사로라고 했어요. 예수님이 보기 싫고 믿기 싫고 죽이고 싶어도 그 죽어서 냄새나는 사람이 살아났다고 하면 사람이 생각이 바뀌어야됩니다. "우리 생각이 다르네. 우리가 다시 생각해봐야 한다. 이것은 보통 사건이 아니다." 이래야 마땅한데, 성경은 이때부터 "나사로도 죽이려 함이니라." 왜 나사로를 죽이려고 하죠? 예수님은 하나님 아들 그리스도고 죽은 자를 살렸다는 것 그것을 말 못하게 하기 위해서 죽이려고 한것입니다. 이런 사람들이 끝까지 예수님을 거부하고 그러니까 그냥 뒤버린 것입니다.

사도행전 3장에 보면 베드로와 요한이 성전으로 올라가다가 앉은뱅이가 일어났어요. 이 성전의 앉은뱅이는 약 40세 된다고 했어요. 유대인들은 구약시대에는 몸 지체의 부족한 면이 있으면 성전으로 못 들어가요. 그런데 앉은뱅이가 일어나자마자 뛰면서 성전에 들어갔더라 기록됐어요. 그러면 이 앉은뱅이는 성전에 앉아서 구걸해서 먹고 살지만 마음 속에는 한 번 성전에 들어가서 예배드려봤으면 이것이 소원이 얼마나 뜨거운지 몰라요. 그런데 들어갈 수가 없습니다. 그 앉은뱅이를 일으켜서 하나님께 건강한 몸으로 예배드리게 된 게 좋은 일입니다. 그런데 바리새인들이 시비를 것 입니다. 왜 일으켰느냐? 베드로가 앉은뱅이 일으키는 선한 일에 왜 당신들이 시비를 거느냐. 그들이 시비를 거는 것은 앉은뱅이가 일어났단 말은 예수님은 하나님의 아들이고 구주고 부활하여 지금 살아 계시다는 게 증거되는 그것이 싫은 것입니다.

40년 된 앉은뱅이가 병원에 가서 수술한 것도 아니고, 약 먹은 것도 아니고, 나사렛 예수의 이름으로 일어나 걸어라 해서 걸었으면 "이것은 보통 사건이 아니구나, 정말 그런가 살펴보자." 이래야 정상적인 사람입니다. 그런데 오히려 그 사건을 통해서 그 말하지 마라 일어났다고 하지마라 가르치지도 마라 때리고 내버리고. 그런 인간이 하나님께서 누구는 택했고 안 택했고 말할 수 있는 자격이 있습니까.

우리가 우리 자신을 몰라서 하나님보다 더 의로운 자리에서, "하나님, 그럴 수 있습니까 이렇게 말하는 교만이요 불신앙입니다. 그것이 얼마나 불신앙입니까. 우리가 하나님보다 더 의롭다는 말입니다. 우리가 하나님보다 더 의롭습니까. 우리는 다 악하고 부패된 죄인입니다.

죄인 된 우리가 하나님을 향하여 어찌하여서 하나님은 불의하십니까? 누군 택하고 안 택하고 할 수 있습니까. 말할 수 있는 자격이 우리에게 있습니까? 이것이 또한 인간의 부패된 모습이에요. 하나님은 사랑이시고, 선이십니다. 하나님이 악해서 택하지 않았다는 말은 선하고 착한 사람을 일부러 악해서 택하지 않고 지옥 보내고 이것이 아니라는 것입니다.

하나님의 선택의 진리는 멸망한 우리를 하나님께서 택하셔서 자녀삼은 하나님의 사랑이요 은혜입니다. 이것이 하나님께서 우리에게 주신 예정과 택정하신 말씀입니다. 사도 바울이 언제 자기가 예수 믿으려고 했습니까? 언제 우리가 예수 믿기 전에 하나님을 공경하고 의롭게 산 적이 있습니까.

그런 우리를 택해서 예수님을 하나님의 아들인 것을 알고 세상 사람들이 알 수 없는 것을 깨닫게 하시고, 구주로 영접하게 하셔서 성령을 선물로 주셔서 자녀 되게 하시고 이것이 다 은혜지요. 다 하나님의 은혜가 아니면 우리가 어떻게 하나님 앞에 구원받을 수 있겠냐는 것입니다. 그래서 사도 바울은 에베소에 택함을 받은 것을 우리가 찬송하게 하려함이라 말씀하고 있는 것을 우리가 보게 됩니다.

14-16절, '그런즉 우리가 무슨 말을 하리요 하나님께 불의가 있느냐 그럴 수 없

느니라 모세에게 이르시되 내가 긍휼히 여길 자를 긍휼히 여기고 불쌍히 여길 자를 불쌍히 여기리라 하셨으니 그런즉 원하는 자로 말미암음도 아니요 달음박질하는 자로 말미암음도 아니요 오직 긍휼히 여기시는 하나님으로 말미암음이니라.'

우리가 하나님께 택함을 입은 것은 우리가 "택해주세요" 하고 내가 노력한다고 택한 게 아니라는 것입니다. 내가 열심히 택함 받으려고 해서 택함 받은 게 아니에요. 그렇다면 우리 공로가 포함되겠지요. 우리가 훌륭한 게 포함되겠지요. 하나님의 택함을 받는 주권적으로 택하시기 때문에 하나님의 은혜이고, 사랑이고 감사할 것 밖에 없습니다.

17-18절, '성경이 바로에게 이르시되 내가 이 일을 위하여 너를 세웠으니 곧 너로 말미암아 내 능력을 보이고 내 이름이 온 땅에 전파되게 하려 함이라 하셨으니 그런즉 하나님께서 하고자 하시는 자를 긍휼히 여기시고 하고자 하시는 자를 완악하게 하시느니라.'

이 말은 선한 바로를 완악하게 하셨다가 아니라 완악한 자 하나님 앞에 완전히 거부한 자를 버려둬서 악한 자도 악한 날에 악하게 사용하는 것입니다. 그래서 하나님의 일을 위해서 악한 자를 악하게. 마귀를 십자가에 머리만 깨뜨리고 아직도 있습니다. 마귀가 활동하고 있어요. 우리가 생각할 때는 마귀를 머리만 깨뜨리지 않고 완전히 없애면 좋지 않겠습니까?

우리가 얼마나 부패하느냐면 늘 편한 것만 해주면 예배도 안하고 기도 안 하고 죄짓고 함부로 삽니다. 계속 편안하게 해주면 그게 복입니까? 그때 건드려서 회개하고 예배 드리는 게 복입니다. 좋기는 그냥 두면 좋은데, 생각해보니까 복이 아닙니다. 우리는 너무 우리 중심의 잘못된 논리와 생각을 가지고 오히려 하나님보다 더 의로운 것같이 하나님을 심판하는 자리에 우리를 둘 때가 얼마나 많은지 모릅니다.

신앙은 우리를 믿는 것이 아니라 하나님의 사랑을 믿는 것입니다. 하나님의 선하심을, 거룩하심을 믿는 것입니다. 하나님의 행하심에는 의로움이 있다는 것을 믿으시기 바랍니다. 하나님의 사랑을 볼 때, 하나님의 사랑을 믿을 때, 택하심은 하나님의 사랑의 최고의 행위입니다. 하나님이 착한 사람을 버려 택하지 않고 지옥 보내고 이렇게 이해하는 것이 잘못된 생각이라는 것입니다.

육신의 부모가 이유 없이 착하고 훌륭한 자녀를 짓밟고 병들게 하는 부모가 있겠습니까? 악한 우리라 할지라도 육신의 자녀에게 그렇게 하지 않는데 하나님이 자기 아들을 아끼지 아니하시고 우리에게 모든 것을 내어주신 하나님께서 이유 없이 착한 사람을 택하지 않고 지옥 보내고 이런 생각 자체가 하나님을 너무 모르고, 오해하고 있다는 것입니다. 그런 생각을 갖고 성경을 보면 그게 말이 되겠냐는 것입니다.

19-24절, '혹 네가 내게 말하기를 그러면 하나님이 어찌하여 허물하시느냐 누가 그 뜻을 대적하느냐 하리니 이 사람아 네가 누구이기에 감히 하나님께 반문하느냐 지음을 받은 물건이 지은 자에게 어찌 나를 이같이 만들었느냐 말하겠느냐 토기장이가 진흙 한 덩이로 하나는 귀히 쓸 그릇을, 하나는 천히 쓸 그릇을 만들 권한이 없느냐 만일 하나님이 그의 진노를 보이시고 그의 능력을 알게 하고자 하사 멸하기로 준비된 진노의 그릇을 오래 참으심으로 관용하시고 또한 영광 받기로 예비하신 바 긍휼의 그릇에 대하여 그 영광의 풍성함을 알게 하고자 하셨을지라도 무슨 말을 하리요 이 그릇은 우리니 곧 유대인 중에서 뿐 아니라 이방인 중에서도 부르신 자니라.'

다시 말하면, 이 토기장이의 말씀은 토기장이가 하나는 이 그릇, 하나는 천한 그릇을 만들 권한이 없겠느냐는 말은 오해하시면 안 된다는 것입니다. 하나님이 어떤 사람은 천국 보내고, 어떤 사람은 지옥 보내고 이렇게 이해하면 안 됩니다. 하나님이 그런 주권을 가진 토기장이와 같은 분인데 하나님의 택하심은 그것이 아니고, 만일 하나님이 그의 진노를 보이시고 그의 능력을 알게 하고자 하사 멸하기로 준비된 진노의 그릇을 오래 참으심으로 관용하시고 모든 사람들이 진노의 자녀들인데 오래 참고 기다리고 그를 택하셔서 구원했다면 구원한 것이 하나님의 택하심이라는 것입니다.

하나님의 주권이 구원받지 못할 우리에게 택함을 받아 구원받는 것으로 나타났다는 것입니다. 하나님의 택함의 진리는 구원받을 수 있는 사람을 이유 없이 지옥 보내는 것이 아니라 구원받을 수 없는 우리를 구원받는 것으로 나타났다.

우리는 하나님의 택하심이 아니면 절대로 구원받을 수 없습니다. 하나님의 사랑을 알 수가 없습니다. 은혜를 알 수가 없습니다. 누구든지 예수의 영이 아니면 예수를 그리스도라 시인할 수 없다고 했어요. 아브라함의 아들이 이삭입니다. 이삭은 다른 아들과 달라요. 다른 아들은 육신의 아이에요. 이삭은 아이를 낳을 수 없을 때 하나님의 은혜와 능력으로 약속으로 아들을 주신 것입니다. 이걸 깨닫게 하기 위해서 100세까지 기다린 것입니다.

우리가 예수 믿고 구원받은 것은 부모님을 통해서나 자녀가 된 것이 아니라, 예수님을 믿음을 통해서 거듭난 약속의 자녀가 되었습니다. 약속의 자녀가 된 것은 우리의 지식, 노력, 공로가 아니고 하나님의 성령의 역사를 통한 은혜의 부분입니다. 이 은혜의 부분은 택정함을 통해서 우리에게 오신 하나님의 역사임을 믿습니다. 그러므로 하나님의 택하심의 진리는 하나님의 사랑의 표시고, 우리에게 주신 축복의 방법이십니다. 그러므로 우리가 택하심을 받아서 구원받은 우리기 때문에 우리는 아무것도 자랑할 수가 없는 것이고, 하나님의 은혜임을 믿습니다.

25-26절, '호세아의 글에도 이르기를 내가 내 백성 아닌 자를 내 백성이라, 사랑하지 아니한 자를 사랑한 자라 부르리라 너희는 내 백성이 아니라 한 그 곳에서 그들이 살아 계신 하나님의 아들이라 일컬음을 받으리라 함과 같으니라.'

우리는 다 하나님의 백성이 아닌데 택함을 받아서 하나님의 백성이 되었어요. 이것이 하나님이 우리에게 주시는 택함의 글이요 하나님의 주권적 역사의 방법이라는 것입니다.

27절, '또 이사야가 이스라엘에 관하여 외치되 이스라엘 자손들의 수가 비록 바다의 모래 같을지라도 남은 자만 구원을 받으리니'

유대인 중에서도 하나님이 긍휼을 베풀어서 택한 자만 구원 받는 것입니다. 남은 자만 구원받고. 그래서 구원이라는 것은 인간의 공로가 아니라 하나님의 전적인 은혜로 주어지는 것입니다.

29절, '또한 이사야가 미리 말한 바 만일 만군의 주께서 우리에게 씨를 남겨 두지 아니하셨더라면 우리가 소돔과 같이 되고 고모라와 같았으리로다 함과 같으니라.'

하나님이 남겨두지 않고 은혜 주지 않으면 구원받을 사람이 없습니다.

하나님의 긍휼로 택함을 받은 자만 구원받은 것입니다. 우리가 택함을 받았다는 것은 놀라운 하나님의 은혜입니다. 오직 하나님의 예정과 택하심을 통해서 우리가 받은 구원이고 사랑입니다.

30-33절, '그런즉 우리가 무슨 말을 하리요 의를 따르지 아니한 이방인들이 의를 얻었으니 곧 믿음에서 난 의요 의의 법을 따라간 이스라엘은 율법에 이르지 못하였으니 어찌 그러하냐 이는 그들이 믿음을 의지하지 않고 행위를 의지함이라 부딪칠 돌에 부딪쳤느니라 기록된 바 보라 내가 걸림돌과 거치는 바위를 시온에 두노니 그를 믿는 자는 부끄러움을 당하지 아니하리라 함과 같으니라.'

누구든지 행위를 통해서 우리 힘으로는 다 넘어지지만 오직 예수님을 구주로 믿는 자, 영접하는 자에게만 주시는 구원의 은혜입니다.

우리가 이 진리에 대해서 몇 가지 기억해야 될 것은 유기된 자란 버릴 수밖에 없는 자를 그냥 두신 것입니다. 그것이 멸망입니다. 하나님께서는 버린 자를 통해서 또 하나님의 뜻을 이루어나가십니다. 하나님의 구원의 역사를 이루는 것입니다.

하나님이 택하지 않은 것은 하나님이 악해서 일부러 택하지 않은 것이 아니라 그대로 버려둔 사건이고, 우리는 하나님의 택함, 하나님의 권면을 통해서 구원 받았습니다.

구원받고 택함을 받은 우리는 첫째로 자랑할 것이 없고, 겸손하고 하나님께 감사하는 삶을 사는 것입니다. 은혜로 구원받았으니까. 택하심으로 구원받았기 때문이십니다. 둘째로 우리의 구원은 견고한 것입니다. 내게서 구원된 것이 아니라 하나님의 능력과 택하심으로 구원받기 때문에 아무도 우리의 구원을 뺏아갈 수 없을 만큼 견고한 것이기 때문에 참된 평안을 주시는 진리이십니다.

　이 택함의 교리는 하나님의 사랑에 근거를 두는 것이고, 하나님의 불변에 근거를 두는 것이기 때문에 변하지 않습니다. 우리가 택함 받고 예수 믿고 구원받은 것은 하나님이 우리를 사랑한다는 중요한 증거이십니다. 하나님은 사랑으로 하지 않음이 없으십니다. 택하심 받은 이 사실에 감사하고 찬송하는 성도가 되시기를 주의 이름으로 축복합니다.

17강 | 롬 10:1-15

하나님을 믿지 않는 사람들은, "착한 일을 많이 하면 좋은 데 간다."고 하면 굉장히 이해를 잘 하고 좋은 말이라고 합니다. 그러나 기독교에서는 그들이 이해할 수 없는 말을 합니다. 어떤 죄를 지어도 예수님을 구주로 마음에 믿기만 하면 죄 용서 받고 하나님의 자녀가 된다, 구원받는다고 하니까 이해를 못합니다. 유대인들도 자기들의 구원에, 의롭게 되는 길은 믿음이 아니라 행위로 의롭게 된다고 생각하고 열심히 행위를 지켰습니다. 율법은 믿는 자가 아니라 지키는 자가 의롭게 되는 것이지요.

1절, '형제들아 내 마음에 원하는 바와 하나님께 구하는 바는 이스라엘을 위함이니 곧 그들로 구원을 받게 함이라.'

사도 바울은 이방의 사도로서 평생 복음을 전했지만 그 육신의 동족인 이스라엘의 구원에 대해 뜨겁게 사랑하는 마음이 있었어요. "하물며 내가 그리스도에게 끊어지는 한이 있어도 나는 원하는 바로다." 라고 할만큼 자기 민족을 사랑하였습니다. 예수 믿는 사람도 하나님 사랑하고 하나님 나라를 사랑해야 하지만 우리의 육신에 속한 나라도 사랑해야 되는 줄로 믿으시기 바랍니다.

2-3절, '내가 증언하노니 그들이 하나님께 열심이 있으나 올바른 지식을 따른 것이 아니니라 하나님의 의를 모르고 자기 의를 세우려고 힘써 하나님의 의에 복종하지 아니하였느니라.'

유대인들은 하나님의 의가 뭔지 몰라요. 자기들의 의 율법을 행함을 통해서 의롭게 되는 그 말씀만 갖고 율법을 행함으로 의롭게 되려고 합니다. 기독교 외에 모든 종교는 다 비슷합니다. 내가 행함으로 착한 일하고, 공로를 통해서 의로워지고, 좋은 데 가고 축복 받겠다, 이런 생각이 있습니다. 그런 말 하면 오히려 더 잘 이해를 하지요. 그런데 여기에 함정이 있습니다.

첫째로, 과연, 인간이 행함을 통해서 의로워질 수 있는 사람이 있느냐는 것입니다. "의인은 없나니 하나도 없으며 모든 사람이 죄를 범하였으매 하나님의 영광에 이르지 못하더니." 말은 참 좋은 말입니다. 착한 일을 많이 하면 좋은 데 가고 구원받고 복 받고 좋은 말인데, 정말 착하게 살아갈 수 있는 사람이 있느냐면 전혀 없습니다. 과연, 누가 의를 행함으로 하나님 앞에 의로울 사람이 있겠느냐

둘째로, 잘못 생각한 것입니다. 인간이 갖고 있는 문제는 돈 문제도 아니고 윤리적인 문제도 아니고 경제적인 문제도 지식적인 문제 그게 아니에요. 하나님을 떠난 영적인 문제입니다. 이 영적인 문제를 죄라고 말하는 것입니다. 죄는 단순한 행위적인 것이 아니라 근본 하나님과의 관계가 파괴된 것이기 때문에 영적인 죄라고 말합니다. 그래서 하나님과 원수 되었

다고 합니다. 마귀와의 관계가 연결이 된 것입니다. 그것을 저주라고 했습니다. 인간의 문제는 단순한 문제가 아니라 하나님과의 관계 파괴의 문제입니다. 관계의 문제인데 사람들은 자꾸만 윤리적인 문제로 이해했다는 것입니다. 이 관계적인 문제는 노력이나 열심이나 수고로 해결되는 부분이 아닙니다.

관계라는 것은 노력해서 되는 것이 아니라 피로 되는 것입니다. 예수 믿고 구원받는 것은 관계 회복, 그래서 예수님을 화목 제물이라고 했습니다. 하나님과 우리 중보자가 되셨습니다. 어떤 사람에게 필요하냐면, 자기 자신이 죄인임을 깨닫는 자에게 복음이 필요합니다.

율법은 행위로는 의롭게 될 수 없지만, 율법의 좋은 점은 죄를 깨닫게 하는 것입니다. 죄를 깨닫고 내가 하나님께 죄인이구나, 내 스스로는 죄를 해결할 수가 없구나, 이길 수가 없구나, 저를 구원해주세요, 하나님께 손을 내밀게 되는 것입니다. 이것이 하나님의 구원하시는 방법이십니다.

예수님께서는 건강한 자에게는 의원이 필요 없고 병든 자에게 필요하다고 했습니다. "내가 의인을 부르러 온 것이 아니라 죄인을 불러 회개시키러 왔다." 의인을 싫어한다는 말이 아니라 스스로 의롭게 되는 사람, 죄인이 의롭다고 하는 사람은 예수님께 가지 않습니다.

구원받는 길은 율법을 지키고 행해서가 아니라 예수 그리스도를 믿음으로. 왜 믿어야 되느냐? 우리 인간이 할 수 없기 때문에 하나님이 구원받는 길을 우리에게 주셨습니다. 하나님께서 사람에게도 지혜를 주셔서 사람이 얼마나 굉장한지 모릅니다. 인간은 착각합니다. "인간의 문제도 해결할 수가 있겠구나. 죄 문제도 해결할 수 있겠구나. 죽음도 해결할 수가 있겠구나." 그러다 해결할 수 없으니까 인간의 뛰어난 슈퍼맨이 필요하다, 이것이 초인사상입니다. 뭔가 해결되는 것 같습니다.

속지 마세요. 사람은 해결할 수가 없습니다. 그래서 하나님께서 우리를 구원하기 위해서 이 땅에 하나님 아들을 보내셨습니다. 우리가 믿는 창조주의 하나님은 인간과 같지 않습니다. 아버지 하나님, 아들 하나님, 성령 하나님이 한 분이십니다. 그래서 우리가 삼위일체 하나님이라고 합니다. 그 아들 하나님이 이 땅에 우리를 구원하기 위해서 사람의 몸을 입고 오셔서, 그 분을 하나님의 아들이라고 지칭합니다.

사람으로 오신 분, 우리를 구원하신 분은 사람이면서 하나님이고 죄없으시고, 우리를 위해서 죽으시고 다시 살아나신 분, 이런 분 만이 우리 구주가 됩니다. 그래서 이미 예수 그리스도께서 오기 전에 그는 하나님이라고 예정되었습니다. 죽으실 뿐 아니라 부활하신다고 예언되어 있습니다. 예수님이 사람이라는 증거 역사 속에 역사책에 나오니까 부인할 수가 없습니다. 그가 계실 때에, 태어나시고 자라나시고 먹기도 하고 걸어 다니시고 피곤하시기도 하고, 피 흘리기도 하고 사람이라는 증거입니다.

예수님이 하나님이라는 증거는 이 땅에 계실 때 말씀하면 모든 만물이 순종했습니다. 자기 땅에 왔고 자기가 지으신 것이기 때문에. 바람도 명령하면 순종하고, 파도도 순종하고, 죽음도 순종하고, 나사로가 죽어서 냄새 나는데 걸어 나오라니까 걸어 나오고, 귀신도 떠나가고, 앉은뱅이가 일어나고. 모든 피조물이기 때문에. 만물이 다 순종해요. 하나님이라는 증거지요.

문제는 우리가 지금은 못 봤지만, 시공간의 차이가 있지만, 우리 속에 지금 계십니다. "믿는 자들에게는 이런 표적이 따르리니 곧 그들이 내 이름으로 귀신을 쫓아내며 새 방언을 말하며." 구원받는 사람들이 생길 것입니다. 우리가 믿는 기독교는 신화가 아니고 종교 중의 하나가 아닙니다. 역사 속에 사실입니다. 지금도 하나님이 살아계셔서 역사의 말씀을 이루고 계십니다. 지금 우리 안에 하나님이 계시다는 말은 예수님이 하나님이라는 확실한 증거입니다.

예수님은 죄가 없으십니다. 죄가 없다는 건 태어날 때부터 죄 없이 태어났다는 것입니다. 모든 사람들은 태어날 때부터 죄인이에요. 아담과 같은 죄를 지어서 원죄가 있어요. 모든 사람은 죄 안에 갇혀있기 때문에. 태어나면서부터 죄인이지만 예수님은 태어나면서부터 죄인으로 안 태어나야 되기 때문에 성령으로 잉태됐어요. 땅에서 사는 동안에도 죄를 짓지 않으셨습니다. 못 보았지만 확실한 증거는 그는 죽으신 지 3일 만에 살아나신 것입니다. 죄의 삯은 사망이기 때문에 죄인은 살아날 수가 없습니다.

그는 죄가 없기 때문에 인류를 위해서 죽으실 뿐 아니라 하나님의 성령이 그를 다시 살리사 하나님 우편에 앉게 하시고 그 증거로 우리에게 선물로 주신 줄 믿습니다. 하나님의 성령이 저와 여러분 속에 있다는 말은 예수님은 하나님이고, 사람일 뿐만 아니라, 우릴 위해 죽으시고 부활하셨을 뿐만 아니라, 우리 구주가 되신다는 사실입니다. 십자가에 죽으시고 부활을 통해서 하나님 만나는 길을 열어놓으셨어요. 하나님과 관계가 단절된 자가 예수님을 통해서 하나님과 화목하게 된 것에 대하여 구원 받았다, 하나님의 자녀가 되었다. 예수님은 화목제물이 되셨다. 예수님이 사탄의 머리를 깨뜨리고 우리를 해방한 자라는 증거가, 예수 이름으로만 지금도 귀신이 떠나가는 것입니다.

그것은 우리에게 흔한 일이지 이상한 일이 아닙니다. 성경에 나오는 말씀은 그때 뿐만 아니라 지금도 일어나는 일이고, 예수 믿고 구원받아서 치료된 사람이 여러 명 있습니다. 죄와 저주를 십자가에 못 박아서 어떤 죄인도 하나님 앞에 용서받아 하나님의 은혜와 복을 누리고 응답을 누리며 살아갑니다. 주님은 과거의 모든 죄를 묻지 않으시고, 십자가의 보혈의 능력을 통해서 하나님의 자녀로 정결하게 하신 줄로 믿습니다.

인간이 의롭게 되는 것은 인간의 행위나 노력이나 공로가 아니라 예수 그리스도께서 이루신 것을 알고 그 분을 내가 마음에 모시는 것을 통해서 관계를 맺는 것입니다. 예수님을 통해서 하나님과 관계가 회복되는 것이 구원이기 때문에 이런 말을 줄여서 말하면 예수 믿으면 천국 간다. 이렇게 말하는 것이지요.

내가 예수님을 정말로 믿으면 부족하고 연약해서 잘못할 수 있고 실수할 수 있고 죄를 지을 수 있지만 내가 예수 믿고 구원 받았으니까 뭘 해도 된다, 이런 생각이 든다면 그것은 믿음이 아닙니다. 내가 정말 믿는 사람은 부족하기 때문에 "하나님 잘못했습니다. 용서해주세요 내가 주님 앞에 나아가기 원합니다. 더 주님을 영화롭게 하기 원합니다." 이렇게 하면서 자꾸 주님 앞에 나아가는 것이 살아있는 믿음이지. 정말 예수님을 하나님 아들인 그리스도로 믿는지 정말 예수님을 마음의 구주로 영접했는지 정말 구원을 받았는지 시험하셔야 합니다.

'너희는 믿음 안에 있는가 너희 자신을 시험하고 너희 자신을 확증하라 예수 그리스도께서 너희 안에 계신 줄을 너희가 스스로 알지 못하느냐 그렇지 않으면 너희는 버림받은 자니라.'(고후 13:5)

남이 우리를 시험하면 기분 나쁩니다. 그러나 내가 나를 시험해야 합니다. 다른 사람이 나의 잘못을 지적하면 기분 나쁩니다. 그러나 그리스도인은 내가 나의 잘못을 먼저 발견하는 사람이 되어야 합니다. 그래야 우리가 변화를 하고 성숙되어가는 자입니다. 그래서 진정한 믿음은 믿음으로 구원받는 거예요.

그러면 행위로 예수님을 하나님 나라에서 내려오게 할 자가 있느냐? 믿는 사람은 예수님이 하나님께서 스스로 보내셨어요. 우릴 위해서 구원을 이루셨어요. 다 해놓아서 우리는 그것을 믿기만 하면 된다, 이것이 복음이에요. 어떤 사람도 노력으로 구원받을 수 있는 게 아니라, 믿기만 하면 누구든지 주의 이름을 부르기만 하면. 이렇게 쉽고 확실한 안전한 길을 우리에게 주셨습니다.

4절, '그리스도는 모든 믿는 자에게 의를 이루기 위하여 율법의 마침이 되시니라.'

예수 그리스도는 이 땅에 죄 없이 오셨을 뿐만 아니라 율법아래 낳으셔서 율법을 다 지키시고, 다 이루셨기 때문에 단번에 제사를 치름을 통해서 모든 것을 완성하셨습니다. 예수님을 믿고 또 행해야 구원 받는다, 이것이 좋게 보이지만 굉장히 악한 말입니다. 초대교회 당시에도 이런 이단이 있었습니다. "예수님을 믿고 또 행해야 한다, 절기를 지켜야 한다." 왜 그게 악한 말이냐면 하나님은 우리를 구원하시기 위해서 그의 아들까지도 보내사 십자가에 죽고 피를 흘림으로 구원을 이루셨어요. 완전하신 하나님이 완전하게 해놨는데 또 행해야 한다는 말은 하나님의 구원이 완전하지 않습니다. 부족합니다. 내가 행해서 보태야 합니다. 이런 말이 됩니다. 그러니 악한 말입니다. 하나님 앞에는.

사람들 듣기에는 믿고 행해야 된다는 말이 좋아 보이지만 하나님한테는 괘씸한 말이에요. 내가 인간을 위해서 내 아들을 보내사 그 아들이 천지를 만드신 하나님이 친히 오셔서 날 위해서 십자가에서 피흘려 죽기까지 희생해서 구원을 이루었는데 이것이 부족하다고 모자란다고? 이런 말입니다.

그래서 바울은 갈라디아를 쓰면서 내가 전한 복음 외에는 누구든지 예수님을 믿으면 구원받는다, 혹 천사가 와서 전할지라도 저주를 받는다고 강하게 말한 이유가 거기에 있습니다. 주님의 십자가의 보혈은 능력이 있습니다. 우리에게 구원을 주시는 능력이 그 안에 있습니다.

5절, '모세가 기록하되 율법으로 말미암는 의를 행하는 사람은 그 의로 살리라 하였거니와.'

모세가 율법으로 행할 수 없는 의롭게 될 수 없는, 자기를 보며 구약시대에도 의롭게 되는 길은 예수님을 믿는 길입니다. 그 증거가 타락할 때부터 하나님은 여자의 후손을 보내겠다고 약속하셨고, 율법은 모세로부터 왔습니다. 모세 오백 년 이전에 아브라함이 의롭게 된 것은 행함이 아니라 믿음으로 의롭게 됐다고 성경은 말씀하고 있습니다.

구약시대의 모든 사람들도 다 믿음으로, 신약에 와서도 믿음으로, 이것이 우리만 믿는 진리가 아닙니다. 수천 년 동안 인류가 이 진리를 믿고, 하나님을 만나고, 의롭게 되고, 고백하고, 하나님께 감사하고, 주를 위해서 살았습니다. 이 진리는 수천 년 동안 전 세계의 사람들이 그렇게 믿음으로 고백한 진리이십니다.

6-7절, '믿음으로 말미암는 의는 이같이 말하되 네 마음에 누가 하늘에 올라가겠느냐 하지 말라 하니 올라가겠느냐 함은 그리스도를 모셔 내리려는 것이요 혹은 누가 무저갱에 내려가겠느냐 하지 말라 하니 내려가겠느냐 함은 그리스도를 죽은 자 가운데서 모셔 올리려는 것이라.'

믿는 사람은 그렇게 하지 말라, 그 말이에요. 네가 어떻게 노력으로 해서 예수님을 모셔오고 지옥에서 모셔올 수 있겠느냐. 행위로 구원 얻겠다는 그런 것과 같다는 것입니다. 우리가 행위로 구원 얻을 수 없기 때문에 우리 자신은 자랑할 것이 없고, 하나님께 감사할 것 밖에 없습니다.

에베소서 2장 8절에, '너희는 그 은혜에 의하여 믿음으로 말미암아 구원을 받았으니 이것은 너희에게서 난 것이 아니요 하나님의 선물이라.' 고 했습니다. 우리에게 선물로 주셨다는 가장 확실한 증거는 우리 속에 하나님의 성령이 계시는 것이십니다.

8절, '그러면 무엇을 말하느냐 말씀이 네게 가까워 네 입에 있으며 네 마음에 있다 하였으니 곧 우리가 전파하는 믿음의 말씀이라.'

하나님이 계명을 주셨는데 계명이 어렵다고 생각하지마라, 계명은 어려운 것이 아닙니다. 왜 어렵게 느껴냐면 안 믿고 순종 안 하니까 어렵지요. 예수 믿고 구원받는 게 쉬운 일이에요, 어려운 일이에요? 쉬운 일입니다. 행함으로 의롭게 되는 게 어려운 것입니다. 예수님 안 믿는 사람은 예수 민고 구원받는 다는 게 어려워요. 믿음은 내가 막 한다고 되는 것이 아니고, 하나님 주시는 은혜입니다. 누구든지 예수의 영이 아니면 예수 그리스도를 시인할 수 없다고 했습니다.

믿는 자에게는 쉬운 거고 안 믿는 자에게는 어려운 것입니다. 어떤 면에서는 불가능한 것입니다. 구원은 하나님의 은혜로만 가능한 것입니다. 예수님이 하나님의 아들로 믿어지고 예수님을 구주로 영접했다면 하나님의 은혜를 받은 사람이고, 하나님의 사랑을 받은 사람이고, 하나님의 긍휼을 입은 사람입니다.

9절, '네가 만일 네 입으로 예수를 주로 시인하며 또 하나님께서 그를 죽은 자 가운데서 살리신 것을 네 마음에 믿으면 구원을 받으리라.'

성경에는 믿음이 크게 두 가지 나옵니다. 예수 믿고 구원받는다는 믿음이고, 기도하면 응답받는 믿음이 있어요. 구원받는다는 믿음은 예수님이 하나님의 아들이고, 그리스도고, 죽었다가 다시 살아나시고 부활하시고 내 안에 계신다. 이것이 믿음입니다. "아들이 있는 자에게는 생명이 있고." 이것이 믿음이에요. 믿었다 구원받았다 내 안에 예수님이 계신 것입니다. 기도하고 응답 받는다, 믿음대로 될지니라, 믿음은 내 안에 계신 예수님이 어떤 분인가 더 알아갈수록 응답이 달라지는 것입니다. 믿음이 크다 적다에요. 구원받은 건 믿음이 있다, 없다 입니다.

10절, '사람이 마음으로 믿어 의에 이르고 입으로 시인하여 구원에 이르느니라.'

마음으로 믿는다는 말은 마음으로 예수님을 구주로 영접해서 내 마음에 계신다, 그러므로 나는 예수님을 믿고 하나님의 자녀가 되었고, 나는 예수 믿는 사람이라고 고백하는 것이 입으로 시인하는 것입니다.

11-15절 상. '성경에 이르되 누구든지 그를 믿는 자는 부끄러움을 당하지 아니하리라 하니 유대인이나 헬라인이나 차별이 없음이라 한 분이신 주께서 모든 사람의 주가 되사 그를 부르는 모든 사람에게 부요하시도다 누구든지 주의 이름을 부르는 자는 구원을 받으리라 그런즉 그들이 믿지 아니하는 이를 어찌 부르리요 듣지도 못한 이를 어찌 믿으리요 전파하는 자가 없이 어찌 들으리요 보내심을 받지 아니하였으면 어찌 전파하리요.'

믿어야 되는데 안 듣고 어떻게 믿습니까. 들어야 믿지요. 그래서 우리는 전파해야 됩니다. 안 듣고 믿을 사람이 없습니다. 우리가 말씀을 들어야 믿음이 생깁니다. 믿음은 들음에서 난다고 말씀하는 거예요 들으려면 말해주는 사람이 있어야지요. 전해주는 사람이 있어야지요. 전해주는 사람이 없는데 어떻게 듣겠어요. 보냄을 받아야하는데 안 가고는 할 수 없는데, 그래서 복음 전하는 발이 아름답다고 한 것입니다.

적어도 우리가 예수님을 정말 하나님의 아들로 믿고, 저주를 받아야 할 사람이 예수님을 믿기만 했는데 죄 용서 받고, 하나님 자녀 되었고, 천국 갈 보장을 받았고, 성령이 우리 안에 계시고, 기도응답을 받고, 하나님의 위로와 기쁨을 주시는 은혜를 받았다면, 이것을 정말로 믿는 사람 같으면 적어도 내가 아는 사람한테는 전해줘야겠다는 마음이 있어야 해요.

하나님의 은혜로 예수님을 통해서 구원받고 자녀 됐다는 확신을 가지면 정말 내 마음 속에 사랑하는 가족과 친구와 친척과 동료들에게 이 말을 해주고 싶다는 마음이 없다. 그것은 아닙니다. 가정에서 직장에서 지역 속에서 만남 속에서 내 마음 속에 소원은 갖고 있지 않을 것이냐. 그러면 기도

하면 하나님이 만남을 주셔요. 안 믿는 것은 그 사람의 몫이지만, 우리가 그런 마음을 갖고 살아가는 것이 살아있는 신앙의 성도가 아니겠습니까? 당연하지요. 전도가 안 된다, 된다 그 말이 아니고 이 마음을 가지고 살아야 된다는 뜻입니다. 하나님은 우리를 통해서 또 다른 사람을 구원하기를 원하시는 것입니다.

15절 하, '아름답도다 좋은 소식을 전하는 자들의 발이여 함과 같으니라.'

예수님께서 세상 끝 날까지 너희와 항상 함께 하리라 이 놀라운 은혜와 복을 우리에게 주셨는데 이것을 나만 갖고 있어서는 안 됩니다. 사도 바울은 내가 복음을 전하지 않으면 화가 미칠 것이다, 그 자신이 지옥 간다는 게 아니에요. 이 구원의 길을 나만 알고 있고 절대로 안 가르쳐준다면 진짜 나쁜 사람 아니에요? 구원의 길이 분명한데 나는 알고 있는데 이걸 안 가르쳐주면 진짜 나쁜 사람입니다.

18강 | 롬 10:16-11:12

모든 것이 하나님의 은혜입니다. 하나님의 은혜가 아니면 세상이 어떻다, 우리가 어떻다 아무것도 설명할 수가 없습니다. 제가 하나님을 믿지 않을 때 어떤 분이 저에게 전도했어요. 제가 안 믿는다고 했어요. 그러면서 제가 한 말이, "하나님이 왜 독재하시느냐. 이 민주주의 세상에. 하나님 왜 마음대로 하시느냐." 얼마나 어리석습니까, 하나님이 싫다고? 그런 중에 청소년 시기에 저 자신에 대한 실망과 좌절과 죄 가운데, 너무 너무 힘들고 살 소망이 없구나, 가치가 없구나, 죽어야 되겠다고 생각하면서 굉장히 많은 고뇌와 갈등을 하는 중에 하나님의 은혜로 예수님을 만났습니다.

예수님을 만나보니까 내 마음 속이 얼마나 기쁜지 너무너무 좋았어요. 마음속에 샘솟듯 한 기쁨이 계속 나오는데 제가 성경을 읽었습니다. 출애굽기를 보면서 그때 저는 이스라엘 사람들이 참 못 됐구나, 진짜 불신앙 하는구나. 하나님이 이스라엘 사람들에게 홍해를 육지같이 가르고 그런데 또 의심하더라고요. 이런 기적을 베풀어줬는데 또 의심하다니. 광야에서 반석에서 생수가 강같이 흐르게 마셨는데, 광야에서 물이 나온다는 건 말할 수가 없습니다. 풀도 나지 않아요. 거기서 어떻게 돌바위 틈에서 물이 생수와 같이 나오겠어요. 이래놓고 또 원망하다니. 매일매일 불기둥 구름기둥으로 인도받았는데 매일 원망하다니. 하늘에서 만나를 주셔서 농사하지 않고 40년 동안 먹고 살았는데 그래도 하나님 안 믿고 원망하다니 참 악하구나 이렇게 생각했어요.

청년 시기에 출애굽기를 읽으면서 나하고 똑 같구나, 어쩌면 나도 이렇게 하나님의 은혜와 사랑을 받으면서도 늘 불신앙할까, 늘 넘어질까, 늘 세상으로 치우칠까, 이런 생각을 한 시절이 있었어요. 조금 더 신학을 하고 목사가 되었는데 이 목회가 참 어렵더라고요. 모든 것이 너무 어려웠어요. 사람이 너무 힘들고 어려우니까 자꾸 낮아졌습니다.

그래서 제가 보면서 아 나는 하나님 안 믿는다 하나님이 어디 있느냐 내놔 봐라 이런 여러 사람을 봤습니다. 그런데 그 사람도 몸 안에 병이 생겨 병원에 누워있으니까 조용해지더라고요. 잘못했습니다. 이 세상에 사는 사람 중에 대단하고 위대한 사람 한 사람도 없습니다. 인생의 생명은 그 코에 있는 것입니다.

어느 날 하나님이 은혜를 주셔서 정말 제가 아무 것도 할 수 없고 손가락 하나도 까딱할 수 없고 스스로 할 수 없는 무능한 자라고 생각하고 행동할 때 얼마나 악한지. "죄인 중의 괴수구나." 이렇게 하면서 조금조금 은혜를 주시더라고요. 전에는 목사 초년생인 제가 기도를 많이 했습니다. 산을 쫓아다니면서 밥을 굶으면서 이 산 저 산 목이 터져라 기도했는데 하나님이 안 주셔요. 하나님이 응답을 안 주시는데 성경에는 하나님이 풍성히 주신다고 말씀하는 것입니다. 어느 정도로 갈급하냐면 너무 인생이 갈급하고 마음이 갈급하고 삶이 갈급해서 말라서 죽을 것 같은데 혀를 내밀면 물을 한 방울 떨어뜨려 주시는 것 같아요. 죽지도 못하고 살지도 못하고. 하나님은 늘 인색하게 우리에게 안 죽을만큼 주시고, 하나님은 늘 부족하게 주신다고 느꼈어요.

그러다가 저의 부족을 알게 되었고, 하나님이 은혜를 주셨어요. "예수님은 정말 하나님의 아들인 그리스도이시다." 성경에 있는 말씀은 교리나 지식이 아니라 실제적 역사적 사건이에요. 성경대로 오시고 성경대로 죽으시고 성경대로 부활하시고 그 분이 내 안에 계신 걸 은혜로 정말로 믿게 됐어요. 그 다음부터는 하나님이 자꾸 역사를 하셔요. 조금 기도해도 많이 주시고, 불충하는데 넘치게 주시고, 조금 순종하는데 감당이 안 되게 하시고. 그래서 자꾸 압박을 받는 것입니다. 사랑의 압박을.

나는 모자라고 부족한데 하나님은 넘치게 자꾸 주시니까. 그래서 포기하게 되는 것입니다. "아, 하나님의 은혜구나." 고백하게 되었습니다. "하나님은 풍성하신 분이구나. 사랑이시구나. 내가 이렇게 끊임없는 불신앙과 불순종과 악한 자인데도 끊임없는 은혜를 주셔서 아 견딜 수가 없구나, 하나님의 사랑이구나."

하나님이 어떻게 느껴집니까? 때로는 우리가 하나님이 인색하시고 부족하시고 무능하시고 듣지 않으시고 은혜를 안 주신다고 느낄 때가 있습니다. 하나님이 그런 것이 아니라 혹시 우리가 불순종하고 불신앙하지 않습니까? 하나님은 우리를 얼마나 사랑하시는지 하나님을 닮도록 만드셨어요. 하나님의 형상으로. 하나님의 형상이 얼마나 우리를 사랑하시는 것이냐면 인간이 하나님께 범죄하고 반역하고 배반하고 저주받아서 지옥 갈 인간을 하나님은 사랑하셔서 친히 오셔서 고난과 침 뱉음과 조롱과 죽으심을 통해서 우리에게 구원의 길을 주셨어요.

우리가 무슨 사랑받고 구원받을 자격이 있습니까. 그렇게 구원의 은혜를 주셔서 하나님의 자녀로 삼아주셨는데 이스라엘은 끊임없이 배반하는 것입니다. 끊임없이 자기 이름을 걸고 우상숭배하고 자기를 쫓아가고 이럼 또 망해요. 망하다가 괴롭고 고통하면 돌아와요. 하나님이 복을 주시면 교만하고 또 망해요. 또 돌아와요. 이것이 사사기, 열왕기, 사무엘기, 역대기, 신약까지. 신앙생활이 어려운 게 아닙니다. 너는 하나님을 경외하라. 너는 피조물이야.

그런데 인간은 내가 하나님이 되고 싶은 것 입니다. 내 맘대로 살고 싶은 것입니다. 내가 주인 되고 싶은 것입니다. 이러면서 오히려 하나님을 원망합니다. 왜 누구는 구원해주고 누구는 안 해줍니까? 누구는 더 많이 주고 덜 줍니까? 내가 그 사람보다 못한 게 뭡니까? 그 말을 들으면요 하나님보다 더 의로운 것 같아요. 하나님보다 더 거룩하고 머리 좋고 판단을 잘 하고, 얼마나 사람이 우스운지 몰라요.

이스라엘 사람들이 끊임없이 하나님을 반역하고 하나님은 용서하시고, 끊임없이 반역하고 용서하시고. 예수님이 오셨을 때 말씀을 듣고 표적과 기사를 보고 믿을 수 밖에 없는 증거가 있지만 안 믿고 거역하고. 그러니까 놔둬버렸어요. 그 정욕대로 버려두사.. 3번이나 나옵니다. 버렸다는 것입니다. "모든 사람이 죄를 범하였으매 하나님의 영광에 이르지 못하였더니."

예수님을 안 믿을 때, '예수 믿으세요, 우리는 죄인입니다.' 라고 하면 자기는 죄인이 아니라고 합니다. 예수님께서 마음의 탐심은 도둑질하는 것이고, 형제를 미워하는 것은 살인하는 것이고, 음욕을 품는 것은 간음이라고 했어요. 하나님을 믿지 않는 것은 가장 큰 죄라고 말씀하셨어요. 하나님을 만나게 되면 나는 그래도 조금 괜찮다고 생각해요. 하나님의 은혜에 가까이 갈수록 나는 구원받을 자격이 없구나.. 하나님의 은혜로 구원받고 이 쓸모없고 악한 저주 가운데 있어야 될 우리를 하나님이 사랑하셨구나. 하나님의 은혜구나, 하나님의 은혜입니다.

우리 중에, 하나님 앞에서 이러니 저러니 할 수 있는 의로운 분이 있습니까? 판단력이 하나님보다 좋은 분이 계십니까? 목사님은 하나님은 전지하고 전능하시다면서요 그럼 왜 선악과를 만들었다가 따먹을줄 알고 다 아시면서 만들었습니까? 하나님의 말씀을 우리 머리로 자꾸만 피해가면 안 됩니다. 하나님께서 말씀 주신 것만 우리가 알아야 됩니다. 이유는 하나님의 말씀을 계시라고 합니다. 계시는 가려진 것을 보여주는 것입니다.

우리가 하나님을 다 알 수 있습니까. 하나님의 그 지혜를 측량할 수 있고 능력을 알 수가 있습니까. 우리는 우리 자신도 모르잖아요. 내가 계획하고 판단하고 다 실천할 수 있는 사람 있습니까. 그렇게 자신이 당당하고 믿을 만합니까. 어리석은 것입니다. 어떻게 우리의 우둔한 머리로 하나님을 다 압니까. 하나님의 능력과 계획을 압니까? 하나님께서 보여주시는 것만 알아요. 이것이 성경입니다.

그 가운데도 하나님의 성령의 감동함으로 기록된 것이기 때문에 사사로이 풀지 말라고 했어요. 베드로후서 1장 20절에는 "먼저 알 것은 성경의 모든 예언은 사사로이 풀 것이 아니니" 3장 16절에 "또 그 모든 편지에도 이런 일에 관하여 말하였으되 그 중에 알기 어려운 것이 더러 있으니 무식한 자들과 굳세지 못한 자들이 다른 성경과 같이 그것도 억지로 풀다가 스스로 멸망에 이르느니라." 성경을 우리 머리로 풀 수 있는 부분이 아닌 이유가 하나님의 성령으로 감동됐기 때문이십니다. 우리에게 다 보여준 게 아니에요.

고린도전서 13장에 보면 "우리는 부분적으로 알고 부분적으로 예언하니 온전한 것이 올 때에는 부분적으로 하던 것이 폐하리라." 라고 했습니다. 우리가 하나님에 대해서 아는 것도 부분적이에요. 그럼 얼마나 보여주셨냐? 우리가 하나님을 믿고 경외하고 사랑하고, 이웃을 사랑하고 살기에 부족함이 없도록 보여주셨어요. 인간이 하나님을 믿고 경외하는데 부족함이 없도록. 그렇지만 하나님을 다 아는 건 아니에요. "지금은 거울을 보는 것 같이 희미하나," 그때 당시 거울은 구리거울이에요. "그 때가 되면 얼굴과 얼굴을 맞대는 것 같이 볼 것이요." 정확하게.

우리가 하나님 나라에 가면 하나님을 정확하게 알 것입니다. 그때는 주께서 나를 아심과 같이 나도 주를 알리라. 우리에게 노력으로 의로 구원받는 것이 아니고 하나님을 믿음으로 구원받는 길을 우리에게 주신 것입니다. 우리의 수고와 노력으로 의로서는 구원받을 수 있는 사람이 없기 때문에.

기독교 외에 모든 종교는 착한 일하고 의로운 일 많이 하면 복 받고 좋은데 간다, 이렇게 가르칩니다. 두 가지 틀렸습니다. 진짜 죄 안 짓고 의롭게 살 사람이 하나도 없습니다. 제가 목사가 되었고, 성경 읽고, 기도하고, 말씀을 전하는데도 살아갈수록, "나는 더 악하구나." 느낄 뿐이에요. 나는 더 무능하고 정말 하나님 앞에 구원받을 자격도 없고 목사 될 자격도 없고 아무것도 할 수 없다 느껴요. "하나님의 은혜로 살아가는구나. 하나님의 은혜입니다 감사합니다." 그 외에는 할 말이 아무 것도 없습니다. 또 우리가 의를 행해서 해결될 수 있는 문제가 아니에요. 그래서 '피흘림이 없는 즉 죄 사함이 없느니라.' 죄 없는 피가 필요해요. 그래서 여자의 후손으로 성령으로 동정녀에게서 낳으셔서 죄 없으신 예수님이 우리를 대신해서 세상 죄를 지고 가는 하나님의 어린양으로 죽으셔서 다 이루셨어요.

우리가 그 분을 만나기만 하면 영접하기만 하면 우리의 죄와 저주와 흑암의 권세에서 해방돼서 하나님의 자녀가 된 것입니다. 하나님 나라의 상속자가 되고 성령으로 우리 속에서 영원히 떠나지 않고 보증하시는 놀라운 은혜와 복을 우리에게 주신 것입니다. 우리가 스스로 구원받을 수 있는 능력이 없기 때문에 하나님이 우리에게 선물로 주신 것입니다. "아무도 자랑치 못하게 하려함이라."

정말 나 자신을 알고 하나님을 아는 사람은 자랑할 수가 없습니다. 자랑할 수 없는 사람은 남을 욕할 수가 없습니다. 비판하고 판단할 수가 없습니다. 정죄할 수가 없습니다. 하나님께 감사할 뿐이십니다. 이렇게 믿음으로 구원받는 길을 주셨는데 이 믿음으로 구원받지 않는 것도 불순종이에요.

16절, '그러나 그들이 다 복음을 순종하지 아니하였도다 이사야가 이르되 주여 우리가 전한 것을 누가 믿었나이까 하였으니 그러므로 믿음은 들음에서 나며 들음은 그리스도의 말씀으로 말미암았느니라.'

들으면 믿음이 생기게 되 있는 것입니다. 이스라엘 사람들이 분명히 믿음은 들음에서 나는데 들어도 안 믿어서 하나님이 그냥 둬버린 것입니다. 이것이 멸망이에요. 그 마음이 부패하고 악해서 혼미하게 되고 하나님 말씀을 듣기 싫어하고 죄를 좋아하고 놔뒀더니 인간은 그 모양이에요. 택해서 간섭한 걸 택정이라고 하고, 하나님의 은혜와 사랑이라고 합니다.

18절, '그러나 내가 말하노니 그들이 듣지 아니하였느냐 그렇지 아니하니 그 소

리가 온 땅에 퍼졌고 그 말씀이 땅 끝까지 이르렀도다 하였느니라.'

19절, '그러나 내가 말하노니 이스라엘이 알지 못하였느냐 먼저 모세가 이르되 내가 백성 아닌 자로써 너희를 시기하게 하며 미련한 백성으로서 너희를 노엽게 하리라 하였고'

들었다는 것입니다. 수없는 선지자를 통해서 듣고 하나님의 말씀을 들었지만 믿음으로 받아들이지 않았다는 것입니다.

20절, '이사야는 매우 담대하여 내가 나를 찾지 아니한 자들에게 찾은 바 되고 내게 묻지 아니한 자들에게 나타났노라 말하였고.'

예수님이 오시기 약 780년 전에 이사야라는 사람은 벌써 예수님 당시에 예수님을 받아들이지 않고 말씀을 듣지 않고, 들어도 믿지 않는 그들을 향해서 놔둬버리고 복음이 이방인에게 가서 이방인들이 돌아올 것을 이미 예언하였습니다. 그 말씀대로 이방인의 복음이 자꾸 증언되었습니다. 우리도 이방인이에요. 하나님의 은혜지요. 이스라엘에 대하여 이르되 순종하지 아니하고 거슬러 말하는 백성에게 내가 종일 내 손을 벌렸노라 하였느니라 원래부터 안 믿는 이방인들이 하나님 안 믿는 사람들에게 팔을 벌려서 받아들였다는 것입니다.

11장 1-6절, '그러므로 내가 말하노니 하나님이 자기 백성을 버리셨느냐 그럴 수 없느니라 나도 이스라엘인이요 아브라함의 씨에서 난 자요 베냐민 지파라 하나님이 그 미리 아신 자기 백성을 버리지 아니하셨나니 너희가 성경이 엘리야를 가리켜 말한 것을 알지 못하느냐 그가 이스라엘을 하나님께 고발하되 주여 그들이 주의 선지자들을 죽였으며 주의 제단들을 헐어 버렸고 나만 남았는데 내 목숨도 찾나이다 하니 그에게 하신 대답이 무엇이냐 내가 나를 위하여 바알에게 무릎을 꿇지 아니한 사람 칠천 명을 남겨 두었다 하셨으니 그런즉 이와 같이 지금도 은혜로 택하심을 따라 남은 자가 있느니라 만일 은혜로 된 것이면 행위로 말미암지 않음이니 그렇지 않으면 은혜가 은혜 되지 못하느니라.'

바울이 볼 때는 그러면 복음이 이방인에게 가서 복음이 많이 증거됐는데, 복음 보세요. 예루살렘에서 사마리아에서 소아시아 유럽에서 영국 아메리카 동양으로. 우리가 무슬림권을 넘어갈 수 있을까 했더니 이제 무슬림권이 서서히 변화가 됩니다. 인터넷이라는 게 좋은 점도 있고 나쁜 점도 있고요. 매스컴이라는 것을 막을 수가 없습니다. 인터넷 보고 그들도 변화를 하는 것입니다. 그래도 못 나와요. 죽이니까.

그래서 말씀을 듣고 개인이 믿는 사람이 자꾸자꾸 늘어나요. 어느 날 늘어가면 로마와 같이 변화가 되겠지요. 이래서 복음이 자꾸 예루살렘에 전파되겠지요. 유대인들이 볼 때는 예수님은 우리 조상인데 우리에게서 육신적으로 낳는데, 다른 사람이 믿고 구원받았다니. 우리도 믿자. 이렇게 시기나게 해서 그들도 더욱 돌아오게 한다는 것이 하나님의 계획입니다. 복음이 자꾸 전해집니다, 역사 가운데. 우리가 믿음으로 구원받는 건 오직 은혜로만 받는 길이라는 것입니다.

7-8절, '그런즉 어떠하냐 이스라엘이 구하는 그것을 얻지 못하고 오직 택하심을 입은 자가 얻었고 그 남은 자들은 우둔하여졌느니라 기록된 바 하나님이 오늘까지 그들에게 혼미한 심령과 보지 못할 눈과 듣지 못할 귀를 주셨다 함과 같으니라.'

거부하니까 두어버리면 혼미하게 됩니다. 강퍅하도록 놓아둔 것입니다.
9절. '또 다윗이 이르되 그들의 밥상이 올무와 덫과 거치는 것과 보응이 되게 하시옵고'

사람이 얼마나 악하고 부패하느냐면 잘 살면 자꾸 하나님을 안 믿어요. 세상의 모든 것을 가져도 하나님을 경외하고 겸손히 하나님을 사랑하고, 사람을 사랑하고 살기를 주의 이름으로 축복합니다. 이것이 복이에요. 진정한 복은 얼마나 많은 것을 소유하느냐가 아니라 하나님을 사랑하고 이웃을 사랑하면서 살아가는 것이 최고의 수준이라는 것을 아셔야 됩니다. 우리가 거기에 확신을 가져야 됩니다. 내가 가진 것이 없어도 하나님을 경외하고 하나님을 사랑하고, 이웃을 사랑한다면, 내가 담대한 자존감이 있어야 됩니다. 많은 그리스도인들이 거기에 목적보다는 소유에 대해서, 높은 자리에 대해서 이것이 목적이에요.

하나님을 믿고 경외하는 것이 우리의 목적이 될 때 그리스도인입니다. "너희는 먼저 그의 나라와 그의 의를 구하라"고 했습니다. 다 필요합니다. 돈도, 지식도, 명예도 다 필요한 것입니다. 그러나 그것은 하나의 방법이지 목적은 아닙니다. 우리의 목적은 하나님을 사랑하는 것입니다. 이웃을 사랑하는 것입니다. 주님은 우리에게 그렇게 말씀하시고 가르친 것입니다.

10-12절. '그들의 눈은 흐려 보지 못하고 그들의 등은 항상 굽게 하옵소서 하였느니라 그러므로 내가 말하노니 그들이 넘어지기까지 실족하였느냐 그럴 수 없느니라 그들이 넘어짐으로 구원이 이방인에게 이르러 이스라엘로 시기나게 함이니라 그들의 넘어짐이 세상의 풍성함이 되며 그들의 실패가 이방인의 풍성함이 되거든 하물며 그들의 충만함이리요.'

이방인들이 돌아왔는데 하나님의 은혜가 풍성했는데, 하물며 이스라엘이 돌아오면 더 많은 사람들이 믿지 않겠느냐, 그런 말씀이에요. 여러분, 우리는 하나님 은혜로 예수 믿게 됐어요. 세상 사람들 볼 때에 절에 다니는 사람은 절이 진짜라고 해요. 무슬림이나 IS, 이단들은 자기들이 진짜라고 해요. 우리는 우리가 진짜라고 해요. 예수 안 믿는 사람이 볼 때 헷갈려요. 다 진짜라고 하니까 어디가 진짜에요. 우리가 분별력이 있어서 하나님을 믿는 것이 아니라 은혜로 믿는 것입니다. 내가 판단을 잘해서 이것이 맞구나 아니고 하나님의 은혜로. 미혹의 영이 역사하면 이단이 믿어져요.

예수 믿는 것도 이해의 부분이 아니고. '누구든지 예수의 영이 아니면 예수를 그리스도라 시인할 수 없다.' 저와 여러분이 예수 믿고 구원받은 것도 판단력이 좋고 분별력이 있어서가 아니라, 하나님의 은혜로 믿는 것이기 때문에 우리는 자랑할 게 아무것도 없습니다. 감사할 뿐이고, 이걸 알려줄 뿐이지 우리가 증거 할 뿐인 것이지 하나님의 뜻은 온 이방인들이 믿고 그럼 유대인들이 시기해서 언젠가 주님이 오실 날이 가까워지면 재림할 날이 가까워지면 유대인들이 믿고 돌아오게 됩니다. 그것이 세상 끝이라고 우리는 믿는 것입니다.

사랑하는 여러분, 다 하나님의 은혜입니다. 우리가 다 하나님보다 더 의로운 것 같이, 판단을 더 잘하는 것 같이, 더 거룩한 것 같이, 더 지식 있는 것 같이 말하는 어리석은 자가 되지 마시고, 우리를 사랑하시는 하나님을 믿고 은혜로 감사하며 승리하고 하나님을 사랑하고 이웃을 사랑하면서 사는 복된 성도들 되기를 주의 이름으로 축복합니다.

19강 | 롬 11:13-36

'깊도다 하나님의 지혜와 지식의 풍성함이여, 그의 판단은 헤아리지 못할 것이며 그의 길은 찾지 못할 것이로다.' (롬 11:33)

하나님은 다 아시고, 말씀하시고, 은혜를 주시는 만큼 놀라운 지혜를 갖고 계십니다. 특별히 하나님의 지혜의 절정이 있습니다. "하나님의 지혜가 이렇게 엄청나고 놀랍구나." 하나님은 그의 아들을 이스라엘에서 보게 하셨습니다.

유대인들은 그리스도를 받아들이지 않습니다. 유대인들은 수천년 동안 오실 그리스도를 기다렸습니다. 조상들을 통해서 수많은 예언을 하고, 하나님은 창세기 3장을 통해서 "여자의 후손이 올 것이다 아브라함을 통해서 너의 씨로 천하 만민이 복을 받을 것이다." 모세를 통해서 "너와 같은 선지자가 오실 것이다." 다윗을 통해서 "너희 후손으로 그리스도가 올 것이다." 이사야를 통해서 "그는 이새의 줄기에서 나는데 하나님을 영존하시는 아버지라 할 것이고, 우리를 위해서 십자가에서 죽을 것이다. 그가 찔림은 우리의 허물 때문이요 그가 상함은 우리의 죄악 때문이다." 마지막은 말라기를 통해서 "그가 오시기 전에 엘리야가 먼저 오리라" 이렇게 예언된 만큼 유대인들의 꿈은 메시야가 오는 것입니다. 메시야 대망사상.

그런데 막상 메시야가 왔는데 받아들이지 않습니다. 말씀으로나 표적으로나 말씀의 성취로나 그리스도가 오면 앉은뱅이가 일어나고, 벙어리가 말을 하고, 장님이 보고, 귀머거리가 듣고, 가난한 자에게 복음이 증거 되고, 엄청난 약속들이 있는데 오히려 받아들이지 않습니다. 그리고 예수님을 십자가에 못 박고 핍박을 해서 사도행전 11장에 보면 그 핍박을 피해서 믿는 사람들이 구브로와 베니게와 안디옥까지 가서 세워진 안디옥 교회가 세워지기도 하였습니다.

바울은 유대인에 대한 사랑이 있어서 먼저 유대인들에게 복음을 전하기 원하였는데, 사실 바울의 사명은 이방인의 사도입니다. 소아시아 터키지역에서 복음을 전하는데, 하루는 밤에 마게도냐 사람 하나가 나타나서 '마게도냐로 건너와서 우리를 도우라' 는 환상을 보게 됩니다. 이에 바울은 이것이 하나님의 뜻인 줄 알게 되고, 사도행전 16장에서 아시아에서 복음이 그리스로 마게도냐로 넘어갑니다.

그 복음이 로마를 통해서 전 유럽에 전파되었고, 영국을 통해서 아메리카에까지 그리고 동양으로. 동양에서 서쪽으로. 증거 되고 믿는 사람들이 많이 돌아오고 있다는 선교사님들의 이야기입니다. 복음이 무슬림을 건너서 이제는 예루살렘까지 증거될 것입니다. 그런데 유대인으로 온 그리스도를 유대인들이 핍박하니까 복음이 이방인들에게 갔어요. "이방인이 충만하는 수까지 들어오기까지."(롬 11:25) 땅끝까지. "모든 민족에게 복음이 전파되니 그때야 끝이 오리라."(마 24:14)

그러면 유대인이 볼 때는 그리스도는 우리 조상이고 하나님이 우리 민족에게 보낸다고 했는데 오히려 저 이방인들이 예수 믿고, 구원받고, 복 받으니까 "우리도 믿자," 이렇게 시기가 난다는 것입니다. 시기가 나서 마지막에는 유대인들도 믿고 돌아온다, 이것이 바울의 증거입니다. 하나님의 지혜는 유대인들에게 복음이 증거 되고, 만약 이 복음이 유대인들에게서 끝나면 모든 인류가 구원을 못 받겠지요. 유대인이 복음을 거부해요. 그 거절로 온 인류가 예수님이 구주되심을 듣게 하시고 나중에는 시기가 나서 이스라엘까지 구원받게 하는 것이 하나님의 지혜라는 말씀입니다. 그것이 13절에서 36절까지의 말씀입니다.

13-15절, '내가 이방인인 너희에게 말하노라 내가 이방인의 사도인 만큼 내 직분을 영광스럽게 여기노니 이는 혹 내 골육을 아무쪼록 시기하게 하여 그들 중에서 얼마를 구원하려 함이라 그들을 버리는 것이 세상의 화목이 되거든 그 받아들이는 것이 죽은 자 가운데서 살아나는 것이 아니면 무엇이리요'

그렇지만 이방인들이 믿고 나서 나중에 유대인들도 시기해서 믿게 되는 것인데 죽었다가 살아났다는 말은 유대인들이 하나님 앞에서 버려졌다가 시기해서 믿고 살아나게 될 것이라고 말씀하는 것입니다.

16절, '제사하는 처음 익은 곡식 가루가 거룩한즉 떡덩이도 그러하고 뿌리가 거룩한즉 가지도 그러하니라.'

이 말은 곡식이 거룩하면 그릇도 거룩하고, 떡도 거룩하듯이 하나님이 거룩하게 하는 자는 거룩하게 됨을 믿습니다.

17-18절, 또한 가지 얼마가 꺾이었는데 돌감람나무인 네가 그들 중에 접붙임이 되어 참감람나무 뿌리의 진액을 함께 받는 자가 되었은즉 그 가지들을 향하여

자랑하지 말라 자랑할지라도 네가 뿌리를 보전하는 것이 아니요 뿌리가 너를 보전하는 것이니라.'

다시 말하면, 유대인들이 예수님을 안 믿고 핍박하고 거부해서 이 복음을 이방인들이 믿게 되고 또 이방인들이 다 믿는다고 할지라도 유대인 이스라엘 사람들을 무시하지는 말라는 것입니다. 거기서 복음이 들어왔다는 것입니다. 둘째는 우리가 예수믿고 구원받아도 자랑할 것이 하나도 없다는 것입니다. 하나님의 은혜지 우리가 잘나서 구원받은 건 아니라는 것입니다. 하나님은 유대인의 하나님만이 아니라 모든 이방인의 하나님도 되십니다. 우리는 유대인이 먼저 택함받고 우리가 나중에 택함받지만 우리가 자랑하고 교만해질 수는 없다는 것을 말씀하고 있습니다.

19절, '그러면 네 말이 가지들이 꺾인 것은 나로 접붙임을 받게 하려 함이라 하리니'

유대인들이 예수님을 믿지 않고 거부해서 가지가 꺾인 것입니다.

20절, '옳도다 그들은 믿지 아니하므로 꺾이고 너는 믿으므로 섰느니라 높은 마음을 품지 말고 도리어 두려워하라.'

유대인까지도, 택함 받은 사람도 믿지 않을 때는 버림이 되었는데 이방인인 우리가 믿지 않으면 버림이 되는 건 당연하지 않느냐, 그러므로 너희가 교만하지 말고 두려워하라는 것입니다. 믿지 않는 자는 유대인이나 헬라인이 버림받는 자가 되는 것입니다. 그러나 믿는 자에게는 유대인이나 헬라인에게나 구원이 됩니다.

'오직 부르심을 받은 자들에게는 유대인이나 헬라인이나 그리스도는 하나님의 능력이요 하나님의 지혜니라.'(고전 1:24)

21-22절, '하나님이 원 가지들도 아끼지 아니하셨은즉 너도 아끼지 아니하시리라 그러므로 하나님의 인자하심과 준엄하심을 보라 넘어지는 자들에게는 준엄하심이 있으니 너희가 만일 하나님의 인자하심에 머물러 있으면 그 인자가 너희에게 있으리라 그렇지 않으면 너도 찍히는 바 되리라.'

하나님의 사랑 안에 믿지 않으면 하나님의 준엄이 나타나요. 하나님의 공의, 심판이 나타나요. 믿는 자에게는 하나님의 사랑이 나타납니다. '목사님, 우리가 어떤 성경에 보면 예수 믿으면 우리 이름이 하나님 나라에 기록이 되었고 우리 안에 성령이 계시면 영원히 떠나지 않는다했는데도 꺾인다는 게 무엇입니까?' 하나님의 말씀은 중심이 있어요. 곁가지가 있어요.

중심되는 말씀은 하나님이 우리를 구원하심에 하나님의 구원이기 때문에 아무도 뺏을 수가 없다는 것입니다. 요한복음 10장 28절, "내가 그들에게 영생을 주노니 영원히 멸망하지 아니할 것이요 또 그들을 내 손에서 빼앗을 자가 없느니라 그들을 주신 내 아버지는 만물보다 크시매 아무도 아버지 손에서 빼앗을 수 없느니라 나와 아버지는 하나이니라 하신대"라고 했습니다.

저와 여러분의 구원은 그만큼 확실합니다. 그러면 꺾인다는 건 무엇이냐. 이스라엘 민족이 믿음을 갖고 있다가 시대에 따라서 믿음이 자꾸 흐려져서 안 믿는 시대가 와요. 그럼 꺾이는 것입니다. 우리도 확실히 지금 믿는데 예를 들어서 우리 자녀들이 우리만큼 믿음을 갖는다는 확신이 있어요? 우리 손자들이 우리만큼 믿음을 갖는다는 확신이 있어요? 왜 가정이 함께 성경 읽자 하느냐면 우리만 믿고 마칠 것이 아니고, 이 예수님을 믿는 믿음이 자자손손 뿌리를 내려야만 하기 때문입니다. 우리가 믿는다고 자녀가 믿는다는 보장이 있습니까? 안 믿으면 잘린다는 것입니다. 유대인들은 이천 년 동안 나라를 잃고 방황했습니다.

많은 핍박과 죽음을 당하고 엄청난 고난을 받았지만 1948년에 해방되고 이제는 그들이 신앙을 유지하고 지금도 유지하고 있어요. 그 비결은 가정에서 함께 성경 읽는 믿음, 말씀 중심으로 기도하고 이 신앙의 습관이 나라는 잊어버렸지만 가정 속에서 계속 뿌리가 내렸더니. 지금도 그 사람들은 그렇게 하고 있습니다. 이것을 충실히 감당하면서 유언을 할 때에 너희도 이것을 꼭 해라. 자자손손 이것을 하라고 매일 가족이 성경 읽고, 기도하라고 유언하시기 바랍니다.

교회가 함께 성경 읽고, 가정이 함께 성경 읽고, 은혜를 나누면 그들은 자자손손 믿음을 물려받기 때문에 참감람나무에서 꺾이지 않습니다. 그러나 믿음을 잃어버리면 꺾이는 것입니다.

23절, '그들도 믿지 아니하는 데 머무르지 아니하면 접붙임을 받으리니 이는 그들을 접붙이실 능력이 하나님께 있음이라.'

믿지 않은 사람이 믿으면 접붙이는 능력이 하나님께 있다는 것입니다.

24절, '네가 원 돌감람나무에서 찍힘을 받고 본성을 거슬러 좋은 감람나무에 접붙임을 받았으니 원 가지인 이 사람들이야 얼마나 더 자기 감람나무에 접붙이심을 받으랴.'

유대인들 이스라엘 사람들이 시기 나서 예수 믿으면 정말 좋은 나무에 접붙임을 받지 않겠느냐 이방인인 우리도 받았는데… 바울은 성령이 충만해서 언젠가는 이스라엘 사람들도 돌아오고 구원 받는다 이런 말을 하고 있는 것입니다.

25절, '형제들아 너희가 스스로 지혜 있다 하면서 이 신비를 너희가 모르기를 내가 원하지 아니하노니 이 신비는 이방인의 충만한 수가 들어오기까지 이스라엘의 더러는 우둔하게 된 것이라.'

이방인의 충만한 수가 모든 민족에게 복음이 증거될 때까지. 복음이 증거되는 게 유대인들이 시기하는 거에요. 그 때까지는 영적 눈이 어두워서 예수님이 하나님의 아들 그리스도인줄 모른다는 것입니다.

26-28절, '그리하여 온 이스라엘이 구원을 받으리라 기록된 바 구원자가 시온에서 오사 야곱에게서 경건하지 않은 것을 돌이키시겠고 내가 그들의 죄를 없이 할 때에 그들에게 이루어질 내 언약이 이것이라 함과 같으니라 복음으로 하면 그들이 너희로 말미암아 원수 된 자요 택하심으로 하면 조상들로 말미암아 사랑을 입은 자라.'

복음으로 말하면 이스라엘은 원수 된 사람입니다. 오히려 예수믿는 사람을 핍박하고 쫓아냈으니까. 그러나 택하심으로 말하면 우리보다 먼저 택함을 받은 게 이스라엘 민족이십니다. 이스라엘 민족은 하나님의 말씀을 맡은 자들이었고 하나님께 먼저 택함을 받은 선민이었습니다. 그런 면으로 보면 하나님께 먼저 사랑받은 민족이었다 그말이에요.

29절, '하나님의 은사와 부르심에는 후회하심이 없느니라.'

하나님이 하시는 모든 일은 하나님의 선한 뜻대로 완전하게 하십니다.

30-31절, '너희가 전에는 하나님께 순종하지 아니하더니 이스라엘이 순종하지 아니함으로 이제 긍휼을 입었는지라 이와 같이 이 사람들이 순종하지 아니하니 이는 너희에게 베푸시는 긍휼로 이제 그들도 긍휼을 얻게 하려 하심이라.'

이스라엘이 순종하지 아니함으로 이방인들이 긍휼을 얻어서 예수 믿게 되고 우리가 예수 믿는 것을 보고 이스라엘도 시기 나서 예수님을 믿게 되는 것이 하나님의 지혜라고 하는 것입니다.

32-33절, '하나님이 모든 사람을 순종하지 아니하는 가운데 가두어 두심은 모든 사람에게 긍휼을 베풀려 하심이로다 깊도다 하나님의 지혜와 지식의 풍성함이여, 그의 판단은 헤아리지 못할 것이며 그의 길은 찾지 못할 것이로다.'

유대인이면서 이방의 사도인 바울은 이 놀라운 것을 하나님의 성령으로 깨닫고 나니까 아 하나님의 지혜는 너무 크고 놀랍다는 것입니다. 유대인들이 그렇게 기다리던 메시야가 왔는데도 거부한 건 알고 보니까 모든 이방인들을 구원하기 위한 하나님의 계획이었고 이방인들도 믿고 나니까, 다시 그 유대인들도 믿게 하는 하나님의 선하고 완전한 계획이었다고 말하는 것입니다.

"깊도다 하나님의 지혜와 지식의 풍성함이여 부요함이여."

둘째 하나님의 놀라운 지혜가 있습니다. 고린도전서 1장 24절의 말씀에 기록된 것과 같이 바로 예수 그리스도이십니다. 하나님께서 십자가와 부활이라는 놀라운 비밀을 통해서 우리를 구원하신 것이 하나님의 지혜입니다. 사람의 값은 생명입니다. "모든 사람이 죄를 범하였으매 하나님의 영광에 이르지 못하더니," "의인은 없나니 하나도 없으며" 모든 사람은 하나님을 반역하고 죄 가운데 저주가운데 사탄의 권세 아래 지옥 가는 우리를 하나님이 사랑하셔서 구원하신 것입니다.

하나님은 공의로운 분이시므로 죄 없는 피가 필요합니다. 죄 없는 사람이 필요하기 때문에 하나님이 이 땅에 사람으로 오시는 방법이 하나님의 영으로 동정녀에게 잉태 되어서 나신 것입니다. 그래서 예수님은 하나님이면서 사람입니다. 그는 죄가 없는데 죽을 필요가 없는데 인류의 죄를 위해서 십자가에 죽으신 것입니다. 죽으심을 통해서 하나님 만나는 길을 열어놓으시고 죽으심을 통해서 사탄의 머리를 깨뜨리시고 죽으심을 통해서 모든 죄와 저주를 십자가에서 못 박으시고, "내가 다 이루었다."라고 하셨습니다.

그러므로 이제, 누구든지 행위로가 아니라 그 분을 영접함을 통해서, 예수님을 믿음을 통해서, 만남을 통해서 하나님과 우리가 화목 되게 하시고, 사탄의 권세에서 해방되게 하시고, 죄와 저주에서 완전히 자유하게 하신 복음이 바로 기독교의 복음입니다. 그리고 하나님이 이 땅에 오셔서 우리를 위하여 십자가에 죽으시고 죄 없기 때문에 다시 살아나시고 그는 승천하셔서 다시 하나님의 자리로 가셨습니다. 그리고 약한 우리를 아시고 영원히 멸망하지 않도록 하기 위해서 성령으로 우리에게 계시면서 우리를 보존하셨습니다.

십자가와 부활의 복음은 얼마나 놀라운 하나님의 지혜인지 하나님도 의롭고 우리도 의롭고. 누구든지 믿는 자마다 구원을 받게 하시고 끝까지 우리를 승리하게 하시기 위해서 주의 성령으로 우리와 함께 하시는 놀라운 비밀입니다. 이 길 외에는 저주, 죄, 사탄의 권세에 빠져있는 사람들이 구원받을 길은 영원히 없습니다.

십자가의 부활의 진리를 예수라고 합니다. 예수는 하나님의 능력과 지혜니라. 이 사실을 정말로 믿고 깨달은 사람은 예수님을 안 믿을 수가 없습니다. 믿다가 우상을 숭배하러 갈 수 없습니다. 믿다가 안 믿을 수 없습니다. 예수님이 하나님이 이 땅에 오셔서 우리를 위해 죽으시고 부활하신 하나님의 아들 그리스도이십니다. 우리가 그를 주로 영접할 때 하나님의 은혜로 하나님의 자녀가 되고 상속자가 되었습니다.

우리는 피조물이었어요. 피조물 중에서도 죄를 짓고 하나님을 떠난 자들이었어요. 로마서 5장 10절에 '원수된 우리'라고 했어요. 우리가 무슨 하나님의 자녀 될 자격이 있고, 천국 갈 자격이 있고, 은혜와 복을 받고 행복하게 살 자격이 전혀 없습니다. 그런데 하나님이 얼마나 우리를 사랑하시는지 하나님이 이 땅에 오셔서 십자가에 죽으심으로 우리를 피조물의 수준이 아니라 하나님의 자녀 곧 신의 자녀가 되게 하실 뿐만 아니라 하나님 나라의 상속자가 되게 하셨습니다.

우리 속에 주의 영으로 계셔서 끝까지 보증하시고 지키시고, 여러분 속에 하나님의 성령이 계시면 여러분은 하나님의 자녀이고 예수님은 하나님의 아들이고 그리스도이십니다. 성경말씀은 사실입니다. 이 사실을 우리는 믿지 않을 수가 없습니다. 십자가의 도는 하나님의 지혜다!

세 번째 하나님의 지혜는 주님의 가르침입니다. 주님은 십자가의 죽으심을 통해서 사망권세를 깨뜨리시고 사랑을 통해서 원수를 이기게 하시고, 용서를 통해서 사람을 구원하시고, 섬김을 통해서 높아지게 하시고. 예수님의 가르침이 세상을 이기는 지혜입니다. 악한 원수 마귀는 사람들을 속입니다. 세상 사람들 생각대로 옆에 있는 사람을 밟아야 내가 승리하게 된다, 속이는 것입니다. 내가 나누면 나는 가난해진다 속이는 것입니다. 예수 믿는 사람은 어리석고 바보다. 속이는 것입니다. 속지 마시기 바랍니다.

주님의 방법은 하나님을 경외해야 하나님의 은혜와 복을 받아요. 사람의 노력도 필요하고 중요합니다. 그러나 사람은 아무리 노력해도 한계가 있는 것입니다. 할 수 없는 것이 있습니다. 하나님을 경외하는 자에게 하나님의 은혜를 주시는 것입니다. 먼저 그 나라와 의를 구하라. 내가 노력도 중요하지만 주님을 의지해서 기도하는 게 먼저에요.

내가 낮아지는 것이 승리하는 길입니다. 높아지는 것입니다. 내가 나누어주는 것이 부요해지는 것입니다. 우리가 전도하고 선교하고 물질을 나누는 것이 풍성해지는 길입니다. 하나님을 기쁘게 하여 하나님께서 복을 주시는게 더 빠르지 않겠습니까. 세상 방법으로 하면 안 됩니다. 하나님의 방법으로 하면 안 되는 것 같지만 하나님의 지혜. 이것이 성도들의 지혜여야 합니다. 하나님은 하나님의 뜻대로 하나님의 영광을 위해 살 때 창대하게 하신다는 것입니다.

예수님은 죽음을 통해서 우리에게 생명을 주시고, 선으로 악을 이기고, 좀 약해보이고 부족해보이지만 섬기는 자가 되고, 주의 영광을 위해서 손해도 좀 보고, 주를 위해서 좀 사용하고 이런 지혜가 있기를 주의 이름으로 축복합니다. 이것이 세상을 살아가는 지혜에요. 하나님의 말씀이 때로는 세상하고 안 맞아보이기도 해요. 이러면 될까 싶어요. 그렇지 않습니다. 하나님의 말씀은 하나님의 지혜이기 때문에 예수님은 말씀으로 사탄을 이기고 승리한 것입니다. 불신자들의 논리가 맞아 보이지만 틀립니다. 우리는 정말 하나님의 지혜를 알고, 천지를 만든 분도 하나님이요. 역사의 주인공도 하나님이요 만물을 움직이는 분도 하나님이시기 때문에 그 하나님의 말씀이 미련해보여도 믿고 나아가는 것이 지혜입니다.

네 번째 하나님의 지혜는 전도의 미련한 것으로 구원하시기를 기뻐하셨도다. 세상 사람들은 하나님의 말씀을 듣지 않습니다. 세상의 지혜 있는 자들에게는 가려두시고, 어리석은 자에게 나타냈느니라. 어리석은 자는 순진하고 단순하고 어린아이 같은 사람. 그런 사람에게 복음을 나타낸 것입니다.

구원받는 것은 전도를 통해서 성취됩니다. 여러분을 위하여 기도한 사람이 있고, 수고한 사람이 있고, 복음 전해준 사람이 있고 반드시 있게 되어 있습니다. 전도하면 아무도 안 알아주고 오히려 욕먹습니다. 그렇지만 하나님은 그 일을 통해서 세상 사람들 볼 때 어리석은 순박하고 가난한 마음을 가진 사람들을 구원하는 것이 하나님의 지혜입니다. 저와 여러분은 불신자가 볼 때 다 어리석어 보여요. 그렇지만 우리는 그 하나님을 믿고 말씀을 믿는 자입니다. 그러나 우리가 어떤 것도 자랑할 것이 없지요.

34절. '누가 주의 마음을 알았느냐 누가 그의 모사가 되었느냐'

이 놀라운 지혜를 하나님께 말해줄 수 있는 사람이 있느냐는 것입니다. 하나님보다 더 지혜 있는 사람이 있냐는 것입니다. 없습니다.

35절, '누가 주께 먼저 드려서 갚으심을 받겠느냐'

우리가 어떤 일을 한다할지라도 하나님께 은혜로 갚을 만한 것이 됩니까? 우리는 생명을 주께 바친다고 할지라도 하나님께 갚았다고 할 수 있는 것이 하나도 없습니다. 모든 것이 하나님의 것이기 때문에 그렇습니다. 우리의 생명도 하나님의 것이고, 물질도 하나님의 것이고, 은사도 하나님의 것이고, 지혜도 하나님의 것이고, 하나님으로부터 오지 않은 것은 하나도 없습니다.

구원받은 것도 자랑할 것이 아니요 주를 위해서 헌금하고 봉사하고 전도하고 선교하고 놀라운 역사가 일어났다 할지라도 자랑할 것이 하나도 없습니다. 다만 하나님이 우리를 구원하셔서 감사할 뿐이고, 쓰임받는 게 감사하고, 하나님 주신 물질이 귀중하게 사용되는 게 감사하고, 주를 위해 핍박받는 게 너무 감사합니다.

36절, '이는 만물이 주에게서 나오고 주로 말미암고 주에게로 돌아감이라 그에게 영광이 세세에 있을지어다 아멘.'

우리가 다만 하나님께 감사하고 영광 돌릴 것 밖에 없다는 것입니다. 바울은, "먹든지 마시든지 무엇을 하든지 다 하나님의 영광을 위하여 하라." 우리는 다 하나님의 은혜로 구원받고 하나님 은혜로 사는 자입니다. 구원받고 하나님 앞에서 일하는 것이며, 모든 것이 다 하나님의 은혜입니다. 겸손히 항상 모든 일에 하나님 은혜에 감사하고, 하나님께 영광 돌리는 지혜롭고 복된 성도 되기를 예수님의 이름으로 축복합니다.

20강 | 롬 12:1-13-

하나님의 크고 놀라운 사랑의 배반자가 사람입니다. 이 세상에 가장 아픈 것은 사랑의 배반자입니다. 그래서 우리는 하나님과 원수 되었어요. "우리가 아직 죄인 되었을 때에 그리스도께서 우리를 위해 죽으심으로 하나님께서 우리에 대한 자기의 사랑을 확증하셨다." "의인을 위하여 죽는 자가 없고 선인을 위해서 혹 죽는 자가 있거니와." 우리가 죄인 되었다는 말은 하나님의 복을 받고 사랑을 받고 구원받을 자격이 전혀 없을 때, 원수 된 우리였습니다.

하나님을 믿지 않고 반역하고 사탄의 권세 아래서 마귀를 좋아하고, 따르던 우리가 하나님의 사랑받을 자격이 있습니까? 그렇게 큰 하나님의 은혜와 사랑을 받았음에도 불구하고, 하나님을 반역한 우리를 하나님은 더욱 사랑하셨습니다. 그래서 하나님의 독생자를 우리에게 보내주셨음을 믿습니다. "하나님이 세상을 이처럼 사랑하사 독생자를 주셨으니 이는 저를 믿는 자마다 멸망치 않고 영생을 얻게 하려 하심이니라."

빌립보서 2장에, '그는 근본 하나님의 본체시나 하나님과 동등 됨을 취할 것으로 여기지 아니하시고' 창조주 하나님, 우리를 만드신 하나님께서 피조물인 인간의 모습으로 오셨습니다. 뼈와 살을 가지시고 우리를 위해서 대신 죽으시고, 피 흘리면서 우리를 구원하셨습니다. 하나님이 친히 이 땅에 오셔서 죽으심을 통해서 하나님의 자녀가 되는 은혜를 주시고, 우리 모든 죄를 십자가의 보혈로 도말하시고, 하나님의 자녀이기 때문에 하나님의 상속자가 되게 하셨습니다. 또 주께서 하나님 우편에서 우리를 위해 기도하시고 성령은 우리 속에서 말할 수 없는 탄식으로 간구하시고, 우리를 끝까지 지키고 보증한다는 그 증거로 하나님의 성령을 우리에게 주심을 믿습니다.

우리는 하나님의 사랑받는 자이고 하나님의 보호받는 자이고 하나님의 은혜를 받은 자입니다. 이 은혜는 유대인에게 뿐만 아니라 유대인을 시기하게 하여서 온 이방인들도 다 하나님의 사랑을 받게 하시고, 누구든지 믿는 자마다 그 하나님의 사랑의 은혜에 효력이 있는 자가 되었습니다. 흑인이나 백인이나 가난한 사람이나 부자나 유대인이나 헬라인이나 예수 믿으면 하나님의 자녀 되는 복을 주셨고, 이방인들이 믿음으로 유대인들은 시기 나게 하셔서, 이제는 유대인들도 앞으로 믿게 될 것을 약속하셨습니다. 그 약속의 말씀대로 사도행전 16장에 복음이 유럽으로 아메리카로 아시아로 오고, 무슬림에는 복음이 증거 되지 않을 것 같았는데 그것은 인간의 생각이고 하나님은 능치 못함이 없으셔서 무슬림을 넘어서 앞으로 예루살렘에까지 복음이 증거 될 것입니다. 신앙생활에서 가장 중요한 것은 무엇을 하느냐가 아니라 하나님의 크고 놀라운 사랑을 깨닫고 발견하는 일입니다.

사도 바울이 일평생 그 열정이 끊어지지 아니하고, 어떤 어려움 가운데서도 하나님 일을 기쁨으로 감당하고 승리했던 중요한 원인은 하나님의 사랑을 깨닫고 발견하는 데 있었습니다. "그리스도 예수의 사랑이 나를 강

권하시는도다." 하고 로마서 8장 35절에는 "누가 우리를 그리스도의 사랑에서 끊으리요 환난이나 곤고나 박해나 기근이나 적신이나 위험이나 칼이랴 기록된 바 우리가 종일 주를 위하여 죽임을 당하게 되며 도살 당할 양 같이 여김을 받았나이다 함과 같으니라 사망이나 생명이나 천사들이나 권세자들이나 현재 일이나 장래 일이나 능력이나 높음이나 깊음이나 다른 어떤 피조물이라도 우리를 우리 주 그리스도 예수 안에 있는 하나님의 사랑에서 끊을 수 없으리라."고 고백을 하고 있습니다.

그 사랑은 사도 바울에게만 주시는 특별한 사랑이 아니라 우리 한 사람, 한 사람에게 주시는 하나님의 특별한 은혜와 사랑이십니다. 우리가 그 사랑을 받아들이는 것이지요. 마음에 불신앙과 불순종을 통해서 그 사랑을 내가 막고 있을 때는 하나님의 사랑을 알 수가 없습니다. 하나님의 사랑을 많이 느낄 수 있는 어린 아이 같은 심령 가난한 심령 단순한 심령이 복된 심령이십니다. 오늘도 주님은 그리스도 안에서 사랑하신다고 말씀하십니다. 그 크고 놀라운 하나님의 사랑을 받았으므로.

1절, '그러므로 형제들아 내가 하나님의 모든 자비하심으로 너희를 권하노니 너희 몸을 하나님이 기뻐하시는 거룩한 산 제물로 드리라."

"형제들아 내가 하나님의 모든 자비하심으로 너희를 권하노니."

사도 바울은 이 큰 은혜와 사랑을 받은 우리에게 명령하지 않고 권면한다고 말씀하십니다. 여러분, 우리는 스스로 우리 마음 속에 기뻐하는 마음으로 예배자가 되시기 바랍니다. 감사하는 마음으로 예배드리고, 감격하는 마음으로 예물을 드리고, 기뻐하는 마음으로 봉사를 하고, 담대한 마음으로 전도를 하고, 늘 감사가 끊이지 않는 하나님의 은혜가 있길 바랍니다. 그 감사는 환경을 넘어서 초월해서 하나님의 사랑이 우리에게 부은바 되어서 입니다.

그러므로 이제는 우리의 삶이 변화 되어서 우리의 몸으로 하나님께 기뻐하는 제사를 드리라는 것입니다. 몸이라는 말은 육체입니다. 구약시대에는 예배가 주로 의식적, 형식적이 많았습니다. 원래 하나님께서 구약에 주시는 말씀도 의식적, 형식적 예배는 아니었습니다. 예배 때 양을 잡고 피를 뿌리고 하나님께 예배드리라 양을 잡을 때마다 오실 그리스도께서 오셔서 우릴 위해 죽으심으로 우리를 구원하신 그 은혜를 기억하면서 감사함으로 그리고 믿음으로 예배를 드려야만 되는데 이스라엘 사람들이 착각을 했습니다. 양만 잡으면 되는 줄 알았습니다.

하나님은 이스라엘을 통해서 "이제, 제사 드리지 마라. 너희의 양은 돼지의 피와 같이 내가 받지 않겠다." 혹시 우리가 예배할 때 하나님의 은혜와 사랑에 대한 감사와 기쁨과 믿음의 예배가 아니라 형식적이고 의식적인 예배라면, 주일 예배 드리지 않으면 불안하니까 몸이나 왔다 가자는 생각으로 예배한다면 그것은 곧 이스라엘 사람들이 드린 예배와 같습니다. 하나님이 그것은 받지 않겠다는 것입니다. 믿음으로 예배드리는 우리가 되어야 합니다.

영적 예배라는 것은 우리가 하나님 앞에 믿음으로 드리는 예배. 주일날 구별되게 하셔서 하나님께 예배드리고 하나님을 경외하는 건 마땅한 일이지만 엿새 동안도 주님의 일을 위해서 사는 것입니다. 믿음으로 가정을, 주님의 은혜 안에서 직장을, 불신자들과 만남 속에서도 주님의 믿음 안에서 만나는 것이 그리스도인의 삶임을 믿습니다. 이것이 너희 몸을 드리라고 한 의미입니다.

　십일조는 당연히 하나님께 드리는 것이지만, 모든 것은 다 하나님의 것입니다. 십의 구조도 주님의 가정을 위해서 가정은 내 가정이 아니고 주님의 가정입니다. 사업장은 내 사업장이 아니고 주님의 사업장입니다. 내 만남은 내 인간적 삶이 아니라 하나님께서 함께 하는 삶을 살라고 말씀하십니다.

　많은 기독교인들이 주일예배를 드리는 것으로 성도의 의무는 마쳤고, 십일조 드리는 것으로 내 사명은 다 감당했고, 이제는 내 마음대로 살면 된다는 생각 때문에 잘못 믿는 사람들이 많습니다. 많은 불신자들이 우리를 향해서 기독교인들이 다른 점이 무엇이냐 너희의 생각과 삶이 무엇이 다르냐고 묻습니다.

　주님께서 소금이 만일 그 맛을 잃으면 길바닥에 버려 밟힐 뿐이라고 말씀을 하셨습니다. "그러므로 그리스도인은 믿고 행해라." 이런 의미도 아니에요. 당연히 해야 되지만 내 인간적 열심 으로 행하라는 것이 아니라 새롭게 변화된 마음과 생각으로 주님 주시는 은혜와 사랑을 가지고 기쁨으로 세상을 살라는 것입니다. 하나님이 주시는 힘으로 세상을 이기라는 말씀입니다.

　2절, '너희는 이 세대를 본받지 말고 오직 마음을 새롭게 함으로 변화를 받아 하나님의 선하시고 기뻐하시고 온전하신 뜻이 무엇인지 분별하도록 하라.'

　이 세대를 본 받지 말라는 것은 예수님을 믿는다하며 피상적인 신앙 곧 내 마음 속에 예수님이 계시고, 주님이 나와 함께 계시는 믿음의 비밀을 가지고 그 은혜에 감사하면서 성령의 감화 감동을 받고 말씀 가운데 깨달음과 힘을 얻고, 기도의 응답을 받으며, 하나님의 임재를 날마다 경험하는 신앙이 아니라 형식적인 신앙을 본받지 말라는 것입니다. "나 이제 구원받았으니까 나는 아무렇게 해도 언제 가는 천국 갈 거야." 이것이 피상적인 것입니다.

내 마음속에 진정한 믿음의 비밀이 없기 때문에 생각이나 마음이나 목적이나 관점이 세상 사람들하고 구분이 되지 않아요. 이것이 이 세대를 본받아 살아가는 것입니다. 이렇게 사는 것은 하나님의 자녀의 삶이 아니라고 말하는 것입니다. 새롭게 함으로 변화를 받으라는 것입니다. 예수 그리스도를 믿음으로 하나님의 성령이 우리에게 오심을 통해서 하나님의 구원의 은혜, 감사, 감격이 있고 우리는 하나님의 자녀인 것을 알고 하나님의 말씀과 기도를 통해서 날마다 주님이 함께해서 얻는 영적 힘으로 세상을 살라는 것입니다.

우리 힘으로는 세상을 살 수가 없고 이길 수가 없습니다. 요한일서 5장 4절을 봅시다. "무릇 하나님께로부터 난 자마다 세상을 이기느니라 세상을 이기는 승리는 이것이니 우리의 믿음이니라." 우리의 씨름은 혈과 육에 난 것이 아니고 영적인 것입니다. 날마다, 날마다 주님 안에서 새롭게 되는 은혜와 힘을 가지고 세상을 이기라는 것입니다.

"하나님의 선하시고 기뻐하시고 온전하신 뜻이 무엇인지 분별하도록 하라."

온전한 선은 하나님만이 선인줄 믿습니다. 세상의 사람들은 선의 기준이 다릅니다. 그러나 하나님은 온전하고 절대적입니다. 하나님의 말씀은 절대적인 선인줄 믿습니다. 하나님께서 보실 때 선해야 됩니다. 내가 볼 때 선한 것이 아니고, 하나님은 사람들을 구원하는 일을 선하게 보십니다. 사랑하는 일을 선하게 보십니다. 이것이 하나님이 기뻐하시는 일이라고 했어요.

분별하라는 그것은 노력해라, 순종하라는 것입니다. 하나님의 뜻을 위해서 노력하고 순종하지 않으면 하나님의 선한 뜻을 분별할 수가 없습니다. 진실로 믿지 않는 자에게는 진리가 들리지도 보이지도 않습니다. 무릇 지킬만한 것보다 더욱 너희 마음을 지키라고 하십니다. 우리의 마음이 어린아이 같고 겸손하고 예수님을 하나님의 아들인 그리스도로 진짜 믿는 성도가 되시기 바랍니다.

성경말씀을 하나님의 말씀으로 믿는 성도가 되시기 바랍니다. 예배드릴 때 하나님이 우리 예배를 받으시고 임재하심을 믿고, 예배하고, 말씀하실 때 하나님이 우리에게 말씀하시는 줄 믿고 기도할 때 하나님께 드리고 찬양할 때, 예물을 드릴 때도, 하나님께 드리고 성도를 만날 때도, 하나님 안에서 만나는 것이십니다. 하나님의 뜻이 무엇인지 분별하라고 하셨습니다.

사람들은 이 세상에 살면서 문제와 어려움 생기면 방법을 찾습니다. 주님은 우리에게 방법을 찾지 말고 하나님의 뜻을 찾으라는 것입니다. 그것에 해결책이 있습니다. 가만히 두시고 하나님의 뜻이 무엇인가 분별하여 순종해 나가면 하나님께서 은혜와 응답을 주시고 형통케 하여 주십니다. 모든 세상에 승리하는 성도들은 해결의 방법이 아니라 하나님의 뜻을 찾았습니다. 너희는 먼저 그의 나라와 그의 의를 구하라고 주님은 말씀하십니다.

3절, '내게 주신 은혜로 말미암아 너희 각 사람에게 말하노니 마땅히 생각할 그 이상의 생각을 품지 말고 오직 하나님께서 각 사람에게 나누어 주신 믿음의 분량대로 지혜롭게 생각하라.'

3절부터는 교회생활에 대한 말씀을 하십니다. 교회생활 가운데서도 너희 마음대로가 아니라 믿음의 분량대로 하나님께서 주신 직분대로 생각을 하라는 것입니다. 우리는 한 지체에요. 눈이 있고 코가 있고 귀가 있듯이. 눈은 눈으로서의 일만 성실히 감당하면 됩니다. 눈이 자꾸만 입이 되고자 하면 안되는 거지요. 우리가 물을 마실 때에 입으로 마십니다. 나도 물마시고 싶다고 귀에다 물따르고 그럼 되겠어요?

하나님은 우리에게 직분을 주셨습니다. 목사로서의 직분을 주시고, 장로, 권사, 집사, 교사, 찬양대로서의, 안내하는 자로, 차량으로 각자에게 주신 직분 그것만 믿음 안에서 감사함으로 성실히 감당하면 온 교회는 한 몸같이 지체가 되어서 하나님께 영광이 되고, 하나님께서 교회를 반석 위에 세우십니다. 세상을 살리는 일에 쓰임 받게 하심을 믿습니다.

4-5절, '우리가 한 몸에 많은 지체를 가졌으나 모든 지체가 같은 기능을 가진 것이 아니니 이와 같이 우리 많은 사람이 그리스도 안에서 한 몸이 되어 서로 지체가 되었느니라.'

왜 하나님께서 한 사람에게 모든 은사와 모든 지체를 안 주셨냐면 서로 연합해서 조화롭게 사랑하라고 그런 줄 믿습니다. 그리고 서로 존귀히 여김을 받으라는 것입니다. 눈이 귀보고 너 나보다 못해 할 수가 없다는 것입니다. 눈은 눈대로 귀하고 귀는 귀대로 귀한 것 같이. 교회는 한 사람 한 사람이 하나님께 모두가 다 똑같이 귀합니다. 그런 마음과 생각을 가지는 것이 옳다고 하시는 것입니다.

어떤 직분만 귀하거나 천한 게 아니라 모두가 서로 사랑하고 나보다 남을 낮게 여기고 존귀히 여기는 것이 하나님이 교회에 주신 직분입니다. 그렇기 때문에 한 사람에게 모든 은사와 직분을 주시지 않은 것은 서로 존중히 여기고 서로 사랑하고 서로 존귀히 여겨서 조화롭게 하나님 앞에 살라는 것입니다. 가정도 마찬가지에요. 꼭 나같이 되라고 하면 안 되는 것입니다. 직장도 사회도 마찬가지입니다.

6-7절 상, '우리에게 주신 은혜대로 받은 은사가 각각 다르니 혹 예언이면 믿음의 분수대로, 혹 섬기는 일이면 섬기는 일로'

하나님 앞에 겸손히 섬기는 마음으로 주님 앞에 일하는 것이 옳습니다.

7절 하, '혹 가르치는 자면 가르치는 일로.'

내 말을 가르치는 것이 아니라 하나님의 말씀을 가르치는 믿음과 신앙을 가지고 하셔야 됩니다. 잘못하면 내 제자 인간적 제자를 만들고 남을 비판하게 됩니다. 우리는 하나님의 말씀을 가지고 수종 드는 자가 되어야 합니다.

8절 상, '혹 위로하는 자면 위로하는 일로.'

사람들의 약한 부분, 절망과 좌절의 부분을 위로하는 일로. 교회에서 상처받고 힘들고 어렵고 궁핍한 자를 기도해주고 돕는 직분이십니다. 위로

하는 자가 겸손히 진정한 사랑을 가지고 위로하지 못하면 약한 자들이 더 많은 아픔과 상처를 받겠죠 부드러운 마음으로 긍휼을 베푸는 자가 되어야 됩니다.

8절중, '구제하는 자는 성실함으로.'

성실하다는 말은 단순하다는 것입니다. 자기의 이익, 명예를 위해서 인색함으로 하는 것은 옳지 않다는 것입니다. 하나님이 내게 주신 것을 가지고 나누는 것입니다. 우리는 이 땅에 빈손으로 왔고 빈손으로 갑니다. 우리 것이 아니고 하나님의 것입니다. 혹시 우리에게 배운 것이나 물질로나 건강으로 여러 가지 은사로 많은 것을 주셨다면 그것을 나누라는 것입니다.

겸손히 나눠야 되고, 지혜롭게 해서 남이 알지 못하게 오른 손이 하는 걸 왼 손이 알지 못하게 주님의 말씀대로 지혜롭게 하셔서 연약한 자들이 힘을 얻고 또 하나님의 사랑을 느껴서 그들도 하나님의 사랑을 실천하면서 살아가는 사람으로 세워나가는 것이 구제의 중요한 역할이십니다.

8절 하, '긍휼을 베푸는 자는 즐거움으로 할 것이니라.'

베푸는 사람이 신경을 쓰면 받는 사람은 얼마나 마음이 무거운지 몰라요. 베푸는 자의 자리에 있다면 겸손하고 기쁜 마음으로 부드럽고 웃는 마음으로 감당할 수 있기를 바랍니다. 그렇지 않으면 다른 사람에게 오히려 짐이 되니까 교회 안에서 그렇게 하지 말라는 것입니다. 모든 것은 우리 힘이 아니라 우리는 하나님의 놀라운 은혜와 사랑을 받았으므로 그 주님의 사랑을 가지고 우리가 하는 것입니다.

9-10절, '사랑에는 거짓이 없나니 악을 미워하고 선에 속하라 형제를 사랑하여 서로 우애하고 존경하기를 서로 먼저 하며'

성도끼리 서로 하나 되어서 우애하고 사랑하고 돕고 존경하기를 먼저 하고 각자가 주신 은혜와 은사가 다 다르기 때문에. 서로 존경하고 서로 먼저 겸손히 남을 먼저 섬기는 그런 성도를 하나님이 기뻐하는 것이고 주께서 너희가 드릴 영적 예배라고 말씀하시는 것입니다.

11절, '부지런하여 게으르지 말고 열심을 품고 주를 섬기라.'

게으르지 말라 하나님은 악하고 게으른 종아 라고 책망하셨어요. 모든 만물을 만드시고 먹고 살게 없어서가 아니라 주님은 노동을 명령하셨습니다. 범죄한 인간에게도 노동을 명령하셨습니다. 우리는 주님 나라 갈 때까지 부지런히 할 일이 많습니다. 주의 영광을 위해 부지런하라고 말씀하십니다. 열심을 품고 주를 섬기라는 말씀은 하나님을 사랑하는 뜨거운 마음으로, 억지로 형식적으로 하지 말아야 합니다.

12절, '소망 중에 즐거워하며 환난 중에 참으며 기도에 항상 힘쓰며.'

때로는 우리가 이 땅에 살면 어려움이 있습니다. 그러나 우리의 어려움 가운데 소망을 가지고 인내하고 기도함으로 이겨나가는 것입니다.

13절, '성도들의 쓸 것을 공급하며 손 대접하기를 힘쓰라.'

아브라함이 사람을 대접하다가 부지 중에 천사를 대접함같이, 우리 소유만 움켜잡는 것이 아니라 나누라는 것입니다. 우리에게 주신 것을 나누므로 너희 몸을 하나님이 기뻐하는 산 제사로 드려라. 이것이 예배의 온전한 완성이라는 것입니다. 주일 예배도 귀중합니다. 꼭 드려야 마땅하지만, 우리의 삶의 예배도 하나님이 기뻐하시는 산 제사라고 하셨습니다. 이것을 통해 하나님께 기쁨이 되고, 우리의 삶에는 은혜와 복이 되며 행복하기를 예수님의 이름으로 축복합니다.

21강 | 롬 12:15-21

하나님은 우리를 사랑하십니다. 얼마나 사랑하셔요? 모든 피조물이 막을 수 없는 사랑으로 사랑하시고, 끝까지 사랑하십니다.

로마서 5장 8절, '우리가 아직 죄인 되었을 때에 그리스도께서 우리를 위하여 죽으심으로 하나님께서 우리에 대한 자기의 사랑을 확증하셨느니라.'

사랑의 증거를 이미 주신 줄 믿습니다.

10절에, "원수 된 우리"라고 했습니다. 하나님이 우리를 사랑하는 것은 주를 위한 공로가 있어서가 아니라 원수 된 우리를 하나님을 반역하고 하나님을 떠나고 하나님이 없다하고 자기 마음대로 자기 정욕대로 살던 우리를 하나님이 사랑하셨습니다. 그래서 자기 아들을 보내기까지 하시고 죽기까지 사랑한 사랑으로 사랑하셨습니다. 이 큰 사랑은 주님 오는 날까지 우리를 사랑할 것입니다.

"누가 우리를 그리스도의 사랑에서 끊으리요 환난이나 곤고나 박해나 기근이나 적신이나 위험이나 칼이랴 기록된바 우리가 종일 주를 위하여 죽임을 당하게 되며 도살당할 양 같이 여김을 받았나이다 함과 같으니라 그러나 이 모든 일에 우리를 사랑하시는 이로 말미암아 우리가 넉넉히 이기느니라 내가 확신하노니 사망이나 생명이나 천사들이나 권세자들이나 현재 일이나 장래 일이나 능력이나 높음이나 깊음이나 다른 어떤 피조물이라도 우리를 우리 주 그리스도 예수 안에 있는 하나님의 사랑에서 끊을 수 없으리라."(롬 8:35-39)

바로 이 사랑 때문에 하나님의 자녀가 되었습니다. 하나님의 자녀를 다른 말로는 빛의 자녀라고 말하며, 너희는 세상의 빛이고 소금이고 빛의 자녀가 되었다고 했습니다. 우리가 빛의 자녀이기 때문에 세상에 사는 동안은 불이익을 당하는 게 많이 있습니다. 때로는 핍박을 받고 박해를 당하기도 하고 고난을 받기도 하고, 불이익을 당하고, 죽임을 당하기도 합니다.

이럴 때 그리스도인들은 어떻게 살아야 됩니까? 그들과 같이 같은 방법으로 욕하고 싸우고 혈기를 내고 때리고 총을 쏘고 칼을 휘두르고 이렇게 살면 진다고 하는 것입니다. 그리스도인은 그들이 박해하더라도 오히려 축복하고 저주하지 말라고 하시고, "원수가 주리거든 먹이고 목말라하거든 마시게" 하는 것이 승리하는 것이라고 말합니다. 예수님께서는 그 본을 우리에게 보여주셨습니다. 십자가의 죽으심을 통해서 사탄을 이기시고, 죄를 이기시고, 사망을 이기시고, 지옥권세를 이기시고, 우리에게 구원을 주시고, 참 자유케 하신 분이십니다.

그런데 우리가 인간적으로 우리를 박해하는 사람을 축복할 수가 있습니까? 이유 없이 미워하고, 이유 없이 손해를 보게 하고, 이유 없이 욕하고, 이유 없이 고통을 주면 그냥 한 대 때리는 게 속이 안 시원하겠습니까? 하나님께 벌 받을 때는 벌 받고 그냥 한 대 때리고.. 원수를 사랑할 수 있습니까? 박해하는 사람을 축복할 수 있습니까? 우리가 할 수가 없지요. 원래부터 우리는 할 수 없는 사람들입니다.

어떤 사람이 할 수 있냐면 첫째로는 하나님의 은혜로 내가 내 것이 아니라 주의 것이라고 믿는 사람이 할 수 있습니다. 둘째로는 원수를 사랑하고 박해하는 사람을 축복하는 것은 우리 인간적 본능이라든가 인간적 생각으로는 도무지 할 수가 없습니다. 하나님의 성령의 충만함을 받아서 그리스도의 마음으로만 할 수 있습니다. 우리가 얼마나 부패되고 악하냐면, 남이 나보다 잘되면 배 아파 합니다.

그런 마음으로 어떻게 원수를 사랑합니까? 내게 아무런 해를 끼치지 않은 사람도 미워하고 시기하거늘 어떻게 박해하는 사람을 축복할 수 있습니까? 너무 어려운 것입니다. 힘든 것입니다. 그런데 주님께서는 "내가 너희를 사랑한 것 같이 너희도 서로 사랑하라." 그렇게 사랑하고 박해하는 자를 위해서 너희가 축복하라고 말씀하십니다.

하나님께서는 첫째로, 할 수 없는 것을 시키지 않습니다. 둘째로, 리에게 해가 되는 것을 시키지 않습니다. 분명히 우리가 할 수 있습니다. 스데반도 자기를 죽이려고 돌을 던진 자들을 축복한 것을 볼 수가 있고, 핍박하고 고통을 주는 유대인들에게 사도 바울은 형제여 하고 축복하는 것을 볼 수 있습니다. 손양원 목사님은 자기 아들을 죽인 그 간악한 학생을 아들로 삼아서 축복하고 사랑해주고 자기의 모든 것을 베풀었습니다.

그래서 유명한 책이 사랑의 원자탄입니다. 우리는 그렇게 사랑할 수 있는 길이 우리의 본래의 모습으로는 할 수가 없습니다. 하나님의 사랑으로 젖어들어야 합니다. 그리고 성령으로 충만해야합니다. 하나님의 은혜를 받지 아니하고는 도무지 할 수가 없습니다. 우리는 예수 믿고 구원은 받았지만 세상에 살고 있는 생각들과 성품들과 혈기들을 교회에서나 가정에서나 직장에서 풀 때가 얼마나 많이 있습니까.

고린도교회는 무역이 많고, 돈이 많고, 타락하고, 우상숭배가 많고, 부패한 도시에요. 그런 도시에서 예수님을 믿고 교회에 들어왔는데도 버리지 못한 것이 있습니다. 육신적인 것을 가지고 자꾸 싸웁니다. 바울이 아직도 너희는 그런 수준이냐. 음란, 우상, 은사 문제로 다투고 싸웁니다.

"너희는 믿음 안에 있는가 너희 자신을 시험하고 너희 자신을 확증하라 예수 그리스도께서 너희 안에 계신 줄을 너희가 스스로 알지 못하느냐 그렇지 않으면 너희는 버림 받은 자니라."(고후 13:5)

우리 자신을 돌아볼 때, 예수님을 믿고 예수님이 내 안에 계신다하면서 실수할 수 있고 약해질 수 있지만 그런 것이 아니라 끊임없이 불신자의 모습이 나오고, 혈기가 나오고, 정죄가 나오고, 시기질투가 나와서 교회도 어지럽고, 가정도 어지럽고, 직장과 사업장 만나는 사람에게 어려움과 고통을 준다면 정말 네가 예수님을 진짜로 믿나 시험해보라는 것입니다. 시험해볼만합니다.

과연 내가 진짜 예수님을 하나님의 아들로 이 땅에 성경대로 성령으로 잉태 되어서 오셨고, 나를 위해서 내가 죽어야할 저주의 장소에서 대신 죽으시고 피 흘리심으로 구원해주신 그 분을 나의 주인으로 내가 모셔서 하나님의 자녀가 되고, 성령이 내 안에 계시고, 내가 이 은혜를 받아서 감사하고 기쁜가, 정말로 맞는가를 시험해보셔야 됩니다.

내가 원수를 보면 화가 나고 죽이고 싶고 때리고 싶고 열배나 복수하고 싶고 이런 마음이 끊임없이 일어난다면, 첫째로 우리가 점검해야 될 것은 내가 정말 예수님을 나의 구주로 믿는가? 내가 과연 내 신분이 이전 것은 지나갔으니 보라 새것이 되었도다, 내가 그리스도의 사람이 맞느냐? 이걸 점검하셔야 됩니다. 그리스도의 사람이 아니면 박해하는 자를 위해서 축복할 수가 없습니다. 원수를 사랑할 수가 없습니다. 흑암의 권세 마귀에게 잡힌 사람은 마귀의 방법대로 미워하고 복수하고 죽이고 때려야 내 속이 시원하고 내가 이긴 것 같습니다. 그것은 육신의 방법이고 사탄의 방법이고 세상의 방법입니다.

예수님을 믿고 정말 예수님이 나를 구원해주신 은혜와 사랑이 감사하고 기쁘면 내가 주의 것이지 하면서, 억지로 할 수는 없지만 참고하면 됩니다. 은혜를 받아서 성령이 충만할 때에 우리는 원수를 위해서 축복할 수 있습니다. 하나님은 우리에게 그런 성도가 되라고 말씀하십니다. 예수 믿고 구원은 받았는데 불신자하고 똑같이 화내고, 싸우고, 혈기내고, 시기하고, 질투하는 성도가 아니라, 성숙되어서 넉넉히 이기고, 하나님께 영광이 되고, 우리의 삶에 하나님의 승리와 은혜와 복을 주시고 구원받는 데 쓰임받는 성숙한 그리스도인이 되라고 말씀하시는 것입니다. 하나님이 우리를 사랑해서 이런 말씀을 주십니다.

우리가 박해하는 자를 우리가 똑같은 방법을 쓰면 우리도 죄를 짓게 되고, 악하게 되고, 불신앙이 되고, 사탄의 올무에 빠져 들어가게 됩니다. 축복해야만 우리가 자유하고 승리합니다. 신앙생활은 내 본능적인 힘이나 생각이나 인간의 방법으로 하는 게 아닙니다. 예수 믿는 사람은 이미 과거의 옛 사람을 벗어버리고, 사망의 사람, 사탄의 종 된 사람은 벗어버리고 그리스도 안에서 새로운 사람을 덧입게 됩니다. 우리가 사랑하고 축복함을 통해서 우리가 진정한 승리를 누리는 줄 믿습니다. 전쟁에 승리한 왕이 패배한 왕국에 착취하고 범죄하게 되고 사람을 핍박하고 죽이면 그 사람들은 굴복하지 않습니다. 또 일어나서 언제라도 공격합니다. 그러나 실패한 전쟁에 패배한 왕보다 더 배려하고 사랑하면 마음으로 굴복하고 왕을 존경하고 따르게 됩니다. 이것이 진정한 승리입니다.

예수님께서 겟세마네 동산에서 기도하실 때에 베드로가 화가 나서 말고의 귀를 쳤습니다. 예수님은 검을 쓰는 자는 검으로 망한다고 하시며 말고의 귀를 붙여주셨습니다. 예수님은 십자가에서 죽으심을 통해서 사탄의 권세를 깨뜨리고, 사망 권세를 깨뜨리고, 승리하신 줄 믿습니다. 사랑으로 사망을 이기고. 우리에게 구원을 주신 주님의 방법입니다. 정말 이기는 방법은 예수님의 방법으로 이기고 승리하는 것입니다.

하나님께서 우리에게 박해하는 자를 오히려 축복하라고 하십니다. 이것이 영적으로 이기는 길이요, 하나님께 영광이 되는 길이요. 그 사람을 전도하고 구원하는 길이요 이 세상에서 사랑과 존경을 받는 길이십니다. 육신적으로는 본능적으로는 할 수가 없기 때문에 그래서 우리는 예수 믿고 예수님을 의지하고 은혜를 받아야 됩니다. 성령의 충만함을 받을 때 우리 마음 생각이 변화되어지고 원수도 사랑하고 용서할 수 있는 은혜와 믿음이 있게 되는 줄 믿습니다. 하나님 은혜가 아니면 안 됩니다.

우리는 이 세상과 박해하는 사람을 이길 수가 없습니다. 그런데 반드시 박해는 오게 돼있습니다. 빛은 어둠에 가면 어둠이 박해를 하게 되어있습니다. 이스마엘이 이삭을 박해하는 것과 같습니다. 예수님만 구주다 말하면 예수 안 믿는 사람은 기분 나쁘지요. 또 죄를 지적하면 복음은 죄를 나타내고 지적하는 거니까 죄를 지적하면 싫어합니다.

복음이 증거 되면 박해가 와요. 혹시 박해를 안 받고 있다면 잠깐 동안일 수도 있고 희미하게 믿는 것일 수도 있습니다. 분명한 복음, 분명한 예수님을 믿고 빛같이 하나님의 말씀대로 살라고 하면 박해가 오게 되어 있어요. 이상한 일은 아닙니다. 그러나 지혜롭게 해야 합니다. 할 수 있는 대로 화목해야 합니다. 그러나 진리는 변경될 수 없습니다.

15절. '즐거워하는 자들과 함께 즐거워하고 우는 자들과 함께 울라.'

예수님을 오래 믿다 보면 설교를 많이 듣고, 성경을 읽다 보면 지식이 많아져요. 가슴이 변하고 성숙되어야 되는데 지식이 많아져요. 지식이 많아지면 어려움 당한 사람 이런 사람들 보면 같이 슬퍼하고 아파하는 게 아니고 "그저 기도하면 돼 다 들어주셔" 라고 말하는 사람이 됩니다. 종교인이 되어가는 것입니다. 바리새인이 되는 것입니다. 듣기만 해서 그래요. 믿지는 않고 머리만 커지지요.

어려움을 당할 때 같이 아파하고 울어주는 것이 진정한 위로입니다. 예수님은 함께 울고 함께 웃고 함께 하는 자였습니다. 말을 많이 하는 자가 아니라 함께하는 성도가 되기를 축복합니다. 이것이 그리스도인입니다. 선생님 같이 말해주고 가르치는 자가 아니라 부모같이 함께 가슴을 가지고 가슴이 살아있는 성도가 돼야 해요. 하나님의 사랑을 느끼고 부모님의 사랑을 느끼고 성도의 사랑을 느끼고 꽃이 피면 아름다움을 느끼고. 이래야 살아있는 사람이지. 무엇을 먹을까만 좇아다니지 마시고 하나님을 바라보고 예수님을 닮아가는 성도가 행복한 성도인 줄 것입니다.

17-19절. '아무에게도 악을 악으로 갚지 말고 모든 사람 앞에서 선한 일을 도모하라 할 수 있거든 너희로서는 모든 사람과 더불어 화목하라 내 사랑하는 자들아 너희가 친히 원수를 갚지 말고 하나님의 진노하심에 맡기라 기록되었으되 원수 갚는 것이 내게 있으니 내가 갚으리라고 주께서 말씀하시니라.'

"네 원수가 배고파하거든 음식을 먹이고 목말라하거든 물을 마시게 하라 그리하는 것은 핀 숯을 그의 머리에 놓는 것과 일반이요 여호와께서 네게 갚아 주시리라." (잠 25:17-19)

20-21절, '네 원수가 주리거든 먹이고 목마르거든 마시게 하라 그리함으로 네가 숯불을 그 머리에 쌓아 놓으리라 악에게 지지 말고 선으로 악을 이기라.'

숯불을 머리에 올려놓으면 어떻게 돼요? 어떻게 견디겠어요? 못 견디지요. 오히려 나를 핍박하고 해치고 저주하는 사람을 축복하고, 기도해주며 배고파하거든 먹이고, 목마르면 마시게 하면 그 사람이 정말 마음을 돌이켜서 나를 사랑하는 사람이 되고, 예수 믿는 사람이 되고 좋은 관계가 되고 진정한 승리를 합니다. 이것이 예수님의 방법입니다.

내가 정말 예수님을 나의 구주로, 하나님의 사랑과 은혜를 믿으면 내 마음속에 구원의 기쁨이 있고, 하나님의 사랑에 대한 감격이 있게 됩니다. 첫사랑을 잃어버리면 어디서 잃어버렸는지 찾으라고 하셨습니다. 신앙의 위기는 그게 가장 큰 위기입니다. 구원의 감격이 있으므로 주님을 닮아가고 사랑함을 통해서 성령이 충만하게 되고 주님을 배워나감으로 박해하는 사람을 축복할 수가 있는 것이고 원수를 먹이고 마실 수 있게 합니다. 그럴 때 진정한 승리와 자유함을 누리게 되고 복음 전파하게 되고 원수는 주님이 갚아주시므로 하나님께서 다 복을 주시겠다고 하십니다.

우리는 하나님의 사람입니다. 예수 믿지 않는 사람과 똑같은 관념, 가치관, 생각을 가지고 똑같은 말과 행동을 하는 자가 아니라 우리는 그리스도의 사람입니다. 그리스도를 배워가는 사람들입니다. 예수님같이 배워가는 사람으로서 살아야 됩니다.

오늘 안 되면 내일도 기도하고 은혜 받아서, 적어도 우리가 죽기 전에는 원수를 축복하는 성도가 되고 같이 하는 사람이 되고 그 일을 통해서 하나님 앞에서 당당히 설 수 있는 그런 성도가 되는 것을 주님은 원하십니다. 그것이 우리에게 복입니다. 세상 방법, 마귀의 방법은 실패하는 것입니다. 예수님께서 본을 보였듯이 주님의 방법으로 세상을 이겨나가는 성도되기를 축복합니다.

22강 | 롬 13:1-4

　그리스도의 사람, 하나님의 사람들에게는 두 가지 통치에 소속이 되어 있습니다. 첫째는 하나님의 자녀이기 때문에 하나님 나라에 소속이 됐기 때문에 하나님 통치에 속해 있습니다. 둘째는 우리가 육신을 가지고 있기 때문에 우리가 사는 나라의 시민권을 가져서 나라의 통치를 받게 되어 있습니다. 이 두 가지 통치에 하나님의 성도들은 순종함이 옳은 줄 믿습니다.

　예수님 믿지 않는 사람에게는 하나님의 나라가 없습니다. 그는 세상 법에만 속해서 삽니다. 세상 법이 옳든 옳지 않든 관계없습니다. 하나님 나라에 소망도 없는 것입니다. 그렇지만 우리는 이 땅에서 나그네 인생을 잠깐 사는데, 우리의 영원한 나라는 하나님의 나라입니다. 하나님의 백성이 하나님의 통치에 순종하고, 하나님의 법을 지키는 것이 마땅합니다. 하나님은 만왕의 왕이시고, 만유의 주가 되시고, 최고의 통치권자이십니다.

　하나님의 나라와 세상의 나라의 통치가 충돌될 때가 있어요. 그 때 그리스도인은 하나님의 말씀에 먼저 순종합니다. 때로는 핍박을 받고 환난을 당하기도 하고, 심하면 죽임을 당하기도 하고. 그렇지만 우리가 그 길을 가는 이유는 우리는 하나님의 백성이기 때문입니다. 하나님의 통치는 하나님의 말씀에 근거하고 있습니다. 보이지 않는 하나님의 다스림에 우리

297

가 순종해 사는 것은 그의 말씀에 순종해 사는 것이십니다.

시대, 시대마다 시대는 변하고 문화, 사상은 다 변하지만 하나님의 말씀은 영원히 변하지 않습니다. "풀은 마르고 꽃은 떨어지나 여호와의 말씀은 영원히 서리라." 하나님이 영원하기 때문에 그의 말씀도 영원하며 우리는 그 말씀을 진리의 말씀으로 믿는 것입니다. 하나님의 나라를 위해서 우리가 사는 것입니다.

"모든 무릎을 예수의 이름에 꿇게 하시고 모든 입으로 예수 그리스도를 주라 시인하여 하나님 아버지께 영광을 돌리게 하셨느니라."(빌 2:10-11)

예수님께서 십자가에서 돌아가실 때에 죄목이 있습니다. 유대인의 왕 나사렛 예수. 사람들 볼 때는 예수님이 육신의 나라에 왕이라고 생각하신 것입니다. 예수님의 나라는 이 나라가 아닙니다. 사람들에게 채찍에 맞고 못박힘을 당한 것 같지만 사실은 그는 만왕의 왕이기 때문에 하늘과 땅에 있는 모든 권세를 가지심을 믿습니다.

하나님은 그의 백성들을 그의 말씀과 또 피로 값 주고 교회를 세우셔서 교회를 통해서 하나님의 나라를 이루시고, 하나님의 백성들을 통치함을 믿습니다. 이런 의미에서 교회는 그리스도의 몸이라고 했습니다. 교회의 머리는 예수 그리스도. 이 지상에 그리스도를 머리로 하는 공동체는 교회 밖에 없습니다. 교회는 예수 그리스도를 머리로 하고 예수님의 말씀을 믿고 순종해서 사랑하는 곳이 교회 공동체입니다.

마태복음 16장에 보면, "주는 그리스도시오 살아계신 하나님의 아들이라"고 베드로가 고백했을 때 예수님께서 세 가지 약속을 하십니다.

첫째-"네 믿음 위에 교회를 세우리라." 예수님을 하나님의 아들 그리스도로 믿는 믿음위에 교회가 세워집니다. 어느 시대든지 교회가 흥왕할 때는 예수님을 어떻게 믿느냐. 예수님을 하나님의 아들 그리스도로 진짜로 믿는 믿음의 사람들을 통해서 교회는 든든히 세워가고 복음이 증거 되고 구원의 역사를 이루셨습니다. 예배당이 크고 사람들이 많이 모이고 돈이 많고 권세가 있는 시대가 있었지만 예수님에 대한 신앙이 바르지 못할 때는 다 무너졌습니다. 역사 속에 다 무너뜨려졌습니다.

둘째-"음부의 권세가 이기지 못하리라." 사탄의 권세를 이기는 유일한 곳이 교회입니다. 정치가 사탄을 이긴 적 한 번도 없습니다. 사탄의 도구가 되어서 악을 행하고, 범죄케 하고, 이런 적은 많습니다. 역시 기업도 마찬가지고. 사탄을 이기는 유일한 공동체가 교회인 이유는 교회의 머리이신 예수님이 사탄의 머리를 깨뜨리고 승리하여 지금 살아계시기 때문입니다. 이런 의미에서 교회는 전투적 승리적 교회라고 합니다. 교회는 싸우는 곳입니다. 영적 싸움을 하는 곳. 사탄과의 싸움, 사탄의 나라를 무너뜨리고 하나님 나라를 건설하는 것이 교회의 사명이십니다. 교회는 싸우되 영적싸움을 하는 것이고, 우리가 성도는 사랑하고 서로 존중히 여기고, 나보다 낫게 여기고, 서로 도와주고 섬기는 줄 믿습니다. 반드시 교회는 세상을 향하여 이기는 공동체입니다.

셋째-"천국열쇠를 주겠다." 권세 주겠다. 네가 땅에서 매면 하늘에서도 매일 것이요 땅에서 풀면 하늘에서도 풀릴 것이다. 이걸 교회에게 주셨습니다. 교회 치리권은 당회, 노회, 총회라고 그럽니다. 그것은 장로회라는 말입니다. 그래서 치리권을 주어서 바르게 치리함을 통해서 땅에서 풀면 하늘에서도 풀고. 교회의 권징은 사람을 통해서 성도를 통해서 회개해서 하나님께 구원을 얻게 하기 위한 권징이고, 하나님의 나라를 세워나가고 질서를 지켜서 복음을 전하기 위한 권징인 줄로 믿으시기 바랍니다.

그 권징은 반드시 하나님 말씀에 근거해야하고 사랑위에서 사람을 살리기 위한 권징이라는 걸 알아야 됩니다. 하나님께서 교회에게 권징할 수 있는 권한을 주셨어요. 그래서 우리가 세례를 받고 임직을 할 때 서약을 합니다. 교회 치리에 복종하겠느뇨? 그래서 '예'를 해야 세례를 받습니다. 교회에게 주님은 권세를 주셨는데 중세에 교회의 권세를 잘못 사용해서 때로는 왕을 임명하기도하고 세금을 많이 받기도 하고 진리를 거스르기도 해서 굉장히 어려운 때가 있었어요.

당시에, 천주교는 사제 중심이었습니다. 성경도 신부들만 가지고 있고 평신도에게 성경은 주지 않았어요. 그래서 성도들은 하나님의 말씀이 어떤지 복음이 어떤지 모르고 교회만 왔다가는 종교인이에요. 신부가 말하면 몇 마디 그걸 듣고 미사를 드리고 집에 가고 이런 신앙생활을 했어요.

종교개혁자들이 종교개혁을 위해서 성경을 번역했을 때 엄청난 천주교의 핍박이 있었고 순교가 있었습니다. 모든 성경을 성도들에게 나눠줘야 된다. 그래야 성도들도 바르게 하나님 믿고 하나님 말씀대로 살고 바른 신앙을 가진다. 성경이 없었어요. 그들은 교회만 왔다갔다 하지 예수님이 누구인지 예수님을 구체적으로 마음에 영접해서 구원받은 그 확신을 가지고 구원의 비밀을 누리고 응답을 받고 하나님과 교통하고 이런 신앙생활이 되지 않았다는 것입니다.

예수님은 너희는 가서 모든 족속으로 제자를 삼으라 했습니다. 우리도 교회 예배만 드리고 왔다 갔다 하는 종교인이 되면 언제 무너질지 모르는 것입니다. 하나님은 우리 한 사람 한 사람이 예수님을 구주로 영접해서 하나님의 자녀가 되고, 그 믿음의 비밀을 가지고 예배 가운데 하나님의 임재를 경험하고, 기도 가운데 하나님의 응답을 경험하고 복음 전하는 현장에 하나님의 역사를 경험하고, 공동체 속에 하나님이 함께 함을 경험하는 살아있는 신앙이 되기 원합니다. 그래야만 어떤 핍박 가운데도 시대를 이겨 나갈 수 있습니다.

구약시대에는 예루살렘 성전 중심의 신앙이었습니다. 그래서 다니엘도 바벨론에 잡혀서 하루에 3번 동편 성전을 향해 기도했습니다. 예수 그리스도를 모형했고 예수 그리스도를 믿고 기도했다는 것입니다. 예수님이 오셔서 성전을 헐라고 했습니다. "내가 3일만에 세우리라." 이제는 참된 성전이신 예수님이 오셨고 예수님을 믿는 사람에게 하나님의 성령을 통해서 "너희가 하나님의 성전이다" 그렇게 말씀하셨어요. 건물 중심의 신앙이 아니라 보이지않는 하나님을 믿고 말씀을 통해서 하나님의 성령의 역사를 통해서 믿는 영적 신앙이 참된 신앙이십니다. 예수님께서 말씀하셨습니다. "지금까지는 너희가 내 이름으로 아무 것도 구하지 아니하였으나 구하라 그리하면 받으리니 너희 기쁨이 충만하리라" 예수님은 예수님의 이름으로 하나님께 기도하라고 말씀하십니다. 신앙이 종교화되어지고, 신앙이 백성을 착취할 때 무너지게 됩니다.

하나님이 세우신 교회의 권세는 복음을 전하고 영적 싸움을 하고 사랑하고 섬겨서 이 세상에 하나님 나라를 건설하라고 주신 권세입니다. 그것이 교회의 참된 권세이지 세상을 장악해서 세상을 착취하고 세상을 통치하라는 뜻은 아닌 것입니다. 그러므로 성도는 교회가 합당한 말씀에 의하여서 치리를 하고 통치를 할 때에 순종하는 것이 마땅합니다.

둘째로는 세상의 권세입니다.

1절, '각 사람은 위에 있는 권세들에게 복종하라 권세는 하나님으로부터 나지 않음이 없나니 모든 권세는 다 하나님께서 정하신 바라.'

사도 바울이 이 말씀을 쓸 때는 선한 권세를 전제하는 말씀입니다. 하나님이 세우신 선한 권세, 다윗과 같은 왕국이라든가 에이브라함 링컨이라던가 선한 권세 있는 자들에게 순종해야 됩니다. 하나님이 그 권세를 줬다는 것입니다. 그 권세를 줘서 하나님이 백성들을 다 편안하게 하도록 다스리도록 했다는 것입니다.

2절, '그러므로 권세를 거스르는 자는 하나님의 명을 거스름이니 거스르는 자들은 심판을 자취하리라.'

일반적인 왕이나 대통령이나 혹은 임금이나 그 권세를 세워서 하나님의 백성들을 보호하고 다스리기 위해서 온 백성이 편안히 잘 살 수 있도록 하기 위해서 권세를 주신 것입니다. 그런 권세를 이유 없이 우리가 반대하고 불순종하고 대적하고 총, 칼을 가지고 엎으려고 하면 옳지 않습니다. 그것은 그리스도인이 하는 게 아닙니다. 때로는 시대 시대마다 악한 권세도 있습니다. 하나님이 악한 권세를 세워가지고 사람을 죽였다, 이 말은 아닙니다.

하나님이 주신 권세는 하나님의 백성을 선하게 하라는 것인데 사탄의 종이 되어서 악한 권세로 불복을 하고, 하나님 말씀을 거역하고, 불순종하고, 사람을 죽이고, 고통을 주는 권세도 있습니다. 이 세상이 주는 권세에 우리가 어떻게 해야 될 것인가? 하나님의 말씀에 어긋나지 않으면 순종을 해야 됩니다. 우리가 예수 믿고 예배드리고, 복음 전하고 하는 것이 걸림이 없다면 권세 있는 자에게 순종하는 게 옳습니다.

그러나 충돌할 때는 먼저는 하나님의 말씀에 순종하는 것이 옳은 줄 믿습니다. 시대, 시대마다 핍박이 오고 순교가 있고, 일제시대 때는 일본 사람들이 교회 안에다가 신사를 갖다놓고 먼저 신사숭배를 하게 했습니다. 목숨이 두려운 많은 목사님, 장로님, 권사님, 안수집사님, 성도들은 신상에 경배한 적도 있습니다. 그러나 이것은 하나님의 말씀에 어긋난다, 우상숭배 할 수 없다, 이래서 많은 사람들이 순교한 적도 있습니다. 주기철 목사님처럼. 우리는 절대 그럴 수 없다 죽어도 할 수가 없다. 하나님이 우상숭배하지 말라고 하셨기 때문이지요.

우리는 하나님의 법을 우선법으로 믿는 것이고 거기에 순종하는 것입니다. 때로는 이 악한 정권이 있다할지라도 악한 정권에서 총, 칼을 가지고 쿠데타를 해서 무너뜨리고 이것은 주님의 방법이 아닙니다. 그때 우리는 복음을 전하고 복음을 믿는 한 사람 한 사람이 변화되어서 나라가 바뀌고 정권이 바뀌고 시대가 바뀌는 것이 주님의 방법입니다. 그래서 초대교회는 그 로마 식민지 속에서도 총, 칼을 들고 전쟁을 한 것이 아니라 복음을 전함을 통해서 콘스탄틴 대제를 통해서 자유를 얻고 또 복음화되는 엄청난 놀라운 역사가 일어나게 되었습니다. 이것이 우리가 해야 될 일입니다.

세상법에 대한 방법이 무엇이냐 하면 총, 칼이 아니라 선한 방법으로 나쁜 정권에 대하여 선한 운동이 일어날 때 우리는 할 수가 있습니다. 무력을 가지고 하는 것은 아닙니다. 예수님께서 칼을 쓰는 자는 칼로 망한다고 했고, 그 식민지 속에서도 가이사의 것은 가이사에게, 하나님의 것은 하나님께 라고 말씀하셨습니다. 아무리 악한 정권이라도 그 나라에 살인하고, 도둑질하는 사람이 있고, 악한 사람이 있을 때는 하지 못하도록 그 사람을 잡아가는 것입니다.

3절, '다스리는 자들은 선한 일에 대하여 두려움이 되지 않고 악한 일에 대하여 되나니 네가 권세를 두려워하지 아니하려느냐 선을 행하라 그리하면 그에게 칭찬을 받으리라.'

아무리 악한 정권도 살인죄, 도둑질을 좋아하는 악한 정권은 없습니다. 죄를 지으면 그 권세 있는 자가 두렵지요. 아무리 악한 정권도 착한 일 많이 하면 좋아합니다. 선을 행하라 그리하면 그에게 칭찬을 받으리라 이렇게 말씀하셨습니다.

4절, '그는 하나님의 사역자가 되어 네게 선을 베푸는 자니라 그러나 네가 악을 행하거든 두려워하라 그가 공연히 칼을 가지지 아니하였으니 곧 하나님의 사역자가 되어 악을 행하는 자에게 진노하심을 따라 보응하는 자니라.'

다시 말하면, 악을 행해서 악한 정권이 사람을 죽이고 고통을 주는 그 자체만으로 하나님의 사역자라고 하는 것이 아닙니다. 백성들이 악한 정권에 고통을 받고 어렵게 살지만 크게 죄지어서 사람을 죽이고 불법하는 사람에게 징계를 하고 가두고 벌을 줌을 통해서 백성들을 편안하게 하는 것이 하나님의 사역자라는 뜻입니다. 하나님께서 권세를 주신 목적이 뭐냐. 그의 백성들을 편안하고 안전하게 살고 하나님을 경외하고 복음을 전하는 데 있는 줄 것입니다.

우리를 위해서 영광스런 보좌를 버리고 이 땅에 오셔서 십자가에 죽기까지 하면서 구원하신 그 은혜. 우리는 이 땅의 백성이기도 하지만, 하나님 나라의 백성입니다. 우리는 먼저 하나님의 말씀을 지켜나가는 성도가 되시기 바랍니다.

지금부터 마음의 결심을 단단히 하셔야 합니다. 얼마나 어려운 세대가 앞으로 올지도 몰라요. 우리가 편안하다 안전하다고만 하고 있을 때가 아니라 깨어 있어서 하나님의 말씀 안에서 우리가 하나님의 통치를 지킬 뿐만 아니라 하나님의 말씀에 어긋나지 않는다면 나라법도 지켜나가는 그리스도인이 되어야 합니다. 우리는 어디를 가든지 분리하는 자가 되지 말고 부정적이라서 비판하는 자리에도 있지 말고 하나 되는 자리에 있기를 주의 이름으로 축복합니다.

하나님께서 세운 권세가 있습니다. 나라의 권세도 있고, 가정의 권세도 있고, 직장의 권세도 있고, 학교의 권세도 있는데 이 권세가 세워지지 않으면 나라 망합니다. 나라의 통치자의 권위를 세워서 나라의 하는 일에 순종하는 사람이 되시기 바랍니다. 회사에서도 악이 아니고 죄가 아니면 그 회사의 하는 일에 따라가고 도움이 되는 사람이 되고, 교회도 마찬가지에요. 교회가 말씀이 어긋나지 않으면 순종해가야 하는 것이고 가정의 권위가 있고 학교의 권위가 살아야 나라가 될 것인데, 나라가 너무 혼란스럽습니다.

　모든 권세는 하나님께서 세우신 권세입니다. 나라에 악한 권세가 있다할지라도 그것에 순종할 수는 없지만 그래도 그 악한 권세가 백성을 위한 부분도 있다고 하는 것입니다. 악한 건 하나님께서 심판하실 일입니다. 그리스도인들은 권세에 복종하고 순종함을 통해서 하나님께 영광을 돌리시고, 우리가 나라, 직장, 학교, 사회 속에서 그리스도인으로서 순종의 삶을 통해서 복음 증거 되는 일에 쓰임 받는 축복된 성도되기를 예수님의 이름으로 축복합니다.

23강 | 롬 13:8- 12

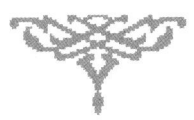

하나님은 우리를 사랑하십니다. 정말로 믿으시기 바랍니다. 사랑은 하나님께 속한 것입니다. 마귀는 절대로 사랑을 못합니다. 하나님을 믿고 하나님을 사랑하고 이웃을 사랑하는 것은 하나님의 사랑받은 사람만 할 수 있는 축복입니다. 때로는 가난하고 어려움을 겪고 힘든 일이 있어도 그 마음에 있는 행복과 기쁨은 아무도 뺏어갈 수가 없습니다. 요한일서 4장 8절에, "하나님은 사랑이시라"고 했어요. 하나님이 사랑이시기 때문에 모든 원리가 사랑으로 되어 집니다.

천지를 만드신 원리도 하나님의 사랑인 줄 것입니다. 그 중에 사람을 만드신 것은 지극한 사랑으로 만드시고 심히 좋았더란 말은 심히 너무너무 사랑스러웠더라, 이런 말씀이에요. 인간도 살아가는 원리가 사랑이에요. 가족을 사랑하기 때문에 헌신하고 힘들지만 열심히 하는 것입니다. 우리가 예배드리는 것도 하나님을 사랑하는 마음으로 드리는 것이 옳은 줄 믿습니다.

"내가 사람의 방언과 천사의 말을 할지라도 사랑이 없으면 소리 나는 구리와 울리는 꽹과리가 되고 내가 예언하는 능력이 있어 모든 비밀과 모든 지식을 알고 또 산을 옮길 만한 모든 믿음이 있을지라도 사랑이 없으면 내가 아무 것도 아니요 내가 내게 있는 모든 것으로 구제하고 또 내 몸을 불사르게 내줄지라도 사랑

이 없으면 내게 아무 유익이 없느니라."(고전 13:1-3)

　우리가 예배드릴 때도 하나님을 사랑하는 마음으로 예배드리도록 기도하고 그런 예배는 하나님이 기뻐하시고 우리에게 복이 됨을 믿습니다. 가정이나 직장에서 일할 때도 하나님 안에서 가족을 사랑하는 마음으로 일하는 사람은 행복한 사람입니다. 교회의 일을 할 때도 하나님을 사랑하는 마음, 성도를 사랑하는 마음으로 하는 사람은 행복한 사람입니다. 그것이 하나님이 받을 만한 산제사가 됩니다. 사랑하지 않고 하는 것은 하나님 볼 때는 별로 의미가 없다고 하는 것입니다.
　하나님은 자기의 형상으로 만든 인간에게 모든 사랑을 주셨는데 하나님을 배반하고 반역하고 떠나버렸어요. 오히려 하나님을 사랑하지 않고 마귀를 사랑하고 자기 말을 듣고 우상을 사랑하고.. 하나님은 이런 사람도 구원하기 위해서 그의 아들을 보내사 사랑함을 통해서 우리에게 다가오는 것입니다. "우리가 아직 죄인되었을 때에 그리스도께서 우리를 위하여 죽으심으로 하나님이 우리에 대한 자기의 사랑을 확증하셨느니라."(롬 5: 8)
　하나님이 우리를 사랑하셔서 가치 없고 쓸모없는 죄인을 찾아오셨습니다. 인간이 하나님께 갈 수 있는 조건은 하나도 없고, 절대 갈 수가 없습니다. 그래서 하나님이 우리에게 사랑으로 다가오셔서 우리가 먼저 가지고 있는 모든 저주와 죄를 십자가에 못박으셨어요. 다 이루시고 누구든지 이제는 주의 이름을 부르기만 하면 하나님의 자녀가 된다는 이것이 복음입니다. 정말 인류가 저주와 절망과 좌절과 고통 가운데, 사망 가운데, 실망 가운데 소망이 없는 그런 인간에게 "누구든지 주의 이름을 부르는 자마다 구원을 얻으리라." 하나님이 자기 아들을 통해서 우리에게 주신 구원의 은혜이십니다. 그 사랑을 받은 사람은 하나님을 사랑하고 성도끼리 사랑하며 살라는 것입니다. 이것이 하나님께서 우리에게 주시는 중요한 진리의 말씀입니다.

하나님을 사랑하고, 가족을 사랑하고, 이웃을 사랑하고, 불신자까지도 사랑하고. 사랑하면서 삽시다. 그 사랑은 피차 사랑하라는 것입니다. 사랑의 원리는 피차입니다. 하나님과 우리의 관계는 피차사랑입니까 피차사랑이 아닙니까. 하나님의 사랑은 끝이 있습니까, 없습니까?

하나님의 사랑은 끝이 없다는 말씀도 맞고, 끝이 있다는 말씀도 맞습니다. 하나님의 사랑을 받아들이지 않고, 예수님을 구주로 받아들이지 않고, 하나님의 자녀가 안 된 사람은 끝이 있습니다. 심판이 있습니다. 하나님은 공의로우신 분이기 때문에 하나님께서 일단 참고 기다리시지만 그래도 안 올 때는 끝이 있습니다. 심판이 있습니다.

그러나 예수님을 믿는다는 건 하나님의 사랑을 받아들임입니다. 하나님을 사랑하는 사람입니다. "하나님을 사랑하는 자 곧 그 뜻대로 부르심을 입은 자"들이에요. 하나님의 사랑을 받고 하나님을 사랑하는 자들에게는 하나님의 사랑은 끝이 없습니다. 믿는 그 순간, 믿기 전부터 하나님 나라에 가서도 영원히 우리를 사랑하심을 믿으시기 바랍니다. 그래서 하나님의 사랑은 끝이 없다는 말도 맞고, 끝이 있다는 말도 맞습니다.

하나님은 우리를 먼저 사랑하셨는데 우리가 하나님을 사랑하면 더욱 사랑받는 자가 됩니다. 한 편만 사랑하면 오래 사랑할 수 없고, 열매가 별로 없습니다. 성도끼리도 부부간에도 부모자식간에도 피차 사랑해야만 사랑이 자꾸 풍성해집니다. 한 편에서만 사랑을 요구하면 사랑은 풍성해지지 못합니다. 피차 사랑하는 성도가 되시기 바랍니다.

아내가 남편에게 사랑을 해달라고만 하면 언젠가는 남편도 지칩니다. 남편이 아내에게 끝까지 사랑해달라고만 하면 그 아내도 힘들고 고통스럽습니다. 부모가 자식을 사랑하지만 어느 정도는 철이 들면 부모를 공경하고, 그래야 보람을 느끼고 더 자식을 사랑하는 것입니다. 자식도 마찬가지지요. 부모님을 공경하고 사랑하면 부모의 사랑을 더 받게 되는 것입니다. 성도끼리도 마찬가지에요. 직장생활도 마찬가지에요. 피차 사랑하라고 하십니다.

8절 상, '피차 사랑의 빚 외에는 아무에게든지 아무 빚도 지지 말라.'

사랑의 빚. 이 말은 내가 사랑을 해야 될 책임을 느낀다 그 말이에요. 로마서 1장 14절에, 바울은 복음에 빚진 자라고 했어요. 우리나라는 복음에 빚진 자에요. 선교사님들이 우리나라에 와서 복음을 전해줬는데 그 사람들이 당시에 상당한 미국의 엘리트들입니다. 인류대학을 나온 선교사들이 우리나라에 왔어요. 이곳에 와서 복음의 씨앗을 뿌리고 헌신과 희생이 있었기 때문에 이렇게 복음화 되어지고 하나님의 은혜와 복을 우리가 누리는 것입니다.

우리는 복음에 빚진 자에요. 우리는 복음에 빚진 자로서 전도하고, 선교하며 복음의 빚을 갚아야 됩니다. 얼마나 많은 피를 흘렸는데 우리는 그걸 감사해야 됩니다. 우리 편하다고 그걸 잊으면 안 됩니다. 우리는 사랑의 빚진 자입니다. 그래서 하나님을 사랑할 뿐만 아니라 성도에게도 사랑의 빚을 갚는 마음으로 살아라 이 말이에요. "내가 이 만큼 했으면 된 거야"가 아니고 사랑의 빚진 자로서 살아가라는 것입니다. 하나님은 우리에게 그 큰 사랑과 은혜를 주셨으니까 피차 사랑의 빚 외에는 지지 말라는 말은 사랑의 빚진 자같이 살라는 것입니다.

8절 하-10절, '남을 사랑하는 자는 율법을 다 이루었느니라 간음하지 말라, 살인하지 말라, 도둑질하지 말라, 탐내지 말라 한 것과 그 외에 다른 계명이 있을지라도 네 이웃을 네 자신과 같이 사랑하라 하신 그 말씀 가운데 다 들었느니라 사랑은 이웃에게 악을 행하지 아니하나니 그러므로 사랑은 율법의 완성이니라.'

십계명의 첫째부터 네 번째까지는 하나님 사랑에 대한 계명입니다. 다섯째부터 열 번째까지는 사람 사랑에 대한 것입니다. 유대인들은 이 십계명에 원래 뜻을 잃어버리고 문자적으로만 해석했어요. 사람을 칼로 안 죽이면 나는 살인 안 했다, 남의 물건 가져오지만 않으면 도둑질 안 했다 생각했어요. 예수님은 탐심이 도둑질한 거라고 했어요. 형제를 미워하는 것이 살인하는 것이라고 했고, 음욕을 품는 것이 간음함이라고 했습니다.

진정한 사랑이 무엇입니까? 하나님을 사랑하고 이웃을 진짜 사랑하면 사랑하는 자가 이웃 것을 도둑질하고, 사랑하는 자가 어떻게 사람을 죽이겠습니까? 사랑하는 자가 어떻게 간음하겠습니까. 사랑한다고 죄를 지어도 된다 이 뜻이 아니고 진짜로 사랑하는 사람은 말씀의 계명을 지킬 수밖에 없는 사람이 된다는 뜻이에요.

계명의 완성은 사랑입니다. 예수님이 내가 새 계명을 너희에게 주노니 서로 사랑하라 내가 너희를 사랑한 것 같이 너희도 서로 사랑하라 하나님보다 더 사랑하는 아들이나 딸이나 아내나 남편이나 부모나 돈이나 합당하지 않다고 하셨습니다.

예수님은 둘째 사랑받는 걸 싫어하십니다. 하나님은 질투하는 하나님이라고 하셨어요. 우리 마음속에 하나님을 제일로 사랑하는 마음이 있는 사람은 부모도 자식도 아내도 진정한 사랑을 할 수 있는 자인 줄 것입니다.

사람은 인격적인 존재이기 때문에 지, 정, 의가 있어요. 사랑도 지, 정, 의가 있는 건강한 사랑을 해야 해요. 하나님을 사랑하는 것도 하나님의 말씀에 근거해서 사랑해야 되는데 내 마음대로 사랑하면 안됩니다. 그것은 바른 사랑이 아니에요.

사람들끼리 사랑도 내 식으로 사랑하면 안 됩니다. 상대방이 무엇이 필요한가를 알아야 되는데 내 식으로 자꾸 사랑하니까 문제가 됩니다. 지식이 있어야 됩니다. 바른 사랑을 해야 됩니다.

"사랑은 자기의 유익을 구하지 않는다." 사랑한다면서 자기 위주로 구하면 사랑이 아니지요. 상대방을 먼저 배려하고 이해하고 상대방의 입장에서 생각하고 상대방을 이해해 주는 거고 함께 하는 거고. 무례히 행치 않는다는 것입니다.

존경하면 무례히 행하면 안 됩니다. 존경하는 사람에게 대하듯이 해야 진정한 우정이 오래가는 것입니다. 사랑하면 수고가 따라요. 교회를 사랑한다고 하면서 교회에 수고 안 하고, 하나님을 사랑한다고 하면서 하나님을 위해 수고 안 하고, 자녀를 사랑한다고 하면서 자녀를 위해 수고 안 하고 가정을 사랑한다고 하면서 가정을 위해 수고도 안 합니다.

감정도 있어야 됩니다. 하나님을 사랑하는 사람은 감정도 좋아져야 됩니다. 사랑에도 지, 정, 의가 온전해야 건강해집니다. 말만 하는 사랑이 아니라, 바른 지식을 가지고 말씀 안에서 하나님을 사랑하고 계명을 지키지 않는 사람은 사랑하는 사람이 아니라고 말씀하는 이유가 거기 있습니다.

마음으로 하는 사랑. 감정이 있어야 합니다. 감정 없는 사랑이 아니라 마음의 아픔을 같이 느끼고 같이 즐거워하는 감정이 있는 사랑이 되어야 해요. 거기에는 의지가 있는 사랑이에요. 그런 사랑을 통해서 우리는 진정 사랑을 할 때 계명을 지키는 것이고 계명을 완성하는 것이라고 말씀하는 줄로 믿습니다.

11절, '또한 너희가 이 시기를 알거니와 자다가 깰 때가 벌써 되었으니 이는 이제 우리의 구원이 처음 믿을 때보다 가까웠음이라.'

예수님께서 오실 시기. 우리 구원은 날마다 가까워지는 줄 것입니다. 일주일 전보다 더 가까워졌어요. 매주 예배드린 것은 평생 한 번 뿐인 것입니다. 매일 매일은 특별한 날입니다. 똑같은 날 하나도 없습니다. "우리의 삶이 매일 매일 특별한 날을 사는구나." 이렇게 사는게 맞습니다.(죄악의 밤)

12절, '밤이 깊고 낮이 가까웠으니 그러므로 우리가 어둠의 일을 벗고 빛의 갑옷을 입자.'

죄악의 밤이 깊었으니 주님의 날이 가까웠으니, 모든 죄악의 옷을 벗어버리자. 빛의 갑옷. 예수를 믿는 의의 갑옷 그 갑옷을 입자는 것입니다.

"낮에와 같이 단정히 행하고 방탕하거나 술 취하지 말며 음란하거나 호색하지 말며 다투거나 시기하지 말고"

낮에는 단정히 행하지요. 영적으로도 낮에와 같이 단정하라는 것입니다. 방탕이란 말은 성적으로든지 음식이든지 탐욕이 과하게 심하면 나타나는 것입니다. 술을 많이 먹는 것도 그중에 하나입니다. 방탕한 것 중에 술 취하지 말라했어요. 음란하거나 호색하지 말고. 성적인 과욕입니다. 그 결과가 호색입니다.

다투는 것도 자기의 욕심 때문에 다투며, 욕심을 취하기 위해서 일어나는 게 시기입니다. 이것은 소망을 바라보고 하나님 나라를 바라보며 살아가는 자가 아니라는 것입니다. 베드로는 우리를 나그네 인생이라 그리고 거류민이라 그랬어요. 우리의 본향은 하나님 나라입니다. 그 하나님 나라에 갈 날이 가까워지고 있다는 것입니다.

그러므로 어둠의 죄악의 옷을 벗어버리고 빛의 갑옷을 입자 오직 주 예수 그리스도로 옷 입고 정욕을 위하여 육신의 일을 도모하지 말라 이 모든 것을 어떻게 우리가 이겨나갈 수 있겠느냐 하나님을 사랑하고 성도를 사랑하는 마음으로 우리의 모든 죄악과 하나님이 우리에게 주신 율법을 지켜나가게 됩니다. 하나님을 사랑하면 계명을 지키고 이웃을 사랑하면 5계명부터 지키게 되는 것입니다. 그 계명은 문자적으로 지키는 게 아니라 사랑함으로 지키고 그러므로 율법은 사랑으로 완전하게 이루는 줄 믿습니다. 사랑하지 않는 마음으로 주일날 오고 예배 잘 드렸다, 못하는 것입니다.

삶의 원동력이 사랑입니다. 하나님은 사랑이시기 때문에. 우리는 그 하나님의 사랑으로 풍성한 은혜를 받아서 하나님도 사랑하고 정말 이웃도 사랑하되 이 사랑이 풍성해지고 아름다운 열매를 맺기 위해서는 피차 사랑해야 되는 것입니다. 누군가 내게 사랑을 베풀었으면 나도 그 사랑을 베푸는 사람이 되셔야 합니다. 이 때 풍성하게 됩니다.

사랑의 원리는 피차 사랑할 때 풍성해지고 아름다운 열매가 있습니다. 어디에서든지 사랑의 빚진 자로서 사랑의 빚을 갚는 마음으로 살아가는 것이 하나님의 기쁨이요, 우리에게 행복입니다. 행복은 하나님으로부터 많은 사랑을 받고 하나님을 사랑하는 사람이 행복한 사람이에요.

우리 형제자매들을 사랑하는 사람이 행복한 사람이에요. 이렇게 사랑을 통해서 일평생 사랑하는 성도가 되시기를 바랍니다. 싸우고 원망하고 불평하고 원수짓고 살지 마시고 하나님을 사랑하면서 피차 서로 사랑하면서 살기를 예수님의 이름으로 축복합니다.

24강 | 롬 14:1-23

　예수님께서 안식일에, 병든 자를 치료하셨어요. 이 사건을 두고 유대인들이 시비를 걸었습니다. 왜 당신은 안식일을 지키지 않고 일을 했느냐. 예수님이 대답하시기를, "너희 중에 너희 양이 안식일에 웅덩이에 빠지면 건지지 않겠느냐. 하물며 하나님의 자녀를 치료하는 것이 안식일을 범한 것이냐. 안식일의 진정한 목적은 사람을 위하여 있는 것이고 나는 안식일의 주인이니라." 유대인들은 하나님이 주신 말씀의 본질적인 의미는 잃어버리고 중요하지 않는 비본질적인 것을 더 중요하게 여겼기 때문에 그들의 신앙생활이 바르지 못했습니다.

　우리에게도 이런 현상이 많이 있습니다. 주일날 예배는 잘 드리고, 기도는 잘 하고, 헌금도 잘 하고, 봉사도 잘 하면서 남을 상처를 주고 비판하고, 욕하고 분리하고 다투고. 이것은 괜찮다고 생각합니다. 주일날 예배도 잘드리고, 헌금도 잘 하고, 찬양도 잘 하고, 기도도 잘 하고, 봉사도 잘 하는 것도 중요하지만 못잖게 더 중요한 것은 하나님을 경외하는 진실된 마음으로 예배드려야 되고, 하나님의 피로 값 주고 산 구원받은 형제 한 사람, 한 사람을 사랑하고 섬기는 일은 더 중요한 일입니다.

　먹는 일로 시비가 붙었어요. 이 로마교회가 좋은 교회인데 로마서 16장에 보면 좋은 일꾼들이 많음에도 불구하고 이스라엘 사람에게는 먹는 짐승이 있고 못 먹는 부정한 고기가 있습니다. 먹는 짐승은 되새김질도 하고 쪽이 갈라져야 해요. 날고 기고 기어다니는 짐승은 안 되고. 수천 년 동안 그걸 사람들이 지키므로, 그걸 먹는 사람을 비판하는 것입니다.

또한 먹는 사람들은 예루살렘공회에서, "사도들이 피 채 먹는 거, 우상의 제물, 목매어 죽인 것 외에는 다 허락을 했지 않느냐. 먹어도 된다." 먹는 것 때문에 서로 비판하고 다투고 교회가 어렵고 사탄의 통로가 되었습니다.

바울은 하나님 나라는 그런 것이 아니라고 했습니다.

"하나님의 나라는 먹는 것과 마시는 것이 아니요 오직 성령 안에 있는 의와 평강과 희락이라 이로써 그리스도를 섬기는 자는 하나님을 기쁘시게 하며 사람에게도 칭찬을 받느니라. 그러므로 우리가 화평의 일과 서로 덕을 세우는 일을 힘쓰나니 음식으로 말미암아 하나님의 사업을 무너지게 하지 말라 만물이 다 깨끗하되 거리낌으로 먹는 사람에게는 악한 것이라."(롬 14:17-20)

음식 때문에, 먹는 것과 안 먹는 것 때문에 교회의 화평을 깨뜨리고, 그것 때문에 다투어서 불신자에게 욕을 먹고 우리 마음속에 있는 성령으로 주시는 평안을 잃어버리고 의를 잃어버린다면 이것은 잘못된 신앙이다, 먹는 것 보다 중요한 건 하나님 나라는 성령 안에서 의를 행하는 것입니다. 내가 세상에서 얼마나 높은 자리에서, 많은 돈을 가지고, 공부를 얼마나 많이 했냐. 이것도 중요합니다. 그러나 그것보다 더 중요한 것은 하나님이 내게 주신 것을 통해서 하나님을 경외하고 이웃을 사랑하고 나눌 수 있다면 더 중요한 가치입니다.

세상의 가치는 많은 소유에 있고, 높은 자리에 있고, 많이 배우는데 있고, 권력에 있고, 그런 가치에 있습니다. 그런 가치를 가지고 사람을 실족케 한다면 무슨 의미가 있겠습니까? 그것도 필요하지만 그리스도인에게 더 중요한 가치는 내게 있는 것을 통해서 하나님을 기쁘시게 하고 이웃에게 나누어 주어서 의를 행할 수 있다면 하나님께 더 귀중한 가치입니다. 이런 그리스도인의 자존감이 있어야 됩니다. 분명히 어디를 가든지, "나는 하나님 앞에서 이렇게 사는 것이 옳고 맞는 것"이라는 자존감을 갖고 살아야 될 줄로 믿습니다.

교회 안에서 세상의 기준으로 사람을 평가하는 것은 옳지 않습니다. 한 영혼이 더 중요합니다. 한 영혼을 하나님은 천하보다 귀히 여기고, 그 영혼을 귀중히 여기는 것이 교회고, 성도고, 우리의 가치관이 되어야 합니다. 하나님이 주시는 평강을 가지고 살아야 됩니다. 기쁨을 가지고 살고, 사람들에게 칭찬을 받을 뿐 아니라, 교회가 화평하고 덕을 세우는 데 드려지면 그것이 더 가치 있고 본질적인 신앙이라고 말하고 있는 것입니다.

1-3절, '믿음이 연약한 자를 너희가 받되 그의 의견을 비판하지 말라 어떤 사람은 모든 것을 먹을 만한 믿음이 있고 믿음이 연약한 자는 채소만 먹느니라 먹는 자는 먹지 않는 자를 업신여기지 말고 먹지 않는 자는 먹는 자를 비판하지 말라 이는 하나님이 그를 받으셨음이라.'

복음이 다른 것에 섞이는 불순물이 되어서는 안 됩니다. 기독교 복음이 바리새인들과 같은 윤리적인 율법적으로 되어서도 안 되고, 세습화되어서도 안 되고, 신비주의가 되어서도 안 되고. 복음은 복음이어야 됩니다.

"내가 복음을 부끄러워하지 아니하노니 이 복음은 모든 믿는 자에게 구원을 주시는 하나님의 능력이 됨이라."(롬 1:16상)

능력은 듀나미스인데 복음 자체의 능력입니다. 우리가 하는 거 아니에요. 하나님이 하시는 거고 우리는 조금이라도 쓰임 받는 거에 대한 감사할 것 밖에 없는 것이십니다.

우리의 관점은 혹시 우리보다 잘되고 전도가 잘되고 사업이 잘되고 자녀가 잘되거든 진심으로 축복해주시고 그런 성도가 되시기 바랍니다. 어렵고 힘든 과정도 있을 수 있습니다. 기도해주고, 격려해주고, 도와주고, 함께 아파하고, 이것이 그리스도인입니다. 그리스도인은 함께 기뻐하고 함께 우는 것입니다. 신앙의 본질을 회복해야 합니다. 내가 정말 하나님을 만나고 구체적으로 하나님을 만나고 예배 가운데 하나님의 임재를 경험하고 기도가운데 응답을 경험하고, 내 발걸음 속에 하나님의 역사를 알고 인도받는 살아있는 신앙이 우리 신앙의 본질이십니다.

4절, '남의 하인을 비판하는 너는 누구냐 그가 서 있는 것이나 넘어지는 것이 자기 주인에게 있으매 그가 세움을 받으리니 이는 그를 세우시는 권능이 주께 있음이라.'

하나님의 하인을 왜 네가 비판하느냐? 하나님이 주권을 가지고 하나님이 책임지실 것이다. 우리는 성도들에게나 아이들에게 해가 되고 독이 되는 것만 제거해주고 하나님께 맡겨놓는 것입니다. 하나님의 자녀이기 때문에 성령이 스승 되어서 성장시키고, 변화시키고, 치유하실 줄로 믿습니다. 하나님이 하실 건데 네가 왜 남의 하인을 비판하고 간섭하느냐는 것입니다.

5-6절 '어떤 사람은 이 날을 저 날보다 낫게 여기고 어떤 사람은 모든 날을 같게 여기나니 각각 자기 마음으로 확정할지니라 날을 중히 여기는 자도 주를 위하여 중히 여기고 먹는 자도 주를 위하여 먹으니 이는 하나님께 감사함이요 먹지 않는 자도 주를 위하여 먹지 아니하며 하나님께 감사하느니라.'

서로가 비판하는 관점이라는 것입니다. 우리의 관점을 바꿔야 합니다. 감사하는 성도가 되기를 주의 이름으로 축복합니다.

7절, '날을 중히 여기는 자도 주를 위하여'

구약은 안식일만 주의 날이라고 했습니다. 이제는 모든 날이 주의 날입니다. 우리가 주의 것이기 때문에 그렇습니다. 우리가 주의 것이기 때문에 우리의 모든 날은 주의 날이고, 모든 물질은 주의 것이고, 우리 삶이 주의 것입니다. 하나님을 아셔야 됩니다.

하나님은 거룩이시고, 사랑이시고, 선이시고, 우리를 사랑하시고, 은혜 베풀기 원하시고, 하나님의 것이 되는 것이야말로 가장 영광스럽고 축복된 것이고, 행복한 것이라는 것을 아는 사람은 이 말씀이 너무너무 은혜가 됩니다. 예수님이 십자가에 피 흘림을 통해서 우리를 주의 것으로 만들었다는 것은 피조물이고 죄인 된 우리에게 최고로 주신 하나님의 은혜와 복이십니다.

우리가 주의 것이 된 것이 가장 복된 일입니다. 그렇게 살면 행복할 수밖에 없고 하나님이 지켜줄 수밖에 없고 보호해줄 수밖에 없고, 함께할 수 밖에 없지요. 우리가 주의 것이니 주님은 우리를 지키시고 함께하실 수밖에 없습니다. "범사에 그를 인정하라 그리하면 너희를 지도하시리라." 우리가 주님의 것임을 인정할 때 주님은 우리를 책임져주십니다.

7-9절, '우리 중에 누구든지 자기를 위하여 사는 자가 없고 자기를 위하여 죽는 자도 없도다 우리가 살아도 주를 위하여 살고 죽어도 주를 위하여 죽나니 그러므로 사나 죽으나 우리가 주의 것이로다 이를 위하여 그리스도께서 죽었다가 다시 살아나셨으니 곧 죽은 자와 산 자의 주가 되려 하심이라.'

우리가 예수님을 '주여'라고 하는 것은 주인이요. 예수님이 우리의 주인 되신 게 얼마나 행복합니까? 예수 믿기 전에는 마귀가 우리의 주인이었어요. 예수님은 도둑이 오는 것은 도둑질하고, 죽이고, 멸망시키려는 것뿐이요 악한 사탄은 우리에게 범죄 케 만들고, 하나님을 떠나게 만듭니다.

예수님은, "내가 온 것은 양으로 생명을 얻게 하고 더 풍성히 얻게 하려는 것이라." 예수님이 오셔서 우리를 구원해주시고, 우리를 치료해주시고, 하나님의 자녀 삼으시고, 하늘의 소망을 주시고, 성령을 우리에게 선물로 주시고, 우리를 진리 가운데 인도하시고, 보호하시고, 떠나지 않겠다고 하셨습니다. 이 이상 더 큰 은혜가 어딨겠습니까? 주님의 것이 되는 것은 가장 영광스러운 복이십니다.

10-12절, '네가 어찌하여 네 형제를 비판하느냐 어찌하여 네 형제를 업신여기느냐 우리가 다 하나님의 심판대 앞에 서리라 기록되었으되, 주께서 이르시되 내가 살았노니 모든 무릎이 내게 꿇을 것이요 모든 혀가 하나님께 자백하리라 하였느니라 이러므로 우리 각 사람이 자기 일을 하나님께 직고하리라.'

우리가 하나님 앞에 예수님을 정말 믿는 구원을 받아서 지옥갈 수는 없지만 하나님은 공의로 우리가 한 모든 것도 낱낱이 심판을 받게 된다고 하는 것입니다. 우리는 하나님을 사랑하되 두렵고 떨림으로 하나님을 믿어야 됩니다.

13-15절, '그런즉 우리가 다시는 서로 비판하지 말고 도리어 부딪칠 것이나 거칠 것을 형제 앞에 두지 아니하도록 주의하라 내가 주 예수 안에서 알고 확신하노니 무엇이든지 스스로 속된 것이 없으되 다만 속되게 여기는 그 사람에게는 속되니라 만일 음식으로 말미암아 네 형제가 근심하게 되면 이는 네가 사랑으로 행하지 아니함이라 그리스도께서 대신하여 죽으신 형제를 네 음식으로 망하게 하지 말라.'

우리의 얼굴이 다 다르듯이 하나님이 우리에게 주신 은사가 다 다르듯이 교회도 다르고 사람도 다릅니다. 우리는 다만 감사하고 축복하고 덕을 세우고 하나 되는 일에 쓰임 받는 것이 우리의 신앙이 되어야 합니다.

16-20절, '그러므로 너희의 선한 것이 비방을 받지 않게 하라 하나님의 나라는 먹는 것과 마시는 것이 아니요 오직 성령 안에 있는 의와 평강과 희락이라 이로써 그리스도를 섬기는 자는 하나님을 기쁘시게 하며 사람에게도 칭찬을 받느니라 그러므로 우리가 화평의 일과 서로 덕을 세우는 일을 힘쓰나니 음식으로 말미암아 하나님의 사업을 무너지게 하지 말라 만물이 다 깨끗하되 거리낌으로 먹는 사람에게는 악한 것이라.'

중요한 것은 모든 음식을 먹고 무슨 직업을 가졌느냐가 아니라 하나님 앞에서 승리해서 의를 행하는 것과 하나님이 주시는 평강과 기쁨으로 사는 것 뿐만 아니라 교회에서는 덕을 세우는 것이고, 화평케 해서 하나되게 하는 것입니다. 세상을 향하여서는 그리스도의 빛과 소금으로 예수 이름을 높이고 복음을 증거 하는 데 쓰임 받는다면 그것이 귀중한 것입니다.

21절, '고기도 먹지 아니하고 포도주도 마시지 아니하고 무엇이든지 네 형제로 거리끼게 하는 일을 아니함이 아름다우니라.'

교회는 그리스도께서 피로 값 주고 산 그리스도의 몸입니다. 정말 교회는 중요합니다. 하나님이 세계를 살리는 방법이 교회입니다. 교회를 통해서 예배를 통해서 성도가 은혜 받고 기도하면 응답받게 하시고 제자훈련 해서 세상을 치유하고 살리게 하는 것, 하나님은 교회를 통해서 이 땅에 지금까지 하나님 나라를 건설하였습니다.

교회는 건물이 아니고 우리가 교회라고요. 먹는 것 입는 것 마시는 것 때문에 성도들에게 시험거리가 되고 상처가 되면 안하는 것이 맞고 아름다운 것입니다. 하나님이 피로 값 주고 산 구원받은 사람을 먹는 것 때문에 시험 들게 하지 말아라, 이것이 바울이 말하는 것입니다. 그런 비본질적인 것 때문에 왜 자꾸 사탄의 통로가 되게 만드느냐 진짜 중요한건 하나님의 나라는 그것이 아니지 않느냐.

22절, '네게 있는 믿음을 하나님 앞에서 스스로 가지고 있으라 자기가 옳다 하는 바로 자기를 정죄하지 아니하는 자는 복이 있도다.'

내가 하나님 앞에 이 말씀이 옳다 하고, 정죄하지 않고, 담대히 신앙으로 살아가는 성도가 되라는 것입니다.

23절, '의심하고 먹는 자는 정죄되었나니 이는 믿음을 따라 하지 아니하였기 때문이라 믿음을 따라 하지 아니하는 것은 다 죄니라.'

죄인데 하면서 마시는 것을 죄라고 하는 것입니다. 죄를 알고 죄를 짓게 된다는 것입니다.

하나님 앞에서 거리낌이 없는 담대한 성도가 되기를 축복합니다. 우리 신앙생활에 무엇이 본질이냐 무엇이 중요하냐. 비본질적인 것을 가지고 본질이 흔들리지 않도록. 안식일을 지킨다는 일로 사람을 정죄하고 예수님을 십자가에 못 박는 어리석은 자가 되지 마시고, 하나님께 영광을 돌리고 사람을 살리는 데 쓰임 받는 성도가 되기를 주의 이름으로 축복합니다.

25강 | 롬 15:1-12

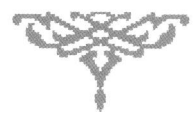

우리는 하나님 앞에 존귀한 자들입니다. 우리가 이것을 알고 살아야 됩니다. 우리가 예수 믿기 전에는 귀한 자들이 아니었습니다. 죄인이요, 멸망할 자요, 지옥 갈 사람이요, 신분은 사탄의 권세 아래 있던 자요. 도무지 하나님의 은혜를 받고 사랑받을 가치가 없는 우리를 하나님께서 사랑하셨습니다. 그래서 우리를 구원하기 위해서 그의 아들을 이 땅에 보내서 대신 고난과 고통과 저주와 죽음을 통해서 우리에게 하나님의 자녀되는 놀라운 선물을 주셨습니다.

인류 역사 가운데 이것보다 더 놀랍고 엄청난 사건은 전혀 없습니다. 어떤 혁명이 일어나고 운동이 일어났지만 인간의 죄가 용서받고, 구원받고, 절망과 좌절 가운데 있는 자들이 소망을 가지며 하나님의 사랑받는 자가 된 것은 참으로 놀라운 인류의 복음입니다. 예수님께서 "한 영혼이 천하보다 귀하다" 할 때 이 생명은 육신의 생명을 말하는 것입니다. 영원한 생명, 구원받은 생명을 말합니다.

사도 요한은 "구원받은 사람을 하나님의 자녀로 바울은 하나님 나라의 시민권을 가졌고, 베드로는 왕 같은 제사장이다." 라고 했습니다. 그렇습니다. 저와 여러분이 하나님의 은혜로 예수님 안에서 하나님 앞에 존귀한 자가 되었습니다. "질그릇 같은 우리에게 보화를 담았도다." 정말 우리는 죄로 말미암아 범죄하고, 또 약하고, 무능하고, 부패된 이런 육체를 가진 인간인데 여기에 복음의 비밀인 그리스도께서 오셔서 하나님의 선물로 성령을 주셔서 하나님의 자녀 되었으니 얼마나 놀라운 선물을 받았습니까? 복을 받았습니다.

"내가 이렇게 구원받았듯이 우리 형제 자매들도 그렇게 놀라운 은혜를 받았으니까 먹는 것 때문에 우리 형제를 시험들게 하지마라 비판하지 마라 업신여기지 마라 먹는 것이 필요한 것이지만 먹는 것 때문에 구원받은 사람을 상처주지 마라." 이 말씀이 로마서 14장에 있습니다.

15장에는 연이어서 말씀하기를,

1절, '믿음이 강한 우리는 마땅히 믿음이 약한 자의 약점을 담당하고 자기를 기쁘게 하지 아니할 것이라."

믿음이 강한 자라는 말은 이방인들이 유대인들이 먹지 않는 부정한 짐승을 먹었다는 것입니다. 구약시대에 보면 유대인들은 부정한 짐승은 먹지 않습니다. 되새김질 하는 짐승, 발에 쪽이 갈라지지 않고 날거나 기어 다니는 것들입니다.

로마교회에는 유대인도 있고, 이방인도 있는데 그들이 그것을 먹는 거 보고 왜 그것을 먹느냐. 왜 하나님 말씀을 지키지 않느냐. 우리가 먹어도 된다 했지 않느냐, 이런 게 시끄러워져서 문제가 되었지요. 모든 것이 다 하나님이 주신 것이지. 부정하게 생각하는 사람은 부정한 것이, 하나님 앞에서 먹으면 괜찮다, 이런 사람을 믿음이 크다, 강하다 이렇게 표현되어 있어요. 믿음이 약한 사람은 "그것을 먹으면 안돼." 이런 말씀은 믿음이 약한 자라는 것입니다. 그렇지만 우리가 그것 때문에 무시하고, 정죄할 것이 아니고 서로 약한 부분을 담당해야 된다는 것입니다.

사도 바울은 만약에 고기 문제가 그렇다면 나는 고기를 먹지 않겠다. 먹는 것 때문에 하나님 앞에 구원받은 성도를 시험 들게 하고, 상처를 주고 약하게 만들고, 좌절하게 만들고, 혼란스럽게 하지 않겠다. 그래서 "자기를 기쁘게 하지 아니할 것이란" 말은 내가 기쁘다고 할 것이 아니라고 했습니다.

성도의 기준은, 첫째로는 하나님을 기쁘게 하는 것 입니다. 바울은 살아도 죽어도 내 몸에서 그리스도가 존귀하게 되길 원한다. 먹든지 마시든지 무엇을 하든지 다 하나님의 영광을 위해서 하라. 둘째로는 나를 기쁘게 하는 자가 아니라 이웃을 기쁘게 하고 형제를 기쁘게 하는 자. 이 사람이 그리스도의 사람입니다.

하나님은 우리를 하나님의 형상으로 지으셨기 때문에 하나님을 영화롭게 하고 기쁘게 하면 하나님이 우리를 높이셔요. 우리가 행복하게 되어 있어요. 우리 이웃을 기쁘게 하고 섬기고 사랑하면 내가 사랑받고 복된 사람이 되게 되어 있어요.

그러나 하나님을 무시하고 불순종하면 내게 고통이 오고 괴로움이 오게 됩니다. 다른 사람을 무시하고 정죄하고 욕하면 내가 힘들고 괴롭게 되어 있어요. 이것이 인간이에요. 왜 하나님을 기쁘게 하라고 하고, 이웃을 기쁘게 하라는 것이냐면 그것을 통해서 하나님이 영광을 받으시고 이웃도 행복해지고 나도 행복해지는 것이 복음입니다.

하나님은 하나님의 영광을 위해서 하나님을 기쁘게 하고, 이웃을 위해서 기쁘게 하라고 말씀하십니다. 틀림없이 그러면 하나님의 복을 받고 사람들의 사랑과 존경을 받을 줄로 믿으시기 바랍니다. 이것이 주님의 말씀이고 복음입니다. 우리가 가끔 사회적 지도자들이 자살을 하게 되는 걸 보게 됩니다. 저는 그 사람들이 참 악하게 보입니다. 욕하는 게 아니고 악하다는 것입니다.

하나님의 영광을 위해서, 하나님의 기쁨을 위해서, 이웃의 기쁨을 위해서 살고 나의 기쁨을 구하지 않는 사람은 복된 사람이며, 행복한 사람입니다. 하나님은 우리에게 그렇게 살라고 말씀하십니다. 왜? 그것이 하나님의 기쁨일 뿐만 아니고 예수님께서 우리에게 그렇게 본을 보여 주셨고 다른 사람을 사랑하고 살리는 길이 되고, 내게는 복이 되기 때문입니다. 그렇지 않으면 하나님께 영광이 안 되고 남을 해치고 나도 괴로워지기 때문입니다. 교회에서도 다른 사람을 위해서 기쁨을 구하는 자가 되고, 가정에서도 직장에서도 사회에서도 나라에서도 그렇게 사시기를 주의 이름으로 축복합니다.

2절, '우리 각 사람이 이웃을 기쁘게 하되 선을 이루고 덕을 세우도록 할지니라.'

이것이 복음이에요. 예수 믿고 구원받는 게 복음이고, 예수님을 배워서 예수님을 따라 사랑하는 게 복음이십니다.

3절, '그리스도께서도 자기를 기쁘게 하지 아니하셨나니 기록된 바 주를 비방하는 자들의 비방이 내게 미쳤나이다 함과 같으니라.'

예수님도 자기를 위해 살지 않으셨어요. 이 땅에 오셔서 고난받고 죽기까지 하신 것도 자기를 위해서 하신 것이 아니고, 이 땅에서 우리를 위해서 헌신한 것도 자기를 위해서 한 게 하나도 없습니다. 예수님이 이 땅에 계실 때, 아픈 자는 치료해 주시고, 굶주린 자에게 먹을 것을 주시고, 죄 가운데 있는 자에게는 용서를 주시고, 고통하는 자에게는 위로함을 주시고, 절망하는 자에게는 소망을 주셨어요. 표적과 기사를 많이 행하셨지만 단 한번도 떡 한 조각도 자신을 위해서는 하지 않으셨어요.

만약에 우리에게 예수님 같은 능력과 권한이 있다면 일단은 우리 것부터 챙겨놔야 되지 않습니까? 평생 살 노후대책은 해놔야 되지 않습니까? 주님은 자신을 위해서 떡 하나도 만들지 않으셨어요. 그런데 하나님은 그를 높여 모든 무릎을 꿇게 하시고 주라 시인하게 하시고, 하나님께 영광을 돌리며, 인류의 구주가 되었습니다. 이것이 우리에게 주시는 놀라운 진리입니다.

예수 믿으면서 나만을 위하고, 기도도 나만을 위한다면 거기에는 시기와 질투와 다툼과 아픔이 있습니다. 그리스도인은 나만을 위해서가 아니라 이웃을 위해서 진정으로 사랑하는 성도가 되시기를 바랍니다. 교회도 마찬가지입니다. 우리 교회에 속한 사람은 우리 교회를 사랑하고 충성하는 게 마땅하지만 다른 교회를 욕하면 안 됩니다. 다른 교회도 하나님이 세우신 중요한 교회이기 때문에 그런 줄 것입니다. 나만을 위해서도, 우리 교회만을 위해서도, 우리 가정만을 위한 것도 아니고, 우리나라만을 위한 것도 아닙니다. 왜냐하면 복음은 우주적인 것이기 때문입니다. 여러분들이 수고하고 피땀흘려서 하나님 은혜로 번 돈으로 선교하고, 구제하고, 헌신하는 그것이 손해같아 보이지만 가장 축복된 일입니다.

4절, '무엇이든지 전에 기록된 바는 우리의 교훈을 위하여 기록된 것이니 우리로 하여금 인내로 또는 성경의 위로로 소망을 가지게 함이니라, 이제 인내와 위로의 하나님이 너희로 그리스도 예수를 본받아 서로 뜻이 같게 하여 주사'

"전에 기록된 바"가 뭐에요 구약성경이에요. 구약성경은 그 시대에 대한 하나님의 말씀도 있지만, 그 이후에 모든 시대에 주시는 교훈의 말씀이십니다. 그게 성경입니다. 출애굽 할 때 출애굽하는 사람들만을 위한 출애굽기가 아니라 모든 시대에 주시는 하나님의 말씀이십니다. 신약성경도 시대에 있던 사람들만 아니라 주님께서 오시는 날까지, 재림하는 날까지 하나님의 백성에게 주시는 교훈의 말씀입니다. 그 교훈의 말씀을 통해서 우리에게 인내로 또는 성경의 위로로 소망을 갖게 합니다.

13절, '소망의 하나님이 모든 기쁨과 평강을 믿음 안에서 너희에게 충만하게 하사 성령의 능력으로 소망이 넘치게 하시기를 원하노라.'

초대교회 당시에 굉장히 핍박이 많았습니다. 예수님을 믿는다는 게 쉽지 않았습니다. 잡혀가기도 하고, 매맞기도 하고, 직업을 잃어버리기도 하고, 죽기도 하고, 사자굴에 던져지기도 하고. 이처럼 엄청난 위기 속에서 서로 사랑하는 교회였습니다. 그 교회 안에서 너희가 서로 존중히 여기고 서로 받고 약한 자를 도우라는 것입니다. 하나님 나라의 소망을 바라보고 세상에 있는 핍박도 이겨나가고 교회 안에서 약한 자도 섬기면서, 인내하면서 승리하라고 하신 것입니다. 신앙에는 인내가 있어야 합니다.

예수님을 믿지 않는 사람들의 소망은 이 땅의 것입니다. 돈, 명예, 권력 이러면 성공. 그러나 이 땅의 소망은 진정한 소망이 아닙니다. 우리의 소망은 영원한 하나님의 나라입니다. 이 땅에 살아가면서 소유가 아니라 위치나 자리가 아니라 하나님을 경외함으로 내게 주신 은혜로 감사하고 기뻐하면서 사는 것보다 더 나은 것이 없습니다. 그것이 귀중한 것이지요.

악한 사탄은 속입니다. "남을 해치더라도 너는 돈을 많이 벌어야 성공이야." 그것은 속임수입니다. "너, 주일날 예배 안 드려도 돈만 많이 벌면 되는 거야." 속임수입니다. 전부 다 속임수입니다. 하나님은 그렇게 말씀하지 않습니다. 배우고 안 배우고, 있고 없고, 어디에 사느냐가 아니라 여호와를 경외하면서 사랑하면서 남을 기쁘게 하고 살으라고 말씀하십니다. 그러면 너는 행복할 것이고 하나님의 복을 받을 것이라고 말씀하십니다. 복 있는 성도, 지혜 있는 성도되기를 예수님의 이름으로 축복합니다.

그 본을 예수님이 우리에게 보여주셨다고 말씀하는 것입니다. 때로는 우리가 하나님의 뜻을 순종하고 살 때 인내가 필요합니다. 참아야 될 것도 있습니다. 기다려야 될 것도 있습니다. 포용해야 될 것도 있습니다. 이것이 인내하는 길로 가는 아름다운 열매를 맺습니다.

6절, '한 마음과 한 입으로 하나님 곧 우리 주 예수 그리스도의 아버지께 영광을 돌리게 하려 하노라.'

이렇게 살면 하나님께서 영광을 받으신다는 것입니다.

"욕심이 잉태한 즉 죄를 낳고 죄가 장성한 즉 사망을 낳느니라."

욕심을 버립시다. 하나님이 우리에게 주시는 것 가지고, 배우게 한 것 가지고, 우리가 열심히 해서 얻은 물질 가지고, 하나님을 영화롭게 하고 이웃을 위해서 살면 비교할 수 없을 정도로 풍성하고 창대하게 하나님이 주심을 믿으시기 바랍니다. 이것을 믿고 순종할 수 있는 사람이 신앙의 맛을 아는 사람이에요. 하나님의 은혜의 맛을 아는 사람이에요.

맛을 안다는 건 중요해요. 예배의 맛을 아는 사람은 예배를 귀중히 여깁니다. 기도의 맛을 아는 사람은 기도의 사람이 되는 것입니다. 전도의 맛을 아는 사람은 전도자가 되는 거고, 순종해서 하나님 주시는 은혜와 응답의 맛을 아는 사람은 순종하기를 기뻐하는 것입니다. 우리는 왔다갔다 하는 성도가 아니라 하나님을 만난 경험, 하나님과의 교통의 맛을 알며 기쁨의 누림이 있으시기 바랍니다.

예배 가운데서도 하나님의 임재를 경험하는 예배. 그 사람은 세상에 어떤 시간보다도 하나님께 예배드리는 시간이 가장 행복하고 즐거운 시간입니다. 우리는 하나님의 자녀에요. 세상에 어떤 것도 바꿀 수 없는 최고의 신분이에요. 그러므로 "그리스도께서 우리를 받아 하나님께 영광을 돌리심과 같이 너희도 서로 받으라." 죄인 된 우리를 예수님이 받으셔서 구원하시고 의로워서 하나님이 영광을 받음 같이 우리가 혹시라도 교회안에 믿음이 연약한 자, 나와 다르나 진리에서 벗어나지 않고 은사가 다른 사람이 있다할지라도 받으라는 것입니다. 용납하라는 것입니다.

우리는 진리가 어긋났을 때는 용납할 수가 없습니다. 사도 바울은 갈라디아에 편지하면서 "내가 전한 복음 혹 천사라도 우리가 너희에게 전한 복음 외에 다른 복음을 전하면 저주를 받을지어다."라고 했습니다. 우리에게는 예수님 외에는 구주가 없습니다. 구원받는 길은 예수 그리스도를 믿는 길 외에는 구원받는 길이 없습니다. 우리는 이것을 위해서 목숨을 걸어야 합니다. 하나님의 말씀을 위해서 목숨을 걸어야 합니다. 그러나 우리가 서로 약하고 은사가 다른 부분은 서로 받고 용납해야 될 줄 믿습니다.

8-12절, '내가 말하노니 그리스도께서 하나님의 진실하심을 위하여 할례의 추종자가 되셨으니 이는 조상들에게 주신 약속들을 견고하게 하시고, 이방인들도 그 긍휼하심으로 말미암아 하나님께 영광을 돌리게 하려 하심이라 기록된 바 그러므로 내가 열방 중에서 주께 감사하고 주의 이름을 찬송하리로다 함과 같으니라. 또 이르되 열방들아 주의 백성과 함께 즐거워하라 하였으며, 또 모든 열방들아 주를 찬양하며 모든 백성아 그를 찬송하라 하였으며, 또 이사야가 이르되 이새의 뿌리 곧 열방을 다스리기 위하여 일어나시는 이가 있으리니 열방이 그에게 소망을 두리라 하였느니라.'

예수님은 십자가의 죽으심을 통해서 이방인까지도 하나님 앞에서 하나 되게 하신 분이라는 그 말씀이에요. 우리는 각자 얼굴이 다르듯이 은사도 다릅니다. 받은 은혜도 다릅니다. 하나 되는 길은 딱 하나입니다. 예수 그리스도를 주로 믿고 하나님 말씀으로 하나 되는 것입니다. 유대인들은 할아버지, 아버지, 아들, 손자, 딸, 며느리 다 통한대요. 그들이 지식이 통합니까? 습관이 통하겠습니까? 문화가 통하겠습니까?

통하는 길이 하나 있습니다. "성령이 하나 되게 하신 걸 힘써 지키라." 하나님의 말씀으로 지키는 것입니다. 예수 그리스도께서는 이방인들과 유대인이 하나 되게 하시고, 하나님께서 하나 되게 하시는 화목제물이 되게 하신 줄 믿습니다. 저와 여러분도 하나 되기 위해서는 품어야 됩니다. 포용해야 됩니다. 받아야 됩니다. 진리가 아니면 서로 받고 용납하셔야 됩니다.

교회는 하나 될 때, 하나님이 영광을 받으십니다. 가정이, 직장이, 사업장이 하나 되면 반드시 승리합니다. 하나 되면 반드시 하나님께서 기뻐하시고 세상에 승리합니다. 교회가 하나 될 때, 지역을 살리고 민족과 세계를 살리고 하나님은 그 일을 통해 영광을 받으십니다.

때로는 어렵고 힘든 일이 있어도 우리가 인내하면서 소망하는 이유는 영원한 하나님 나라의 소망이 있기 때문입니다. 따라서 합시다. 너무 까칠하지 말자. 너무 까칠하지 마세요. 내 기준을 가지고 남한테 재어서. "그 사람은 그 사람이지, 왜 내 성품을, 취향을 가지고 다른 사람한테 그러냐"고 그러지 말고 그 사람은 그 사람대로 받아들여야 됩니다. 주례를 하면서 "둘이 하나가 된다." 이제는 아무도 내 혼자 있듯이 하지 말고 항상 상대방을 생각하고 상대방을 먼저 배려하세요.

우리는 예수님 안에서 하나이지만 각각 주신 은혜가 다릅니다. 나같이 되라고 하지 말고 예수님 안에서 믿음으로 하나 되었다면 한 사람 한 사람을 받고 인정하셔야 됩니다. 이것이 그리스도 안에서 하나 되는 것입니다. 우리는 하나님 나라의 소망을 바라보면서 나와 맞지 않기 때문에 때론 힘듭니다. 인내도 필요합니다. 그러나 우리는 소망이 있기 때문에 주님 나라에 갈 때까지 서로 돕고 인내하면서 승리하는 하나 되는 성도 되기를 주의 이름으로 축복합니다.

26강 | 롬 15:14-33

사도 바울이란 사람은 원래 이름이 사울이였지요. 그는 예수님 믿을 계획도 없었고 사도될 계획도 전혀 없었습니다. 오히려 예수 믿는 자를 핍박하는 핍박자고 훼방자였습니다. 하나님의 전적인 섭리와 은혜로 예수님을 믿고 사도가 되었습니다. 그리고 또 하나님의 은혜 가운데 예수님을 잘 아는 증인이 되었습니다. 그는 예수님을 하나님으로 믿었고 모든 인류의 하나밖에 없는 구주로 믿었습니다.

바울이 예수 믿고 구원받아보니까, 성령을 선물로 받아보니까, 너무 기쁘고 감사해서 유대인들에게 복음을 전하고 나아가서는 전 세계에 복음을 전하고 이 일 때문에 고난도 받고 배고프기도 하고 또 매맞기도 하고 결국은 순교하기까지 복음을 전했어요 복음의 정말 풍성한 은혜가 있습니다.

바울이 세계 1차, 2차, 3차 전도여행을 했다고 우리 학자들은 말합니다. 마지막에는 예루살렘에서 잡혀서 로마에 가서도 복음 전했는데 이것까지 합치는 사람은 4차라고 해요. 오늘 본문의 배경은 3차 전도여행의 마무리 단계인 아가야에 있는 고린도 교회에서 로마 교회에 편지하는 내용입니다. 편지 내용 중에서도 마무리 단계에 있는 내용인데, 17절에서 21절은 과거에 하나님께서 복음을 전하게 한 은혜를 회상하고 22절에서 29절까지는 앞으로 복음을 전할 계획 이런 부분들을 나누고 30절에서 31절까지는 바울을 위해서 기도해달라, 우리가 함께 기도해달라, 중보기도해달라, 이런 내용으로 33절까지 됩니다.

14절, "내 형제들아 너희가 스스로 선함이 가득하고 모든 지식이 차서 능히 서로 권하는 자임을 나도 확신하노라."

바울이 로마교회 성도들에게 얼마나 겸손하고 온유하고 지혜롭게 권면하는지 우리가 보게됩니다. 바울같은 믿음의 사람, 또 하나님을 아는 영적 지식과 그런 사명과 인격을 보면 당연히 큰 소리로 권할 수 있겠지만 바울은 로마교회 성도들에게 '내 형제들아' 라고 말합니다. 이것은 "너희가 스스로 선함이 가득하고 마음자체가 변해서 선량하다"는 뜻입니다. 그리스도인은 영적 지식이 풍성해야 합니다. 로마교회는 마음도 선량하고, "모든 지식이 차서 능히 서로 권면하는 자임을 나도 확신하노라." 얼마나 성숙된 그리스도인의 영적 지식이 있었느냐면 서로가 권면하고, 서로가 권면을 받아들이고, 포용하고, 서로 힘을 얻고, 서로가 도와줄만큼 성숙된 그리스도인이라고 고백합니다. 성도라면 하나님의 성령을 통해서 변화받는 자가 되어야 합니다. 하나님은 거룩하신 분이고 선하신 분이고 성령은 거룩하신 영입니다.

갈라디아서 5장 22절에 보면, 성령의 열매중에 하나가 양선입니다. 예수님을 믿지 않을 때는 내 감정에 충실해서 미워하고, 상처주기도 하고, 화를 내기도 하고, 사람을 죽이기도 하고, 비판하기도 하고, 악을 행하기도 하고, 비록 이랬던 사람일지라도, 우리가 예수님의 피로 구원받고 하나님의 성령이 우리에게 와서 성령이 충만해지면 예수님을 닮아가는 것이 성도여야 합니다. 우리 마음이 선량해져야 해요. 옛날에 욕하던 것을 축복하게 되고 미워하던 것을 사랑하게 되고, 악한 마음이 있는 것을 선한 마음을 가지고 서로 용서하고 용납하고, 포용하고, 기다려주고, 사랑해줄 수 있는 심령이 되어야 합니다. 로마교회는 성도들이 그런 은혜를 받았고 태어나면서부터 착한 그런 것이 아니라 하나님의 성령을 통해서 마음이 착한 선한 마음이 되고 또 하나님을 아는 지식이 많아졌습니다.

사랑하는 여러분, 하나님의 말씀과 성경, 성경의 배움과 훈련을 통해서 요즘은 바이블타임을 통해서 우리가 성경을 읽자 가족이 함께 읽음을 통해서 하나님을 아는 영적지식이 많아지길 주의 이름으로 축복합니다. 사도 바울은 그리스도를 아는 지식이 가장 고상하기 때문에 모든 것을 배설물로 여긴다고 했고, 예수님 안에는 지혜와 지식의 모든 보화가 감춰져있다고 했습니다. 하나님의 말씀과 전도와 기도와 성령을 통해서, "예수님은 정말 하나님의 아들이구나." 십자가의 사건은 역사적 사건이에요. 이 땅에 오신 것도, 부활도 역사적 사건이에요. 성령으로 우리 안에 계신 것도 역사적 사실인걸 믿으시기 바랍니다.

우리가 믿는 신앙은 종교가 아닙니다. 사실을 믿는 것입니다. 보이지 않는 하나님이 우리 안에 계심을 사실로 믿기를 바랍니다. 그 하나님의 능력과 권세와 풍성함과 그 지혜와 지식이 얼마나 풍성하고 사실적인가 지식적이 아니고 경험과 응답을 통해서 실제로 믿는 은혜가 있어야 우리도 남에게 복음을 전해줄 수 있습니다. 예수 믿고 구원 받은 우리가 예배드리는 것도 중요하고, 봉사하는 것도 중요하지만, 우리가 믿지 않는 사람에게 복음을 전할 수 있을 정도로 내가 신앙의 영적 지식이 있어야 해요. 또 약한 자들에게 내가 말씀을 권면해서 일으키고 세워주고, 세상을 승리하도록 도움을 줄 수 있는 만큼 하나님의 말씀의 영적 지식이 있는 성도가 되시기를 바랍니다.

한국에는 많은 성도가 있습니다. 많은 성도들이 자기는 믿고 헌신, 봉사하는 데 다른 사람을 전도하고 양육하고 세워나가는 일에는 별로 쓰임을 받지 못하는 사람이 많이 있습니다. 로마교회는 마음이 선량할 뿐만 아니라, 성도끼리 서로 권면하고 서로 도와주고 서로 힘을 얻고 위로할만큼 하나님의 말씀의 지식이 풍성했다고 말하는 것입니다.

15절에, 그"러나 내가 너희로 다시 생각나게 하려고 하나님께서 내게 주신 은혜로 말미암아 더욱 담대히 대략 너희에게 썼노니"

바울이 그래도 로마서를 쓴 목적이 어쨌든 하나님의 말씀을 통해서 너희가 받았던 은혜를 다시 기억해서 다시 더 성숙된 사람으로 하나님 앞에 은혜받는 사람이 되기 위해서 이 편지를 썼다고 말하는 것입니다. 우리가 하나님의 말씀을 읽을 때 받은 은혜가 기억이 되고, 기도할 때 기억이 되고, 응답 받을 때 기억이 됨을 믿습니다. 하나님께서 여호수아를 통해서 요단강을 건너고 가나안 땅을 가라고 할 때 돌을 취해서 기념비를 세워라 이것을 가지고 너희 후손이 무슨 돌이냐고 묻거든 하나님이 하신 역사를 기억했다 알려줘라. 그 말은 하나님이 주신 은혜를 잊지 말고 기억하라는 것입니다. 예수님을 전하니까 하나님이 내게 주신 은혜가 다시 기억이 되고 감사가 있고, 영적 힘이 났습니다. 그래서 무슨 생각을 했냐면 복음 전하고 선교하는 것이 복이 있고, 선교사를 파송해서 기도하고 헌금하는 성도도 복이 있고, 파송받아서 선교하는 자도 복이 있고, 거기와서 훈련받고 은혜받는 학생들도 복이 있고, 복음 전하면서 은혜받는 자도 복이 있고, 복음은 모든 믿는 자에게 주시는 은혜와 축복임을 믿습니다. 바울이 복음을 전하면서 로마서를 쓰면서 은혜를 기억하게하기 위해서 썼다는 것입니다.

16절에, "이 은혜는 곧 나로 이방인을 위하여 그리스도 예수의 일꾼이 되어 하나님의 복음의 제사장 직분을 하게 하사 이방인을 제물로 드리는 것이 성령 안에서 거룩하게 되어 받으실 만하게 하려 하심이라"

바울은 늘 구원받은 은혜, 하나님의 은혜 중에 하나는 사도가 된 은혜, 직분을 받은 은혜. 이 은혜로 이방인을 위하여 사도가 되었습니다. 저와 여러분이 예수믿고 구원받은 것은 전적인 하나님의 은혜이십니다. 사람의 생각으로는 예수님을 어떻게 하나님의 아들 그리스도로 믿겠습니까? 영이신 하나님이 이 땅의 사람으로 오셨다는 게 믿어집니까. 성령으로 잉태되어 처녀의 몸에서 낳으셨다는 게 사람의 지혜로 됩니까? 그 분이 인류의 죄를 위해 죽으시고 다시 살아나셨다는 게 사람의 이성으로 가능해집니까? 하나님이 영으로 우리 속에 계신다는 게 세상 사람들이 알 수 있겠습니까? 오직 성령으로만 될 수 있는 것입니다. 하나님의 전적인 은혜이십니다.

"성령으로 아니하고는 누구든지 예수를 주시라 할 수 없느니라."(고전 12:3)

저와 여러분이 예수님을 하나님의 아들 그리스도로 시인하고 그 분 앞에 무릎 꿇고 찬양하고 예배드린다는 것은 하나님의 은혜를 받은 증거입니다. 그리스도 예수의 일꾼이 되어 믿지 않는 사람에게 복음을 전해서 믿게 하는 건 하나님의 복음의 제사장 직분입니다. 우리에게 이 직분을 주셨는데 주님 오는 날까지 복음을 전해서 많은 사람을 구원하는 제사장 직분을 잘 감당하기를 주의 이름으로 축복합니다.

우리에게 놀라운 은혜와 복을 주셨는데 잘 감당하지 않는 건 세상적인 말로 직무유기입니다. 내가 구원을 받아서 구원의 길을 아는데 다른 사람에게 알려주지 않는다면 나쁜 것입니다. "이방인을 제물로 드리는 것이 성령 안에서 거룩하게 되어 받으실 만하게 하려 하심이라, 하나님이 기뻐하는 것이다." 우리가 복음을 전하므로 믿지 않는 영혼들이 구원받아서 하나님께 헌신하는 자가 된다는 것은 그런 일들이 일어나는 교회를 하나님이 기뻐하셔요. 거기에 쓰임받는 사람을 기뻐하셔요. 거기에 구원받아서 헌신되는 사람을 기뻐하는 줄로 믿습니다.

한 번 생각해보셔요. 하나님의 은혜로 예수믿고 구원받았고 우리에게 복음 전하기 위해서 수없이 수고하고 기도하고 헌신하고 노력해서 우리가 예수믿고 구원받아서 내가 막상 구원받은 후에는 나는 이것을 아무에게도 전해주지 않는다, 진짜 그러면 됩니까. 아니지요. 한 사람이 구원받을 때는 많은 사람이 기도하고 헌신하고 수고하고 복음 전하는 사람들이 있습니다. 그냥 믿는 사람은 없습니다. 믿지 않는 자들을 위해서 기도하고 수고하고 사랑하고 섬기고 복음을 전함을 통해서 또 다른 사람이 구원 받고 하나님 앞에 헌신자로 세워지는 것을 하나님이 받을만하시다는 것입니다. 하나님이 기쁘시다는 것입니다. 이런 교회와 저와 여러분이 되어야 합니다.

17절, '그러므로 내가 그리스도 예수 안에서 하나님의 일에 대하여 자랑하는 것이 있거니와'

그 자랑이 뭐냐하면,

18절, '그리스도께서 이방인들을 순종하게 하기 위하여 나를 통하여 역사하신 것 외에는 내가 감히 말하지 아니하노라 그 일은 말과 행위로'

사도 바울은 복음 전파가 내 지혜와 능력과 전략을 잘 짜서가 아니라 예수님께서 나를 통해서 또한 우리 통해서 우리는 도구라는 것입니다. 우리는 도구일 뿐입니다. 이것이 너무 영광스럽기 때문에 자랑스럽다고 하는 것입니다.

복음을 전해서 구원받는 사람이 생기고 치료받고 변화받는 사람이 생기면 내가 능력 있다고 하시면 안 됩니다. 우리는 죄인일 뿐이고 하나님의 은혜로 복 받은 자일뿐이고, 거기에 더욱이 쓰임 받는다는 것은 사람으로서는 최고 영광스러운 일이십니다. 하나님이 우리에게 주신 직분을 감사하고 자랑스럽게 생각하면서 겸손하게 영광스럽게 생각하면서 감당해야 됩니다.

교회의 모든 직분은 자랑하는 직분이 아니라 섬기는 직분이요, 감사하는 직분이요, 영광스럽게 하나님께 받아서 헌신하는 직분입니다. 내가 받은 직분을 자랑할 게 아니고 그 직분을 얼마나 잘 감당해서 교회를 섬기고 복음을 전하고 헌신하고 하나님 앞에 사용되는 게 중요한 것입니다. 그 일을 통해서 하나님께 쓰임 받는 것이 귀중한 일이십니다.

사도 바울은 예수 그리스도께서 사용해서 이 일들을 감당하게 하셨어요. 그러니 내가 이것 외에는 말하지 않기로 했다. 하나님이 하셨다. 예수님의 십자가와 부활의 복음 전할 때 나타난 역사가 다 하나님의 은혜라고 그것 밖에 말하지 않겠다는 것입니다.

하나님의 복음은 살아서 예수님은 구주가 틀림이 없어서 말과 행위로 표적과 기사와 능력으로 오직 성령의 능력으로 이루어졌다고 하는 것입니다. 우리가 믿는 예수님은 살아계신 예수님이십니다. 우리는 살아계신 예수님, 살아계셔서 성령으로 저와 여러분 속에 계셔서 지금도 구원하시고 사탄을 무너뜨리시고 치료하시고 응답하시고 끝까지 우리와 함께하시고 평강을 주시는 주님, 살아계신 주님을 믿으면 반드시 변화가 있습니다.

성령이 우리에게 오셨는데 어떻게 변화가 없습니까? 평강이 있게 되고, 치료가 있게 되고, 생각이 바뀌게 되고, 말씀을 사모하게 되고, 예배를 사모하게 되고, 성도를 사랑하게 되고, 주님을 사랑하게 됩니다. 더 큰 기적은 하나님 앞에서 우리가 좋은 예수님의 증인, 일꾼이 되어가는 것입니다. 그런 변화는 당연한 것이고 반드시 있어야 돼는 것이고, 생명은 변화가 있는 것입니다.

반드시 신앙은 영적으로 성장하는 것입니다. 예수님을 닮아가는 것입니다. 더 겸손해지고, 더 사랑하게 되는 것입니다. 복음에 더 뜨거운 가슴을 갖게 됩니다. 주를 위해서 더 헌신이 많게 되는 것입니다. 그게 맞고 정상적인 것입니다. 이 일을 위해서 우리가 기도하는 것이 마땅합니다.

19절, '표적과 기사의 능력으로 성령의 능력으로 이루어졌으며 그리하여 내가 예루살렘으로부터 두루 행하여 일루리곤까지 그리스도의 복음을 편만하게 전하였노라 또 내가 그리스도의 이름을 부르는 곳에는 복음을 전하지 않기를 힘썼노니 이는 남의 터 위에 건축하지 아니하려 함이라.'

우리도 이 복음을 부산 경남 양산 뿐만 아니라 한국에 있는 교회를 또 섬기기 위해서 목회훈련을 통해서 그 일을 통해서 애를 쓰고 있고, 또 우리 교회에 있는 많은 선교사들이 주로 복음의 불모지에 많이 가 있어요. 감사한 일입니다. 캄보디아, 미얀마, 카메룬, 중국, 인도 이런데 가보면 불신앙만 가득해요. 하나님이 안 보여요. 하나님 역사가 안 보여요. 근데 너무 감사한 것은 그 지역에서도 소소할지라도 목숨걸고 믿음을 지켜나가는 사람이 있어요. 하나님의 은혜지요. 특히 미얀마 지역은 외부와의 관계가 단절돼있어요. 교류가 없습니다. 200년 전에 저스틴이라는 선교사가 복음을 전했던 것이 지금도 그 족속과 믿음을 통해서 믿음의 유산을 물려받는 것입니다. 제가 말씀을 전하는 데 다른 나라와 교류도 없었는데 똑같은 예수님을 느끼고, 성령을 느끼는 것입니다. "참으로 하나님의 말씀대로 오묘하시구나."

21절, '기록된 바 주의 소식을 받지 못한 자들이 볼 것이요 듣지 못한 자들이 깨달으리라 함과 같으니라.'

할 수 있는대로 복음 전하지 않는 곳에 복음 전해야될 줄 믿습니다. "이 지방에 일할 곳이 없고 또 여러 해 전부터 언제든지 서바나로 갈 때에 너희에게 가기를 바라고 있었으니." 바울은 이제 복음을 마게도냐 지역에 다 전해서 전할 곳이 없대요. 그래서 로마에 가기를 원했고, 또 하나 이유는 바울은 로마에서 그들을 확립시킨 이후에 로마의 교회에 도움을 받아서 서바나 스페인입니다. 스페인이 세상 끝이라고 생각했는지 모릅니다. 복음이 전해지지 않은 땅끝까지 가서라도 복음을 전하는 것이 바울의 소원이었습니다.

24절, '이는 지나가는 길에 너희를 보고 먼저 너희와 사귐으로 얼마간 기쁨을 가진 후에 너희가 그리로 보내주기를 바람이라.'

로마교회가 선량한 마음을 가지고 또 성경에 대한 영적 지식도 풍성하고 수준도 높지만 그러나 바울에게 더 큰 은혜를 받았어요. "너희들이 예수 그리스도를 더 풍성히 알아서 복음을 전하는 일에 나를 도와주기를 바란다." 바울이 로마교회가면서 더 큰 은혜를 너희에게 주기를 원한다. 우리가 믿는 예수님은 하나님이십니다. 천지를 만드신 하나님이 우리를 사랑하셔서 구원하기 위해서 하나님이 사람의 모습과 죄인의 모습으로 오신 것이 성탄입니다. 거룩하신 분이 이 땅에 죄악이 많은 땅에 오신 것입니다. 초월하시고 영원하신 분이 시간 속에 들어오신 사건입니다. 우리를 위해서 오히려 고난 받고 채찍 맞으면서 피흘려 십자가에 죽기까지 하시고 하나님이 우리를 위해서 고난을 받으신 것입니다. 십자가의 죽으심으로 하나님 만나는 길을 여시고, 사탄의 머리를 깨뜨리시고, 모든 죄와 저주를 십자가에 못 박으시고 다 이루셨습니다. 승천은 다시 주님의 모습으로 가신 것입니다. 영원한 곳으로. 육신의 몸에서 신령한 몸으로. 죄인의 모습에서 죄인이 아니지요. 거룩하신 분으로, 하나님의 우편에, 그리고 우리를 끝까지 사랑하고 보호하기 위해서 하나님의 성령으로 우리 속에 와계십니다. 놀라운 은혜입니다. 세상에 이런 하나님의 놀라운 은혜와 복음이 어딨습니까? 믿으시기를 주의 이름으로 축복합니다.

영원히 떠나지 않겠다. 너와 함께 하겠다. 전능하신 주님이 우리 속에서 함께 하는 크고 놀라운 은혜. 우리에게는 하나님의 자녀라는 영광스러운 신분이 있습니다. 하나님 나라의 시민권이고 하나님 나라의 유업을 잇게 되는 자이고 상속자이고 하나님 나라에서 왕같이 다스리는 약속이 있습니다. 우리가 무슨 자격이 있습니까? 우리는 피조물이요 반역자요 우상숭배하고 죄짓고 아무 자격이 없습니다. 하나님은 우리를 보지 않고 큰 은혜와 사랑으로 이런 놀라운 복을 주셨습니다. 우리는 감사할 것 밖에 없습니다. 하나님 앞에 유구무언입니다. 이런 하나님의 은혜로 로마의 교회에 가기를 원한답니다.

25절, '그러나 이제는 내가 성도를 섬기는 일로 예루살렘에 가노니.'

바울이 예루살렘에 가요. 이유는 예루살렘교회가 복음의 원조가 예루살렘교회지요. 예루살렘교회를 통해서 전 세계에 복음이 전파됐어요. 근데 기근을 만나서 가난하고 어려운 사람이 있어요. 이 소식을 들은 마게도냐와 아가야에 고린도교회, 빌립보교회 이런 교회들이 복음을 듣고 풍성해진 것입니다.

우리가 복음을 받았으니 신령한 것을 받고, 영적인 것을 받았으니까 우리가 물질을 모아서 예루살렘 교회 성도를 사랑한다는 마음으로 우리가 헌금을 해주자. 이렇게 해서 헌금을 가지고 갔는데 고린도후서 8장에는 거액이라고 그래요. 많은 물질이 헌금이 될것입니다. 이것이 주님의 방법이라고 하는 것입니다. 아가야와 마게도냐와 성도들이 기쁨으로 헌금을 했습니다.

26-29절, '이는 마게도냐와 아가야 사람들이 예루살렘 성도 중 가난한 자들을 위하여 기쁘게 얼마를 연보하였음이라 저희가 기뻐서 하였거니와 또한 저희는 그들에게 빚진 자니 만일 이방인들이 그들의 영적인 것을 나눠 가졌으면 육적인

것으로 그들을 섬기는 것이 마땅하니라 그러므로 내가 이 일을 마치고 이 열매를 그들에게 확증한 후에 너희에게 들렀다가 서바나로 가리라 내가 너희에게 나아갈 때에 그리스도의 충만한 복을 가지고 갈 줄을 아노라.'

30-33절 상, '형제들아 내가 우리 주 예수 그리스도와 성령의 사랑으로 말미암아 너희를 권하노니 너희 기도에 나와 힘을 같이하여 나를 위하여 하나님께 빌어 나로 유대에서 순종하지 아니하는 자들로부터 건짐을 받게 하고'

첫째의 기도제목은 바울이 복음 전할 때 핍박하는 유대인들을 통해서 건짐을 받게 해달라, 이것입니다. 우리는 전도하는 자들과 선교사를 기도하는 게 마땅합니다. 그들의 안전과 사역을 위해서 기도해야 되는 줄 믿습니다. 둘째의 기도제목은,

31절 하, '또 예루살렘에 대하여 내가 섬기는 일을 성도들이 받을 만하게 하고'

입니다. 예루살렘교회 성도들이 기쁨으로 받고 하나님의 사랑으로 느껴서 아름다운 열매가 되게 하며, 이 물질이 귀하게 사용되도록. 셋째로는,

32절, '나로 하나님의 뜻을 따라 기쁨으로 너희에게 나아가 너희와 함께 편히 쉬게 하라.'

로마에 갔을 때 좋은 관계를 통해서 은혜 받고 더 성령 충만하고 편하고 기쁜 관계가 되면 좋겠다는 것입니다. 우리가 늘 은혜 가운데 성도를 볼 때마다 은혜 받고 서로 사랑하고 서로 존귀히 여기고 서로 만나기를 좋아하고 이런 교회가 되도록 기도해야 됩니다. 교회만 오면 행복하고 성도를 만

나면 너무 힘이 나고 위로되어야 합니다.

33절, '평강의 하나님께서 너희 모든 사람과 함께 계실지어다 아멘.'

로마교회를 위해서 축복합니다. 평강의 하나님께서 우리 모든 성도들에게 영원토록 함께 있도록 축복합니다.

27강 | 롬 16:1-5

하나님의 방법은 사람입니다. 교회에는 하나님의 신실한 일꾼들이 준비되어지면 그 교회가 그 지역과 나라 전 세계를 살리는 엄청나고 놀라운 역사가 일어납니다. 사람이 중심인 이유는 하나님께서 천지를 만드실 때 창조의 중심이 사람이었습니다. 사람을 중요하게 여기는 성도가 되기를 바랍니다. 하나님께서 일꾼으로 선택하시는 자에게 자격이 있다면,

첫째로, 하나님의 아들인 예수님을 바르게 알고 믿는 자여야 됩니다.
예수님은 천지를 만드신 영이신 하나님이 우리를 사랑하셔서 구원하기 위해 하나님이 이 땅에 하나님의 영인 성령으로 동정녀에게 나신 구주이십니다. 예수님은 천지를 만드신 하나님이면서 사람이신데 그는 죄가 없으신 분이십니다. 죄가 없기 때문에 죽을 필요도 없지만 "세상 죄를 지고 가는 하나님의 어린양이로다."하는 말씀과 같이 우리의 죄를 위해서 십자가에서 죽으심을 통해서 하나님을 떠나고 하나님과 관계가 파괴된 인간에게 하나님과 관계를 회복하는 화목제물이 되셨습니다.
예수님이 십자가에 돌아가실 때, 성소와 지성소의 중간에 있는 휘장이 위에서부터 아래로 찢어졌어요. 그 말은, "하나님이 길을 열으셨다." 예수

님의 육체가 그 휘장과 같이 찢어지고 우리에게 하나님 만나는 길을 여셨습니다. "누구든지 주의 이름을 부르는 자마다 구원을 얻으리라." 영접하는 자 곧 그 이름을 믿는 자들에게는 하나님의 자녀가 되는 권세를 주셨다는 이 사실을 진실되고 확실히 아는 사람이 하나님교회의 일꾼이 되었습니다.

예수님은 하나님을 만나는 길이십니다. 예수님은 십자가에서 죽으심으로 사탄의 머리를 깨뜨리셨어요. 귀신의 왕이 사탄입니다. 최고의 악한 영이 사탄인데 사탄의 왕 머리를 단번에 깨뜨려놓으셨어요. 창세기 3장 15절에 여자의 후손은 네 머리를 상하게 할 것이요 히브리서 2장에 마귀를 멸하셨다고 했어요. 지금도 예수님의 이름으로만 귀신이 떠나갑니다. 어떤 이름도 떠나가지 않지만 예수 이름으로 귀신이 떠나가는 이유는 예수님만 마귀를 이기신 왕이십니다.

우리의 죄를 위해서 십자가에서 대신 죽으셨어요. 구약시대 때는 죄용서 받기 위해서 양을 잡고, 소를 잡고, 비둘기의 목을 비틀고, 곡식을 가루로 만들기도 하고, 그런데 이제 우리는 그것이 필요 없습니다. 누구든지 예수 믿는 사람마다, 예수님이 영원한 제사장이 되셔서 친히 자기 몸을 희생제물로 드리시고 단 번에 제사를 완성했기 때문에. 이제는 세상의 누구도 양을 잡아서 용서 받는 것이 아니라 예수님을 구주로 마음에 영접하고 믿음을 통해서 죄 용서 받는 길이 열렸 습니다.

인류가 하나님을 만나고, 사탄에서 해방되고, 죄 용서 받는 길이 열렸다는 것은 인류의 최고 기쁜 소식이십니다. 이 사실에 대한 진실되고 확실한 믿음이 있는 사람이 하나님의 일꾼될 자격이 있고 하나님 일에 헌신될 자격이 있는 자들입니다.

둘째로, 이 사실을 믿는 사람은 하나님을 사랑하는 자가 됩니다.

하나님을 사랑하는 자에게 헌신의 자격이 있습니다. 요한복음 21장에 보면 예수님께서 수제자 베드로를 찾아오셔서 세 번 물어보십니다. 베드로가 세 번 부인했지요. "네가 이 사람들보다 나를 더 사랑하느냐 하시니 이르되 주님 그러하나이다 내가 주님을 사랑하는 줄 주님께서 아시나이다 이르시되 내 어린 양을 먹이라." 하시고 교회를 위임하셨어요.

너 예배 잘 드릴래? 기도할래? 봉사 잘 할래? 이런 거 안 했어요. 하나님을 사랑하면 그것은 기쁜 마음으로 하게 되어있는 것입니다. 하나님을 사랑하면 예배를 드리고 예수님 자랑하고 싶고 찬양하고 싶고 주님이 세우신 교회 헌신하고 싶고, 즐거운 마음으로 하고 싶은 게 정상적인 것입니다.

셋째로, 교회를 사랑하는 자여야 합니다.

교회는 건물이 아닙니다. 예수님 믿고 구원받은 성도를 교회라고 합니다. 성도 한 사람 한 사람이 너무 귀한 줄 아는 것입니다. 어쨌든 성도 한 사람이 어려움을 당하지 않도록 혹시라도 시험 들지 않도록 상처받지 않도록 성도가 일어나고 희망 갖고 소망 가운데 행복하도록 그 마음에 늘 성도가 중심이 되는 사람이 성도를 사랑하는 사람입니다.

때로는 내가 손해를 보고 억울한 일 당한다 할지라도 성도들이 힘을 얻고 교회가 유익하고 복음이 증거 되면 내가 기뻐할 수 있는 사람이 헌신할 수 있는 복된 성도입니다. 복음을 전할 전도자를 귀히 여겨서 전도자를 돕고 섬기고 전도자의 편의를 도모하고 이런 사람이 헌신할 수 있는 사람입니다. 로마교회에 이런 사람들이 많았습니다.

1절, '내가 겐그레아 교회의 일꾼으로 있는 우리 자매 뵈뵈를 너희에게 추천하노니.'

겐그레아 지역은 고린도의 서북쪽으로 그리스의 서북쪽입니다. 교통의 요지인 지역입니다. 일꾼이란 말은 집사라는 말이 되고, 일하는 사람, 사역자, 헌신하는 사람입니다. 겐그레아에 뵈뵈라는 사람은 겐그레아에서 충성스러운 일꾼으로 일했고 지금 로마에 있는 교회와서도 굉장히 충성스러운 일꾼이고, 많은 일꾼이 나오는데 많은 성도 중에서 바울이 첫째로 한 사람을 증거 한다는 것은 굉장히 바울 사역에서 인상적이고 도움이 되고 힘을 얻는 사역자임에 틀림이 없습니다.

우리가 더 생각할 수 있는 것은 로마교회에 성도들이 많은데 몇몇 사람들이 증거하고 칭찬하고 안부를 전하였습니다. 바울이 편애하는 사람이었습니까? 전혀 아닙니다. 이 사람들만 바울의 편지를 읽는 것이 아니고 로마교회 성도들이 다 읽을 것이었습니다.

바울은 그 일 때문에 어렵게 하고 시기하게 편지를 쓸까요? 한 영혼을 구원하기 위해서 자기 생명도 아끼지 않는 바울이 그렇게 할 이유는 전혀 없습니다. 교회를 어렵게 할 마음도 전혀 없는 그였습니다.

바울이 이렇게 쓸 때는 몇 가지를 생각해볼 수 있습니다.

로마 교회 성도들에게 이 일꾼들은 칭찬받을 만하고 본이 되고 너무 귀하다, 불만이 없을 정도로 많은 사람들에게 공인될 수 있는 사람들이라는 걸 아셔야 합니다. 로마교회는 이들이 하나님께 충성스럽고 성도를 사랑하고 하나님 일을 잘 감당할 때 시기하고 질투하는 교회가 아니었습니다. 이들이 잘한 것을 보고 격려하고, 박수치고, 존경하고, 우리도 그렇게 배워가기를 원하는 좋은 교회였다는 것을 아셔야 합니다. 격려하고, 칭찬하고, 도와주고, 감사하고. 하나님이 이런 일꾼을 우리 교회에 있게 하시니 너무 감사합니다. 이것이 그리스도인의 마음이 되어야 마땅하잖아요. 교회는 누구 한 사람의 교회도 아니고, 하나님의 교회입니다.

로마교회는 충성된 자를 칭찬하고, 사랑한다고 말하고, 인사하라고 말하더라도 바울이 로마교회를 볼 때 그런 문제 가지고는 교회가 어려움을 당하지 않는다는 걸 알기 때문에 쓸 수가 있는 것입니다. 받은 복음, 받은 은혜를 기억하면서 하나님 앞에 이 로마교회 성도와 같이 로마교회에서 충성되고 뛰어난 성도와 같이 하나님께 존귀하게 쓰임 받는 자 되기를 원합니다. 뵈뵈를 추천한다고 했습니다.

2절, '너희는 주 안에서 성도들의 합당한 예절로 그를 영접하고 무엇이든지 그에게 소용되는 바를 도와 줄지니 이는 그가 여러 사람과 나의 보호자가 되었음이라.'

뵈뵈는 자매예요. 아마 혼자 사는 여자인가봐요. 겐그리아에서도 인정받았지만, 로마교회에서도 인정받았어요. 그래서 그를 추천한다고 했고 성도들의 합당한 예절로 그를 영접하라고 합니다. 그를 사랑하고 존경하고 믿어주는 것입니다. "경건한 마음으로 그 뵈뵈라는 사람을 네가 존경하고 사랑하고 믿어줘서 뵈뵈가 하는 일에 마음껏 도와줘라." 무엇이든지 그에게 소용되는 바를 도와줄지니.

사람이 무엇이 있을 때 자기를 위해 사용하는 사람이 있고 주를 위해 사용하는 사람이 있고 공평하게 사용하는 사람이 있습니다. 뵈뵈는 무슨 일을 맡기고 무엇을 도와주더라도 하나님께 영광이 되고, 교회에 덕이 되고, 많은 약한 사람을 돕고 전도자를 도울 수 있는 확실하게 준비된 일꾼이었습니다.

정말 하나님이 우리에게 맡길 때에, 주님 마음을 시원케 하는 충성된 자가 되시기 바랍니다. 신실하고 믿을만하다. 무슨 일을 맡길 때 내가 그 부분을 기도하면서 최선을 다해서 하나님 보시기에 신실한 자. "이는 그가 여러 사람과 나의 보호자가 되었음이라." 겐그리아는 교통의 요지기 때문에 많은 전도자들과 성도들이 이동하면서 뵈뵈에 도움을 많이 받았어요. 물질적, 신앙적, 마음의 도움을 많이 받았다는 것입니다. 그래서 보호자라는 말을 썼지요. 당시에는 숙박시설이 없으니까 뵈뵈의 집에 가서 자기도 하고 먹기도 하고.. 그 일에 하나님의 일꾼과 나그네와 연약한 자들 잘 곳이 없는 이들에게 보호자와 같은 자들이었다는 것입니다.

여러분은 돈을 많이 버시되, 돈을 목적으로는 살지 마세요. 하나님께서 주신 그것을 통해서 진짜 영원히 남는 것은, 사람을 살리고, 세워나가고, 돕고 사랑하는 일에 사용한다면 그것은 영원한 것입니다. 하나님이 내게 주신 여러 가지 세상과 은사를 통해서 사람을 살리고 위로가 되고 어려움을 돕고 힘이 된다면 얼마나 가치 있고 의미 있는 일입니까?

진짜 귀중하고 복있는 사람은 많이 가졌지만 낮아지는 사람이고, 높은 자리에 있지만 섬기는 사람이고, 우리가 스스로 할 수 있는 게 없습니다. 건강 주신 것도 하나님의 은혜고, 사업, 직장 다닐 수 있는 것도 하나님이 지켜주셔야 됩니다.

우리는 머리털 하나도 희고 검게 할 수 없는 연약한 자인데, 하나님이 주신 것을 알고 하나님 뜻에 합당하게 쓰임 받고 헌신되는 것이야말로 의미

있고, 가치 있고, 복 있는 것입니다. 뵈뵈라는 사람은 마음껏 맡겨도 자신을 위해서가 아니라 하나님과 교회를 위해서 사용할 수 있는 믿음직한 사람, 보호자였습니다.

3절, '너희는 그리스도 예수 안에서 나의 동역자들인 브리스가와 아굴라에게 문안하라.'

브리스가와 아굴라는 사도행전 18장에 고린도에서 천막 만드는 일로 직업 때문에 만난 사람이에요. 바울을 통해서 은혜 받고, 변화되고, 충성된 자가 되었습니다. 그리고 진리를 깨달아서 아볼로라는 성경학자에게 가서 좀 더 자세히 성경을 풀어줄 만큼 성경과 복음에 놀라운 은혜를 받은 사람입니다.

우리도 신앙생활하면서 예배만 드리고 왔다갔다하는 자리에 있지 말고 봉사도 하고 헌신도 해야 하지만, 하나님의 진리의 말씀에 높은 수준까지 되어서 복음을 전할 수 있고, 양육할 수 있고, 가르칠 수 있는 그런 성도가 다 되기를 축복합니다.

브리스가 부부는 바울 같이 사도가 아니고 전적 사역하는 사람도 아닌데 바울은 나의 동역자라고 표현하고 있습니다. 교회를 섬기는 데 동역자요, 가르치는 데 동역자요, 일평생 바울의 복음 사역에 후원자가 된 것입니다. 이런 꿈과 비전을 가지시기 바랍니다.

4절, '그들은 내 목숨을 위하여 자기들의 목까지도 내놓았나니 나뿐 아니라 이방인의 모든 교회도 그들에게 감사하느니라.'

바울이 위기를 당하고, 어려움을 당하고, 위험스러운 일을 당할 때 때로는 죽음의 병에 걸렸을 때, "차라리 내가 죽을지언정 내가 전도자를 보호해야겠다." 이런 충성된 사람이 브리스가 부부라는 것입니다. 복음을 전하는 전도자가 얼마나 귀중한지 알아서 그 전도자를 보호하고 전도자를 돕고 기도하고 후원하는 일에 전적으로 쓰임 받아서 로마교회에,

3절 하, '동역자들인 브리스가 부부와 아굴라에게 문안하라.'

이 브리스가 부부는 바울만 좋아하는 사람이 아니었습니다.

4절 하, '이방인의 모든 교회도 그들에게 감사하느니라.'

우리 교회도 주님의 피로 값 주고 산 교회지만 다른 교회도 주님의 피로 값 주고 산 교회이고 하나님이 세우신 교회이기 때문에 우리는 귀중히 여기고 사랑해야될 줄 믿습니다. 연합하는 일에 앞장서고 내 이익을 좇지 마시고 하나님과 그의 나라를 위해 살면 하나님이 주시고자하는 것을 누릴 수 있습니다.

5절, '또 저의 집에 있는 교회에도 문안하라 내가 사랑하는 에배네도에게 문안하라 그는 아시아에서 그리스도께 처음 맺은 열매니라.'

로마교회의 형태는 지금과 같은 모습이 아니고 집에 있는 교회였습니다. 이 집에 있는 교회가 모여서 하나의 교회가 되었고. 이것을 우리가 셀 교회라고 합니다. 중세시대에는 집에 있는 교회가 거의 없어지고 예배당 중심의 교회가 됩니다. 건물 중심의 교회가 됩니다. 구약시대에는 성전 중심의 신앙이었습니다. 예수님이 이것을 무너뜨려라. 신약시대에는 건물

중심이 아니라 예수 믿는 성령의 임재가 있는 성도중심의 교회입니다.

우리도 그것을 인식하고 주일날 예배드려서 마땅하지만 주중에 셀교회 영적가족 중심으로 함께 기도하고, 은혜 받고, 복음 전하고, 사람을 섬기고, 나누는 영적 가족입니다. 셀교회가 활성화 되어야만 많은 사람을 양육하고 섬기고 전도하고 응답받고 하나님의 임재를 경험하는 것입니다. 초대교회는 성전에서 모이고 집에서 모이고, 로마교회도 집에 있는 교회라는 것을 아셔야 됩니다.

아시아에서 처음 믿은 에베네도라는 사람이 바울을 도와서 힘껏 교회를 세워서 그 교회를 통해서 아시아의 많은 교회가 복음을 접하게 됐습니다. 충성스러운 자가 되었습니다. 바울의 마음속에 처음 아시아에서 맺은 열매고 충성스러운 사람으로 마음에. 에베네도라는 사람이 아시아에서 처음 맺은 열매다 내가 그를 사랑한다고 고백합니다.

교회는 성도들의 수고와 헌신과 기도와 눈물과 그런 아픔과 수고를 통해서 세워갑니다. 선한 영향력을 끼치려면 한 사람, 한 사람이 좋은 일꾼이 되셔야 합니다. 말씀을 배우고 훈련하고 충성되게 함께 하면 얼마나 놀랍고 귀한지 수많은 사람을 살리는 데 쓰임 받습니다. 봉사하고 헌신하는 사람은 겸손하게, 나보다 은사가 많은 사람이 오면 즐겁게 도와줄 수 있는 교회가 된다면 하나님이 볼 때, 정말 기뻐하시고, 하나님께 은혜와 복을 받는 교회가 됩니다.

28강 | 롬 16:6-19

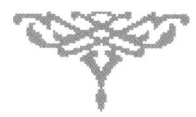

우리는 행복한 사람입니다. 우리가 행복한 사람인 이유는 다른 사람보다 돈이 많거나 많이 배우거나 좋은 집에 살거나 해서가 아닙니다. 우리는 하나님의 특별한 사랑을 받는 자이기 때문에 자녀이기 때문에 행복한 줄 믿습니다. 또 우리는 하나님의 교회에서 예배드릴 수 있다는 건 정말 행복한 일입니다. 더욱이 하나님의 일을 하는 일꾼이 된다는 건 너무 영광스럽고 존귀한 일이십니다.

사도행전 20장 28절에는 '하나님이 자기 피로 사신 교회'라고 했습니다. 교회는 에클레시아라고 하는데 믿지 않은 사람에서 불러내어서 하나님의 자녀로 모아놓은 것이 교회입니다. 교회는 건물이 아닙니다. 우리가 교회입니다. 예수 믿는 저와 여러분이 교회이십니다. 이 교회는 예수님이 피로 죽으심을 통해서 구원 받아서 세워놓은 것입니다.

이 세상에 많은 공동체가 있지만 하나님은 '어떤 공동체도 내 몸이다' 라고 말씀하신 경우가 없습니다. 교회만이 그리스도의 몸이고, 교회의 머리는 예수 그리스도임을 믿습니다. 목회자가 머리가 아닙니다. 장로님도 머리가 아닙니다. 성도님도 머리가 아닙니다. 교회의 유일한 머리는 예수 그리스도이십니다. 그렇기 때문에 교회는 예수님이 다스리시고, 통치하시고, 예수님이 말씀하시고, 예수님의 일을 하고, 예수님의 뜻을 나타내는 게 공동체입니다.

교회는 사회적인 모든 것을 포함하지만 그게 주목적은 아닙니다. 교회는 죽은 영혼을 살려서 구원하는 것이 목적입니다. 그 영혼을 훈련시켜서 하나님께 헌신하는 제자가 되게 하는 것입니다. 이런 훈련을 위해서는, 영 심령 육체 치료를 말씀과 성령을 통해서 주님이 하시는 곳이 교회이십니다. 세계 어디서든지 할 수가 없고 교회만 하는 아주 귀중하고 특별한 일을 하는 곳이 교회입니다.

교회의 일꾼이라는 것은 사람으로서는 가장 귀중하고 존귀한 일을 감당하는 사람이 교회일꾼입니다. 이렇게 충성된 일꾼이 많은 교회가 좋은 교회고 든든히 세워진 교회고 하나님 일을 많이 잘 감당할 수 있는 교회이십니다.

로마교회에 충성되고, 좋은 일꾼들이 많이 있습니다. 바울은 모든 사람을 소개하는 것이 아니라 정말 하나님 앞에 충성되고 신실하고 존경받는 귀한 일꾼들을 소개하는 중에 몇 사람을 계속 소개하고 있습니다.

6절, '너희를 위하여 많이 수고한 마리아에게 문안하라'

마리아는 당시에 아주 흔한 이름이에요. 어떤 마리아인지는 알 수가 없다고 합니다. 로마교회에 있는 마리아입니다. 많이 수고한 마리아. 노고를 많이 했다. 힘들고 어려운 일이지만 기쁨으로 진심을 가지고 하나님 사랑하는 마음으로 성도를 사랑하는 마음으로 자기를 나타내지 아니하고 기쁨으로 감사함으로 잘 감당하기 때문에 저 마리아는 우리 교회를 위해서 많이 수고하고 헌신하는 좋은 성도다, 하고 소문날 만큼, 바울의 귀에 들어갈 만큼 출중한 인물입니다.

교회에는 많이 헌신하고 수고하는 사람이 반드시 있습니다. 때로는 사정이 있어서. 봉사하고 수고할 수 없는 상황이 있을 수도 있습니다. 그러나 나도 상황이 되면 배우고 훈련받고, 기도하고, 성령 충만함을 입어서 하나님의 교회에 일꾼이 되어야겠다는 것이 정상적인 생각입니다.

내가 하나님께 충성스러운 일하고, 세상에서도 빛과 소금이 되고, 부족하고 모자란 나를 통해서 많은 영혼이 구원받고 하나님께 쓰임 받으면 너무너무 좋겠다. 이런 소원은 좋은 소원이고 그리스도인으로서는 정상적으로 가지는 마음이며 소망입니다.

7절 상, '내 친척이요 나와 함께 갇혔던 안드로니고와 유니아에게 문안하라.'

친척이란 말은 혈육적인 관계가 아니고 동포라는 것입니다. 로마교회에는 유대인만 있는 게 아니라 이방인들도 많이 들어와 있습니다. 그 중에 유대인은 바울을 많이 핍박하고 바울의 많은 복음에 방해거리가 되었습니다. 그런 중에 유대인으로서 믿는데 아주 모범적으로 믿습니다. 안드로니고는 헬라식 이름이고 황제, 왕가에 있는 이름이고, 직위가 얼마나 높았는지는 모릅니다. 바울의 아버지도 유대인이면서 로마시민권을 가지고 있는 사람이었습니다. 유니아는 로마식 여성의 이름. 그래서 학자들이 부부가 아닌가 하는데, 이들이 얼마나 충성되게 했던지 그들은 사도들에게 존중히 여겨지고 또한 나보다 먼저 그리스도 안에 있는 자라 직위를 가지고 유대인으로 있었지만 로마시민권을 가지고 있는 사람일 수도 있고, 복음 전하고 순회하고 섬기는 일에 사도들만큼 헌신하고 충성된 사람들이었다는 것입니다. 사도들이 보기에 유명한 사람입니다. 믿음에 있어서도 바울보다 먼저 믿은 사람이라고 합니다.

8절, '또 주 안에서 내 사랑하는 암블리아에게 문안하라.'

사랑하는 이란 말이 있습니다. 성도 여러분, 진심으로 주 안에서 여러분을 사랑합니다. 바울이 로마교회를 볼 때 특별히 마음에 사랑하는 사람이 있었다는 것입니다. 사랑하는 표현을 많이 써요.

9절, '그리스도 안에서 우리의 동역자인 우르바노와 나의 사랑하는 스다구에게 문안하라.'

동역자라고 했어요. 성도로서 함께 목회자와 가고 함께 꿈을 꾸고 기도하고 함께 사역을 하고 아픔을 나누고 헌신하고 누가 보더라도 아 저 분은 단순한 성도가 아니라 동역자야, 그런 성도를 일컬어서 바울은 우르바노라고 했어요.

10절, '그리스도 안에서 인정함을 받은 아벨레에게 문안하라 아리스도불로의 권속에게 문안하라.'

"그리스도 안에서 인정받았다." 우리는 하나님께 인정받는 성도가 되고, 목회자에게도 인정받는 성도가 되어야 합니다. 성도들에게도 인정받아야 합니다. 나아가서는 불신자에게도 인정받는 성도가 되어야 합니다. 사회생활 가운데 내가 좀 손해를 보고 욕을 먹고 업신여김을 당한다 할지라도 그리스도인으로서 인정받으시기 바랍니다.

모든 부족한 것은 하나님이 갚아주실 줄 것입니다. 조금만 손해를 보면 다 좋은 사람이라고 해요. 한 군데 더 인정받아야 됩니다. 마귀에게 인정받아야 됩니다. 저 사람은 예수님을 진짜 믿는 믿음의 비밀이 있고 권세가 있기 때문에 겁나, 두려워, 어떤 시험을 하더라도 흔들리지 않고 어려울수록 더 기도하고, 수고하고, 주님 앞에 나아가기 때문에 건들이면 안 돼. 인정받는 성도, 바울이 그리스도 안에서.

11절, '"내 친척 헤로디온에게 문안하라 나깃수의 가족 중 주 안에 있는 자들에게 문안하라 주 안에서 수고한 드루배나와 드루보사에게 문안하라 주 안에서 많이 수고하고 사랑하는 버시에게 문안하라.'

버시도 여성의 이름입니다. 구약에는 주로 극소수의 여성들이 나왔고, 대부분 남성입니다. 예수님이 오셔서 십자가에 죽으시고 부활하시고 구원을 이루시고 천국은 침노를 당한다면서 주님이 피로 값 주고 교회를 세운 신약교회에 보면 남성들도 많지만 충성스러운 여성들도 굉장히 많이 있습니다. 우리 교회에도 남성보다 여성이 더 믿음 좋고 충성스러운 사람도 굉장히 많습니다. 초대교회가 여성 일꾼들이 굉장히 많이 일어났어요.

13절, '주 안에서 택하심을 입은 루포와 그의 어머니에게 문안하라.'

"그의 어머니는 곧 내 어머니니라." 구레네 시몬이라는 사람이 있었지요. 예수님이 십자가를 질 때 넘어지고 쓰러지고 억지로 십자가를 져서 골고다까지 간 사람입니다. 학자들이 그 아들의 이름이 루포가 아닌가 그렇게 보는 것입니다. 그리고 바울은 루포의 어머니를 곧 내 어머니, 바울을 친아들과 같이 사랑하고 기도하고 보살폈습니다.

교회 안에는 많은 젊은이들과 청년들이 있습니다. 그들을 정말 사랑해주고 기도해주고 어려운 때에 도와주고해서 믿음의 많은 어머니와 아버지가 일어나는 교회가 되기를 주의 이름으로 축복합니다.

14-16절, '아순그리도와 블레곤과 허메와 바드로바와 허마와 및 그들과 함께 있는 형제들에게 문안하라 빌롤로고와 율리아와 또 네레오와 그의 자매와 올름바와 그들과 함께 있는 모든 성도에게 문안하라 너희가 거룩하게 입맞춤으로 서로 문안하라 그리스도의 모든 교회가 다 너희에게 문안하느니라.'

고대 초대교회에서는 예배 안에서 교제 나누는 방법으로 남자 남자끼리, 여자 여자끼리 가볍게 입맞춤이 하나의 예배형식이었습니다. 우리 교회에도 광고라는 게 있지요. 교회소식은 성도의 교제입니다. 교회 안에 이런 일이 있습니다. 함께 기도하고 교제나누고 이런 일 하는게 그게 예배 중에 있습니다. 성도끼리 만날 때 기쁨과 즐거움으로 반가움으로 만나기를 축복합니다. 이웃을 만날 때도 예수 믿는 사람이 기쁨으로 행복한 마음으로 행복한 얼굴로 만나기를 축복합니다.

17절, '형제들아 내가 너희를 권하노니 너희가 배운 교훈을 거슬러 분쟁을 일으키거나 거치게 하는 자들을 살피고 그들에게서 떠나라.'

로마 교회 안에도 거치고 분쟁을 일으키는 원인되는 사람도 있다는 것입니다. 교훈이란 말은 사도들의 교훈이었습니다. 지금 우리가 성경말씀이라고 하기도 하고 바른 말씀을 전하는 목회자의 교훈이기도 합니다. 이런 교훈을 듣고 거슬러서 듣지 않아요. 부정해요. 비판해요. 불신앙해요. 이래서 자꾸만 교회를 시끄럽게 만들고 분쟁을 일으키고 시기하게 만드는 사람들도 있었다는 것입니다. 거치게 하고 시험 들게 하고 넘어지게 만들고. 이런 사람의 특징은,

18절, '이같은 자들은 우리 주 그리스도를 섬기지 아니하고 다만 자기들의 배만 섬기나니 교활한 말과 아첨하는 말로 순진한 자들의 마음을 미혹하느니라.'

첫째로, 자기중심적, 자기 이익, 명예, 자기자랑, 우리가 예수 믿는 사람이 하나님께 영광을 돌리고 교회에 덕을 끼치고 교회에 아름다운 유익을 끼치는 데 먼저 우선순위를 둬야하는데 관심이 없습니다. 자기이익만을 위한 관심에만 집중합니다.

둘째로, 교활합니다. "교활한 말과 아첨하는 말로 순전한 자들을." 순전한 자들은 분별력이 없는 사람들인데 이런 사람들에게 말로써 감언이설같이 해서 사람을 자꾸 넘어뜨리고 시기하고 부정적인 것을 만들어요. 그러므로 그런데 쓰임 받는 자가 되지 마시고 사람을 구원하고 힘을 주고 위로하고 살리는 데 쓰임 받는 좋은 인정받는 성도가 되시기를 주의 이름으로 축복합니다.

이 사람들은 자신의 배만을 위해요. 말이 교활해요. 이 말했다, 저 말했다 사람에게 달콤하게 말하고, 원래 진실한 사람은 너무 아름답게 사람을 칭찬하지 않습니다. 너무 칭찬을 많이, 과도하게 부풀려서 칭찬하는 사람은 조심하시기 바랍니다. 진실하게 말하셔야 됩니다. 복음과 믿음으로 말하지만 과하게 칭찬해서 말하면 넘어뜨립니다.

혹시 결혼하려는 자매가 있습니까? 총각들 중에 여러분을 너무 높이 칭찬하면 조심하셔야 됩니다. 결혼한 사람은 그냥 열심히 사세요. 자매들이 확 넘어가요. 조심하셔야 됩니다. 사실을 진실하게 말할 수 있어야 됩니다. 내가 최선을 다해서 사랑하고 모든 것을 내가 최선을 다해서 내가 보호하고 지켜주고 이것은 진실한 말이에요. 그래서 우리가 성도끼리라도 나 믿으면 된다, 이런 말 하지 말고 최선을 다해서 하겠습니다. 진실한 말을 분별할 수 있어야 됩니다.

19절, '너희의 순종함이 모든 사람에게 들리는지라 그러므로 내가 너희로 말미암아 기뻐하노니 너희가 선한 데 지혜롭고 악한 데 미련하기를 원하노라.'

하나님께 순종도 잘 하고, 사도들에게 순종도 잘 하는 좋은 성도들이 많았다는 것입니다. 걸림이 되고, 거슬리고 불순종하는 사람에게서 떠나라. 그 사람들하고 자꾸 가까이 있으면 우리도 그렇게 되고 빠지게 됩니다. 자꾸만 비판하고, 이런 사람은 교만합니다. 교만한 사람은 하나님이 싫어하십니다.

겸손하게 섬기며 사람을 살리는데 쓰임받기를 바랍니다. 선한 데는 하나님이 지혜 주셔서 하나님의 일 잘 감당하고 사람도 잘 케어 할 수가 있고 가정이나 직장 생활에 지혜롭게 선한 일이 자꾸 보이게 됩니다. 지혜는 머리에서 나오는 것이 아닙니다. 마음에서 나옵니다.

내가 어떤 마음을 먹느냐에 따라 보는 눈이 달라집니다. 하나님을 사랑하고 성도를 사랑하고 진실 된 마음을 먹고 은혜 받으면 교회를 내가 어떻게 섬겨야 될 것이냐 가정을 내가 어떻게 꾸려나가야 될 것인가. 사업장, 직장에서 이웃을 만났을 때 어떻게 해야 되는가 보이게 되어 있습니다. 선한 데 지혜롭게 되어 있습니다.

교만하고 시기 질투가 가득하고 남을 해칠 마음이 있으면 그런데만 지혜롭게 지혜가 보여요. 그런 사람은 결국은 하나님과 사람 앞에 멸망 받게 됩니다. 사랑받을 수가 없습니다. 행복한 삶을 살 수가 없습니다.

성도는 하나님이 거룩하기 때문에 선하기 때문에 성령이 충만하여야 양선하듯이 은혜 받고, 성령 충만하면 변화됩니다. 관점도 생각도 마음도 변화됩니다. 선한 데 지혜롭고, 악한 데 미련한 성도가 되어 하나님께 영광이 되게 하시고, 평생 동안 하나님의 은혜가 여러분에게 있기를 예수님의 이름으로 축복합니다.

29강 | 롬 16:21-27

　로마서의 마지막 부분입니다. 로마서의 전체 내용을 한 마디로 말하면 '복음과 제자' 라는 말씀으로 요약할 수가 있습니다. 복음을 가장 자세하게 기록해놓은 성경이 로마서입니다. 그리고 마지막 부분은 바울의 사역 가운데 함께 했던 바울의 제자이기도 하고, 또 하나님의 일꾼이 된 사람들을 소개하고 있는 모습을 보게 됩니다.

　하나님께서는 온 땅에 복음을 전하기 위해서 두 가지 방법을 사용하셨습니다. 하나는 복음을 기록해서 주님께서 다시 올 때까지 증거 하도록 하셨습니다. 또 하나의 방법은 그 복음에 대한 확실한 믿음과 사실을 깨달을 수 있는 증인을 세운 것입니다. 제자를 세운 것입니다.

　하나님의 말씀만 있고 믿음이 확실한 증인이 없으면 하나님 말씀을 온전하게 전할 수가 없습니다. 성경은 영적 말씀이므로 일반적인 지식이나 상식, 과학적 논리로 전할 수 있는 성격이 아닙니다. 반드시 예수님을 하나님 아들인 그리스도로 믿고 성경의 말씀이 성취되어지는 것을 보는 증인이어야만 됩니다.

　말씀과 증인입니다. 복음과 제자입니다. 그래서 예수님께서는 공생애를 하실 때에 제일 먼저 하신 것이 제자를 부르신 것입니다. 열 두 제자를 부르셔서 우리 방식과 같이 가르친 것이 아니라 함께 사셨습니다. 먹기도 하고, 자기도 하고, 대화 나누기도 하시고, 또 가르치기도 하시고, 보여주기도 하시고, 이런 방법으로 예수님이 어떤 분인가를 제자에게 알린 것입니다.

이 제자들은 처음에는, "아 이분은 보통이 아니다, 혹시 하나님이 보내시는 그리스도가 아닌가" 하는 정도로만 여기고 있었는데, 예수님의 가르침과 표적과 기사와 또 행하심을 보시고 생각이 자꾸만 바뀌었어요. 자꾸자꾸 바뀌어가면서 이 분이 그리스도라고 깨닫습니다. 마태복음 16장에 예수님이 제자들에게 물으십니다. "사람들이 나를 누구라 하느냐? 더러는 세례요한이나 예레미야나 엘리야나 또 다른 선지자 중에 하나"라고 했습니다.

학자들은 다른 선지자를 모세가 아닌가 생각합니다. 이스라엘에게 있어서 이 분들의 자리는 굉장히 높고 큽니다. 선지자들 중에서도 뛰어난 선지자들입니다. 보통 사람들이 볼 때 예수님을 대단한 선지자로, 굉장한 하나님이 보내신 인물로 봤습니다. 사실은 선지자는 그리스도께서 오실 것을 예언한 자들이지 그리스도는 아닙니다.

예수님이 다시 제자들에게 물으십니다. "너희는 나를 누구라 부르냐 베드로가 주는 그리스도시요 살아계신 하나님의 아들이시니이다. 바요나 시몬아 네가 복이 있도다. 이를 알게 한 것이 네가 아니고 네 속에 계시는 내 아버지시니라."

여기에, 중요한 뜻이 있습니다. 하나님 아버지의 성령이 아니고는 예수님을 하나님으로, 우리 구주로 알거나 믿을 수 없고, 받아들일 수도 없다는 뜻입니다. 고린도전서 12장 3절에, "하나님의 영으로 말하는 자는 누구든지 예수를 저주할 자라 하지 아니하고 또 성령으로 아니하고는 누구든지 예수를 주시라 할 수 없느니라." 요한복음 3장 5절에, "물과 성령으로 나지 아니하면 하나님의 나라에 들어갈 수 없느니라."

저와 여러분이 믿는 신앙은 노력을 한다고 힘쓰고 연구한다고 되는 부분이 아닙니다. 때로는 노력도 하고, 갈급하기도 하고, 연구도 하고, 필요는 하지만 그러나 하나님의 말씀과 예수님을 아는 것은 하나님의 성령의 전적인 역사로만 알 수 있습니다. "네가 지금 고백하는 것은 네 자신이 아니고 아버지의 은혜로 고백하는 거다."

베드로는 그 후에 예수님을 부인합니다. 예수님이 십자가에 돌아가실 때 제자들이 다 떠나갑니다. 하물며 마지막에 예수님을 저주하면서까지 부인합니다. 그들이 예수님을 하나님 아들 구주로 안 믿은 것이 아닙니다. 믿음이 지극히 약한 것이지요. 그 후에 예수님이 부활하셔서 제자들에게 성경상 열 번 나타나십니다. "너희에게 평강이 있을지어다. 성령을 받으라." 예수님의 부활을 목격한 제자들이 바뀌기 시작했습니다. "아, 이 분은 정말 하나님 아들 그리스도시구나." 증인이 되었습니다.

마태복음 28장 17절에, "예수를 뵈옵고 경배하나 아직도 의심하는 사람들이 있더라." 그래도 부활의 주님을 만나고도 의심하는 제자가 있습니다. 사도행전 1장에 보면 열 한 제자를 불러서 40일 동안 날마다 하나님 나라의 일을 말씀하시니라. 부활하신 예수님이 40일 동안. 어떤 분은 부활이 잘 안 믿어진다고 그래요.

그래서 나온 여러 가지 학설이 있습니다. 예수님이 기절했다 일어나셨다, 기절설이 있습니다. 제자들이 사모하다보니까 환상을 본거다, 환상설이라고 합니다. 제자들이 예수님의 시체를 도둑질해가지고 예수님 부활했다고 거짓말하는 것을 도적설이라고 합니다. 다 틀립니다.

예수님께서 십자가에 달려 돌아가신 후, 로마 군병들이 창을 가지고 예수님 허리를 찔렀어요. 성경은 이렇게 고백합니다. "물과 피가 쏟아졌더라." 사람이 죽기 전에는 심장이 뛰기 때문에 피만 쏟아집니다. 물이 쏟아졌다는 말은 예수님이 진짜 죽으셨다. 그리고 진짜 살아나신 줄로 믿으시기 바랍니다.

증거가 너무 많지만 그 확실한 증거는 지금도 예수님을 구주로 믿는 자에게 하나님의 성령이 우리에게 오신다는 것입니다. 성령이 오시기 때문에 말씀을 깨달을 수 있고, 기도의 응답 받을 수 있는 것이고, 예수님의 이름으로 기적이 일어나고, 하나님의 역사가 일어나는 것입니다.

하나님의 성령이 아니면 할 수가 있습니까? 예수님은 죽으신 지 3일만에 살아나셔서 하나님 우편에 계시고, 성령으로 모든 믿는 자 속에 영원히 떠나지 않도록 하나님이 함께 하시는 것이 하나님의 구원의 비밀이요 지혜입니다. 이런 자에게 하나님의 말씀이 이루어지고 성취되고 하는 이걸 보고 증인이라고 합니다. 증인이 필요합니다.

증인을 통해서 하나님의 교회가 세워지고 제자가 세워지고. 사도 바울도 다메섹으로 가다가 예수님을 만났습니다. 부활의 증인이 되었습니다. 하나님은 바울을 통해서 가는 많은 곳에 복음을 전하고 교회를 세우고 일꾼과 제자가 일어났습니다. 로마교회에 편지하면서 16장 1절~20절까지 많은 제자에게 문안하라고 권면하고, 본문에는 이제 송신사로서 바울이 디모데와 같이 복음을 전하면서 고린도교회에 바울과 함께 있는 자들이 문안한다고 인사하는 제자들입니다.

우리에게 소원이 있어야 됩니다.

첫째로, 예수 그리스도의 증인이 되는 소원이 있어야 됩니다. "주는 그리스도시요 살아 계신 하나님의 아들이시니이다." 라고 고백한 것이 마태복음 16장입니다. 중요한 신앙의 고백이지요. 그러나 증인된 것은 아니기 때문에 다시 예수님을 부인하고 떠날 수 있는 사람이지만 부활한 예수님을 만난 증인들은 다시는 부인하지 않았습니다. 어떤 어려움과 죽음과 순교의 위기 속에서도 기쁨으로 예수님은 하나님의 아들 그리스도이시며, 우리를 위해서 오셨을 뿐만 아니라 죽으셨다가 살아나셔서 성령으로 우리와 함께 하신다고 증거하는 자들이 된 것입니다.

사도행전 3장에 보면 베드로와 요한이 성전 미문으로 올라가다 나면서부터 앉은뱅이인 자를 만납니다. 앉은뱅이가 예수의 이름으로 일어났습니다. 이 사건은 예수님은 하나님 아들이시고, 지금 살아계셔서 그리스도라는 중요한 증거입니다. 우리가 믿는 신앙은 단순한 종교가 아닙니다. 살아계신 예수님을 하나님 아들인 그리스도로 믿는 것입니다.

둘째로, 복음을 전해서 우리를 통해서, 교회를 통해서 예수님의 제자가 일어나기를 원해야 합니다. 많은 사람들이 예수님을 믿고 제자가 없으면 어느 날인가 교회가 무너지기 시작합니다. 우리는 단순히 예수 믿고 예배만 드리고 왔다 갔다 하는 성도가 아니라 예수님의 제자로 증인으로 또 복음을 전함을 통해서 많은 사람을 제자로 삼아야겠다는 그런 뜨거운 가슴과 소원이 있는 자에게 하나님은 이런 은혜를 베풀어주심을 믿습니다.

우리의 궁극적인 목적은 그러한 모든 일들을 통해서 예수님을 알아가는 것이고, 예수님을 닮아가는 것입니다. 그의 성품과 가치관과 관점과 그의 목적 그래서 저와 여러분의 진정한 삶의 목적은 작은 예수가 되는 것입니다. 가정이나 직장이나 학교나 사회생활 가운데서도 우리를 볼 때, "당신 보니까 정말 예수님 생각납니다, 예수님 같이 보입니다." 이런 것이 우리 인생의 최고의 승리입니다. 이런 사람을 통해서 바울과 같이 많은 일꾼과 제자가 일어나게 될 줄 믿습니다.

21절. '나의 동역자 디모데와 나의 친척 누기오와 야손과 소시바더가 너희에게 문안하느니라.'

바울이 루스드라에 가서 전도해서 한 명 일꾼을 찾은 사람이 디모데입니다. 디모데는 바울이 믿고 맡길만한, 그러므로 고백하기를 "나의 사랑하는 아들 디모데야," 라고 했어요.

우리에게 육신의 아들도 중요하지만 영적 아들, 딸이 있는 열매 맺는 성도가 되시기 바랍니다. 이 일을 위해서 기도하고 너무 내 것만 묶여 있지 마시고 마음을 넓히셔야 됩니다. 내가 예수 믿고 구원받아서 행복하면 믿지 않는 사람에게 복음을 전해주려는 마음이 있어야지 나만 행복하면 됩니까?

우리 교회뿐만 아니라 한국교회를 사랑하고 걱정하는 성도가 되셔야 합니다. 우리나라뿐만 아니라 믿지 않는 많은 나라와 우상숭배하는 많은 나라에게 복음을 전하는 꿈을 가질 수 있는 교회와 성도가 되는 것이 하나님의 마음에 합당한 것입니다.

복음은 한 사람이나 한 민족에게 속한 것이 아닙니다. 하나님은 온 우주의 하나님이십니다. 구주도 한 분 밖에 없는 우리 주 예수 그리스도이신줄 것입니다. 하나님은 넓으셔요. 더 적극적으로는 사랑하는 사람이 되어야 됩니다.

디모데는 바울이 편지를 쓸 때 여섯 권, 고린도후서, 빌립보서, 골로새서, 데살로니가전후서, 빌레몬서 여섯 권의 송신자로 이름이 같이 나옵니다. 바울에게 얼마나 믿음직스러운 제자였든지, 무엇을 맡겨도 안전하고 편안할 만큼 일꾼으로 제자로 준비된 사람이 디모데입니다. 그리고 누기 오라는 사람은 사도행전 13장 안디옥에서 바울과 같이 기도한 구레네 사람이라고 사람들은 말합니다.

야손은 사도행전 17장에 보면 바울이 전하는 일에 대신 감옥에 가고 고난과 고통을 받고 보석금을 주고 나온 희생이 있는 사람입니다. 전도자를 위해서 전도자의 위험과 위기를 대신 한 사람입니다. 이 야손의 집에서 세워진 교회가 데살로니가 교회입니다. 바울이 데살로니가 교회에 편지하면서 데살로니가 교회에 편지했습니다. "믿음의 역사와 사랑의 수고와 소망의 인내가 있는 교회다." 빌립보서 5장에서 "항상 기뻐하라 쉬지말고 기도하라 범사에 감사하라 이것이 그리스도 예수 안에서 너희를 향하신 하나님의 뜻이니라." 이것이 데살로니가교회를 향한 편지입니다.

야손과 같은 복음과 전도자를 위해서 희생하고 헌신하고 대신 고난과 손해를 보는 자를 통해서 세워진 교회가 데살로니가 교회입니다. 우리는 교회를 세우는 일에 헌신해야 합니다. 중요한 것입니다. 야손을 통해서 데살로니가 교회가 세워졌는데, 얼마나 복된 교회인지 몰라요.

우리는 하나님의 일과 교회를 세우는 일에 마음을 드리고, 물질을 드리고, 기도하고 헌신하는 것이 우리는 이 땅에 언제가는 살다가 갑니다. 가지만 교회는 남아서 주님 오는 날까지 복음 전하는 교회가 됨을 믿습니다. 30여 년 전에 하나님의 은혜로 교회를 개척했을 때 성도는 누구밖에 없었다고요? 제 아내입니다. 안될 것 같더라고요. 너무 어렵고, 힘들고, 모든 게 안 될 것 같더라고요.

그런데 하나님께서 은혜를 주셔서 예수님을 알고 복음 전도의 비밀을 알고, 성경의 눈을 열어주시고, 믿는 자들이 자꾸 돌아오면서 구원받고 변화되고 제자가 되어지고 충성스러운 자가 되고. 하나님은 어떻게 이렇게 알곡 같은 성도만 우리 교회 보냈는지 모르겠어요.

그런데 아무리 여러분이 좋은 성도이며 교회가 성장하고 해도 저도 언젠가는 은퇴하고 이 교회는 영원히 남아서 복음전하는 교회가 될 것입니다 얼마나 귀한 일입니까? 얼마나 하나님 앞에 존귀한 일이겠습니까? 자기희생이 있어야 해요. 헌신해야 돼요.

소시바더라는 사람은 베뢰아 사람 부도의 아들로 나옵니다. 사도행전 20장에. "이 편지를 기록하는 나 더디오도 주 안에서 너희에게 문안하노라." 바울은 편지를 대필을 많이 했어요. 고린도전서 16장, 갈라디아서 6장, 골로새서 4장, 데살로니가전서 3장을 보면 대필을 많이 했습니다.

바울은 내 몸에 가시가 있다고 고백하지요. 세 번 기도했는데 하나님이 낫게 안 해주셨다고 합니다. 그 가시가 눈이 좀 나쁠 것인가, 간질인가, 아무도 잘 모릅니다. 대필을 많이 한 걸로 봐서는 눈이 좀 나쁘다는 것에 무게가 많이 실리지요. 그러면서 바울은 자기만이 아니라 더디도라는 이름을 기록자로 남겨두고 있다는 것을 기억해야 합니다.

사도 바울은 자기가 뭘 했다는 개념이나 생각이 없습니다. 하나님이 함께 하셨고, 동역자와 함께 하셨고, 복음 전하는 모든 일에도 동역자와 함께 하는 것입니다. 목사 혼자서 하는 게 아니라 성도들의 헌신과 기도와 희생하는 사람들이 있기 때문에 교회가 세워지고, 복음이 전파되고, 일꾼이 일어나는 것입니다. 그것이 어떻게 목사 혼자의 상급이겠습니까?

교회의 궁핍한 자를 돕고, 하나님 일 할 수 있는 그런 성도가 되기를 바랍니다. 솔로몬은 헛되고 헛되다고 말하잖아요. 빈손으로 가는 것입니다. 우리가 가지고 있는 것 다 귀하게 사용하다 가시기 바랍니다. 하나님께서 우리에게 주신 모든 것은 주의 나라를 위해서 사용하라고 주신 줄로 믿습니다.

23-26절 상, '나와 온 교회를 돌보아 주는 가이오도 너희에게 문안하고 이 성의 재무관 에라스도와 형제 구아도도 너희에게 문안하느니라 나의 복음과 예수 그리스도를 전파함은 영세 전부터 감추어졌다가 이제는 나타내신 바 되었으며'

구약은 복음이 비밀 같아요. 그림자 같아요. 안개와 같아요. 복음은 복음인데 희미했는데 이제는 예수님이 친히 오셔서 복음을 우리에게 나타냈습니다. 지금 우리는 얼마나 선명하고 분명하게 예수님을 믿을 수 있는지 몰라요.

지금도 불신자들에게는 비밀이에요. 그래서 바울이 고린도교회에 필요하면 세상에 지혜로운 사람에게는 숨겨두었다고 했어요. 알아들을 수가 없습니다. 그러나 알아들을 수 있다는 것 하나님의 은혜이고 복된 일입니다. 우리가 하나님 말씀 듣고 힘이 나고 은혜가 되고 이러한 것이 하나님의 성령의 역사로 여러분이 하나님 자녀라는 증거입니다.

26절 하, '영원하신 하나님의 명을 따라 선지자들의 글로 말미암아 모든 민족이 믿어 순종하게 하시려고 알게 하신 바 그 신비의 계시를 따라 된 것이니 이 복음으로 너희를 능히 견고하게 하실'

선지자를 통해서 모든 민족에게 복음은 우리만 믿으면 되는 게 아니고 전파해야 되는 것입니다. 복음은 견고합니다. 하나님께서 전파하고 세우신 것이기 때문에, 초대교회가 그렇게 핍박이 일어나서 교회가 무너지는 것 같았지만 아니요, 다시 일어납니다. 공산주의 시대에 기독교가 무너지는 것 같지만 다시 전파되고, 견고하게 전파되고, 모든 역사는 하나님의 구원의 역사를 위해서 움직이는 것입니다. 쉽게 아무것도 말할 수가 없는 것이지요. 하나님의 복음은 약해보이지만 견고해서 예수님께서 오시는 날까지 반드시 땅 끝까지 복음 증거 되는 줄 믿습니다.

27절, '지혜로우신 하나님께 예수 그리스도로 말미암아 영광이 세세무궁하도록 있을지어다 아멘.'

하나님의 지혜는 하나님 자신이 이 땅에 사람으로 오셔서 십자가에서 죽으시고, 부활하셔서 승천하시며 믿는 자 속에 계시면서 하나님도 의롭고, 우리도 의롭게 하는 것이 하나님의 놀라운 지혜입니다. 마귀가 생각할 수 없고 상상할 수 없고 사람이 상상할 수 없는 놀라운 지혜. 그래서 예수 그리스도는 하나님의 지혜라고 했습니다.

사도 바울은 마지막에 하나님께 영광을 돌립니다. 그의 사역을 자랑하는 것도 아니고, 일꾼, 제자 자랑하는 게 아니고, 모든 게 하나님의 은혜라고 고백하고 영광을 돌립니다. 저와 여러분도 모든 일에 하나님의 영광을 돌려야 됩니다. 자랑할 것이 아니라 하나님께서 우리를 사용하시기 때문에 모든 영광을 하나님께 돌리는 축복된 성도가 되기를 주의 이름으로 축복합니다.

저자 **허 남 길** 목사

| 백석대학교 목회대학원
| 연세대학교 연합 신학대학원
| 총신대학교 목회대학원
| 비브리칼 국제 신학대학원 D. Min
| 온누리교회 개척(1983년 11월 ~ 현재까지)
| 온누리 국제크리스천학교 이사장
| 부산백석신학교 강사

내리주석설교
로마서

1판 1쇄 발행일, 2019년 4월 17일
1판 2쇄 발행일, 2022년 8월 5일

지은이_ 허남길
펴낸이_ 한치호
펴낸곳_ 종려가지
등   록_ 제311-2014000013호(2014. 3. 21)
주   소_ 서울특별시 은평구 은평로 14길 9-5
전   화_ 02. 359. 9657
디자인_ 표지 이순옥/ 내지 구본일
제작대행 세줄기획(02.2265.3749)
영업(총판) 일오삼
전   화_ 02. 964.6993 팩스 2208.0153

값 20,000 원

ISBN 979-11-87200-65-9

ⓒ2022, 허남길

잘못 만들어진 책은 구입하신 서점에서 바꾸어 드립니다.
책의 주문 및 영업에 대한 문의는 영업대행으로 해주십시오.